机关事务管理实践与思考

以上海市为例

王国平　著

上海社会科学院出版社
SHANGHAI ACADEMY OF SOCIAL SCIENCES PRESS

图书在版编目(CIP)数据

机关事务管理实践与思考 ： 以上海市为例 / 王国平著. -- 上海 ： 上海社会科学院出版社, 2024. -- ISBN 978-7-5520-4499-7

Ⅰ. D630.1

中国国家版本馆 CIP 数据核字第 2024SF7320 号

机关事务管理实践与思考——以上海市为例

著　　者：王国平
责任编辑：周　萌
封面设计：黄婧昉
出版发行：上海社会科学院出版社
上海顺昌路 622 号　邮编 200025
电话总机 021－63315947　销售热线 021－53063735
https://cbs.sass.org.cn　E-mail：sassp@sassp.cn
照　　排：南京理工出版信息技术有限公司
印　　刷：上海颛辉印刷厂有限公司
开　　本：710 毫米×1010 毫米　1/16
印　　张：11.5
字　　数：193 千
版　　次：2024 年 8 月第 1 版　2024 年 8 月第 1 次印刷

ISBN 978－7－5520－4499－7/D・728　　定价：98.00 元

前　　言

机关事务工作为机关运行提供服务保障，是党和政府工作的重要组成部分。机关事务工作作为推进国家治理体系和治理能力现代化的组成部分，担负重要职责，发挥重要作用。机关"事""务"，是指必须提前做好的、提供各种保障的"事"，和通过组织、领导能够科学、合理、高效完成的"务"，目的是保障机关运行、政务施行平稳顺畅。机关事务从提供直接服务保障的后勤工作而来，服务保障是其初心与使命。随着党和国家事业的发展，机关事务范围逐渐扩大、职能不断增强，形成了以资产管理为基础的、比较完备的管理体系和治理格局。虽然，现在后勤工作只是机关事务的组成部分，并且其组织方式、运行机制也发生了很大改变，但是机关事务"大后勤"的属性不会变、机关事务与生俱来的服务保障秉性没有变、机关事务初心与使命永远不会变。各级机关事务主管部门作为政府直属机构，工作职责主要有国有资产、办公用房及人防设施、公务用车、公务员住房、公共机构节能、重要政务保障、机关后勤保障、安全保卫、政府采购等方面的服务与管理，包括重要故居、纪念地与相关文物管理(如上海市级机关事务系统有孙中山宋庆龄文物管理委员会及孙中山故居纪念馆、宋庆龄故居纪念馆、宋庆龄陵园等机构和单位)。笔者在上海市机关事务管理局(简称机管局)工作多年，长期与市、区机关事务管理部门互学互助，对机关事务工作有了一些心得和感悟。这几年在机关事务工作协会(简称机关事务协会)工作，在与兄弟省市同行工作交流和院校培训授课中，围绕机关事务，结合管理经验，分析问题、探寻趋势，讲述了自己的体会与思考，大家感到有帮助，希望把所讲内容整理出来。

本书不是对机关事务管理做全面系统阐述，也不是对机关事务做纯粹理性思辨，只是笔者对曾经经历、相对熟悉的机关事务管理工作的一些认识和体会。笔者比较关注上海市、区机关事务工作部门、服务保障企业以及兄弟省市同行的好做法、好经验，尤其是党的十八大以来，在国家治理体系和治理能力现代化进程中，机关事务系统在机关运行保障方面敢于探索、勇于改革、善于创新所取得的优秀成果，是许多领导和同志们心血与智慧的结晶，得来不易。我们不仅要倍加珍惜，更要揭示其价值所在，使其发挥标杆引领作用，成为精神传承因子。机关事务学理探求、学术研究、学科建设方兴未艾、蓬勃生长，从实践到理论，其发展正逢大好时机。笔者也希望和同志们疑义有析、切磋互鉴，从而引起大家更深入地思考，投入更生动的实践。囿于站位和视野，难免看偏说错，请大家批评指正。

王国平

2024 年 4 月 9 日

目　录

第一章　机关事务的基本涵义

一、问题提出与试解

机关事务是什么、做什么？通常来说，机关事务是指为领导和机关提供服务保障，确保机关正常运行。不少同志认为机关事务就是后勤服务。是不是这样，我们有必要从“何以存在”“怎样存在”出发，对“是什么”“做什么”进行根本性思考。这样做不仅是向上“想明白”需要，更是向下为“干成事”提供指引。存在的总有其合理性，必有其存在的价值和运动规律。看似单一、琐碎、重复的后勤服务，深究下去，也蕴含着丰富的涵义和深刻的道理。我们经常用“兵马未动，粮草先行”来阐述后勤保障的要义。它首先揭示了“兵马”与“粮草”的关系，其次指出了“未动”与“先行”的时序，反映了两者相互作用的影响。不论什么情况，“粮草”一定是“兵马”成败的关键因素之一。当然“成败”最根本的决定因素是正义与非正义、人民群众的拥护或反对。只有代表人民群众根本利益的正义事业，才能得到人民群众的坚定支持与坚强保障，即使在物资极度匮乏、生活极端困苦的情况下，也不能“夺其志”。抗日战争时期，毛泽东在《论持久战》中指出“兵民是胜利之本”，解放战争时期，陈毅说“淮海战役的胜利是人民群众用小车推出来的”，这些都深刻揭示了中国革命胜利的最大依靠力量和最强保障基础。“最后一尺布用来缝军装，最后一碗米用来做军粮，最后的老棉袄盖在了担架上，最后的亲骨肉送他到战场。”感人肺腑的歌词是生动写照。通过粮草看到保障背后的本质内涵，是做强做优保障的思想基础。

我们再从具体生活讲，吃饭睡觉是人生第一大事，不吃饭、不睡觉，干不成事，还一定乱事。一个家庭、一个单位、一个社会、一个国家，要管理好、要治理好，最基本的吃饭、睡觉的事务要处理好。开门七件事，一件也少不了。家里事务靠自己打理，老人小孩安排妥帖，热饭热菜等你回来，柔和灯光下陪你看书聊天，温暖与温馨，化解躁动与疲惫。社会事务由政府治理，有事好商量，首先解决老百姓衣食住行的问题，妥善安排好人民群众最关心的就业、教育、医疗、托幼、养老、住房、环境等问题。从细微处入手，化解老百姓“烦心事”，大家心里踏实，才能心往一处想，劲儿往一处使，凝聚起磅礴力量，无坚不摧。

中华民族立足于世界民族之林，首先要强盛，把经济搞上去，把自己的饭和碗牢牢端在自己的手上，才能推动和实现各方面发展，这就是社会主义核心价值观第一层面内容的精要旨义，即“富强、民主、文明、和谐”。吃饭、睡觉攸关老百姓最基本、最直接的利益，由此生发的一切经济活动，成为推动人类社会进步的最根本动因。人的经济活动不仅创造了发达的物质文明，也创造了灿烂的精神文明。“仓廪实而知礼节，衣食足而知荣辱。”无论是从家庭、社会、国家讲，还是从过去、今天、未来看，吃饭、睡觉始终是人类社会生存与发展的首要问题。正如恩格斯所说：“正像达尔文发现有机世界的发展规律一样，马克思发现了人类历史的发展规律，即历来为繁茂芜杂的意识形态所掩盖着的一个简单事实：人们必须首先必须吃、喝、住、穿，然后才能从事政治、科学、艺术、宗教等。”机关事务就是解决机关最基本的“吃饭睡觉”问题，保障机关正常运行，门开得开，人进得来，事办得成。机关运行保障是机关事务的唯一职责，也是其工作的目标和价值追求。

习近平指出：机关事务工作为党和人民事业发展提供重要保障，责任重大，意义重大。上海市政府领导在机管局会议上指出：机关事务工作直接为领导和机关提供服务保障，关系到市委、市政府决策部署的落实，关系到党政机关的高效运转，关系到干部职工的切身利益。领导的指示和要求揭示了机关事务服务保障的鲜明特点。机关事务服务保障的对象是领导和机关。这里讲的“领导”，一般指本级机关主要领导班子，这是机关事务最早出现时就确定的主要和重点保障的对象；“机关”包含了机关工作人员办公和机关运行必备的物质条件。随着党和国家各项事业快速发展，机关事务的范围、对象和内容也发生了变化。机关事务必须跟上机关政务发展的步伐，可以超前，绝不能拖后。周恩来曾经说过，“政务与事务是车的两个轮子，要一起转”。“政务”是机关履行法律赋予的社会管理职能，通过政策的制定与施行，实现管理目标与价值的过程，是机关运行价值的根本所在；“事务”即通常所说的机关事务工作，它独立于政务又始终服务于政务，最终以全过程保障政务运行作为价值实现，并伴随政务发展，促进事务自身不断调整、变革创新，以适应政务施行不断提出的保障要求。同时，也以事务运行的特有规律和作用，在不断优化机关运行保障机制的前提下，助力机关各方面建设包括文化发展与进步。机关政务是对社会进行管理，机关事务是其运行的保障，两者本质上都是事务管理。机关事务管理应主动学习和研究社会治理、市场治理包括政府治理的理念和方法，丰富事务管理策略和工具选项，更好提升管理效能，精准保障机关运行。

不少同志把机关事务工作等同于后勤服务、后勤保障，是管“吃喝拉撒”的。这没错。现在又有了“政府运行保障”“机关运行保障”等说法，这些与机关事务既有联系，又有区别，对这些概念做异同辨析，有利于更准确、更透彻地讨论机关事务及其管理工作。

（一）机关事务相关概念辨析

1.“政府运行保障”与“机关运行保障”的关系

这两种说法的基本内涵是一致的，只是外延有所不同。“政府运行”是学术意义上的特定所指，从行政管理学的角度讲，它是学科研究对象之一，从国外的机构设置和运行特点讲，是理实相符的提法。但在我国，有人大、政府和政协组织。从中央到地方，我们的政治体制架构不仅有政府机关，还有党委机关、人大机关、政协机关、监察机关、审判机关、检察机关、民主党派机关、人民团体机关和参照公务员法管理的事业单位。这是个集合概念。因此，我们通常讲“机关运行保障”。机关运行保障是对机关运行所需的经费、资产、服务、能源等资源进行统筹配置，为机关履行职责提供的保障支撑；机关运行保障管理是对机关运行保障进行有计划、组织、协调、控制的行政活动。

2.“机关事务”与“机关运行保障”的关系

机关运行保障是诸多完整的系统，包括体制保障、法制保障、制度保障、组织保障等。机关事务是机关运行组织保障的具体实施者，是“机关运行保障”系统的重要组成部分。保障机关运行，是机关事务唯一的目标、全部的职责和存在的价值。因此，从组织运行、确保施政角度讲，政务与事务“两个轮子”不能一大一小，只有都部署、落实好，才能一起转。

3.“后勤服务”与“机关事务”的关系

后勤服务是机关事务的组成部分，但不是全部。后勤服务是机关事务早期主要的职能形式和职责内容，服务好领导、保障好机关，就是机关事务的初心和使命。随着建设、改革事业的发展，机关事务在进一步优化后勤服务的基础上，承担起更多的资源保障和行政管理职责，这是党和国家赋予机关事务的新职责和新使命。机关事务从过去传统意义上的以后勤服务为主，转变为今天的以后勤服务、资源保障、行政管理为职能，以“资金、资产、资源”（简称三资）管理为核心业务，依托信息、网络、数字技术，是国家治理体系和治理能力现代化的重要组成部分的工作体系。因此，从现代机关事务职责、对象、内容以及职能实现的途径和方式看，机关事务不等同于传统意义上的“后勤服务”；现代机关事务也不同于一般理解的“后勤管理”。尽管发生了这些转变，今后也将持续发生变化，但机关事务的本质属性没有改变，后勤服务依然是机关事务的重要组成；初心和使命依然是服务领导和保障机关。

（二）机关事务的具体业务是什么

机关事务工作主要包括几个方面：运行经费管理（关注点：实物定额和服务标准、年度计划和预算管理、运行成本统计和绩效考核），行政事业单位的国有资产管理（关注点：机关资产配置标准、机关资产集中统一管理制度、资产公物仓管理制度），办公用房管理（关注点：机关用地规划和供给方式，办公用房规划、建设、权属、配置、处置的“五个统一”管理，推进集中或相对集中办公，探索推行机关办公用房成本租金制），公务用车管理（关注点：编制管理、使用管理、更新管理），公务员住房管理（关注点：住房补贴、租赁房供给、房改后的尾房管理），后勤服务管理（关注点：确定服务项目和标准、通过市场配置服务资源、实行服务合同备案制、服务质量监管和考评），安全保卫管理（关注点：机关内部治安保卫及涉及食品、信息、防疫等重大安全风险的防范），资源节约和公共机构节能管理（关注点：节能减排，绿色采购，合同能源管理，能源资源消费统计、审计和公示），重要政务保障管理（关注点：涉及场所、会务、交通、餐饮、安保等方面的系统性保障），政府采购管理（关注点：集中采购与非集中采购的科学组织、机制创新、绩效评价、风险防控，等）等。

从业务类型看，可以分为后勤服务类、资产管理类、资源保障类。这是机关运行保障的主要内容，也是机关事务管理的核心要务。长期以来，尤其是“十三五”以来，“三资”管理形成了较为成熟的做法，也有了新的拓展。如在资金管理方面，形成了“预算评审—过程监管—成本统计”全流程闭环的资金保障管理方式；在资产保障方面，建立了“源头收储—存量维护—调配处置”的公物仓资产盘活利用机制；在资源节约方面，积极倡导简约适度、绿色低碳的工作方式，引导各级机关在垃圾分类、减碳降耗等方面作出表率。

（三）机关事务治理体系的组成和运作

机关事务治理体系与管理体系和工作体系不同。机关事务管理体系是由承担机关运行保障的行政管理部门构成的管理组织，机关事务工作体系主要指机关事务管理部门内部运作组织，机关事务治理体系则指有多方参与、协同推进的共治组织。机关事务涉及方方面面，又渗透于各个角落，事务保障与机关运行须臾不分、形影不离，是机管局的事，也是各机关的事。有的同志认为机关事务是机管局的事，缺什么找机管局要；机关事务管理方面的规定，如国家或地方出台的机关事务管理条例、办法等是机管局要遵守的。这些看法犯了看问题片面的错误。

我们从机关事务治理体系来看机关运行保障体制和机制形态（这些都在相关职能部门职责中有说明，尤其是在《上海市机关运行保障条例》中有明确规定）。从保障体制上看，上海较早构建了集中统一、权责明晰、协同高效的机关运行保障体制，遵循依法保障、规范供给、厉行节约、安全有序、务实高效、公开透明的原则，实行统一项目、统一标准、归口管理、资源共享。从保障机制上看，主要包括供给市场化、标准体系化、管理数字化、应急机制化、考评科学化等方面。从治理体系的主要构成上看，有三个重要组成：一是机管局作为业务主管部门负责制定本市机关运行保障相关政策、制度和标准，集中统一管理市级机关运行保障工作，统筹指导和监督管理全市机关运行保障工作（区级机关事务管理部门主管本级机关运行保障工作，指导下级机关运行保障工作）；二是发展改革、财政、规划资源、绿化市容、生态环境等部门按照职责分工，依法履行机关运行保障的相关职责；三是各级机关是承担本级机关运行保障的责任主体，执行机关事务管理制度和标准。机关事务管理部门、相关业务主管部门和各机关行政管理部门，依据“集中统一、权责明晰、协同高效”的要求，分工合作、共同参与，体现了“共建、共治、共享”的精神。坚持和完善这一管理制度与治理体系，是机关运行保障高质量、可持续发展的重要前提和保证。

现在出现了一种新形态，由机关事务主管部门（机管局）、市场主体（服务企业）和社会团体（机关事务协会）组成了机关事务治理新格局，发挥了特有的平台和场域管理作用。我们会在后文中展开探讨。

机关运行保障离不开资源支撑，资源保障本身就是机关事务工作的核心要务。而人是最宝贵的财富，“人才是第一资源”。资源保障实现的最大前提就是人才。正如市场资源要素技术、人才、资金中人才是关键要素一样，政治过硬、业务精湛、乐于奉献、具备专业素养的保障队伍是机关事务工作最重要的力量，也是机关事务管理部门履职尽责、确保机关运行顺畅的主要力量。这支队伍由四类人员组成：一是服务保障人员，一般由从事物业、餐饮、交通、通信、安保等工作的人员组成；二是服务保障与生产经营管理人员，一般由服务企业的中高层管理人员组成；三是专业技术保障人员，一般由从事网络、水电气、包括幼教工作的人员组成；四是行政管理人员，主要由机关公务员组成。四方面人员汇聚成服务保障主体力量，发挥核心作用。

不论是阳光灿烂，还是暴风骤雨，总有人为人们的吃饭、睡觉默默劳作，他们不在聚光灯下，但融入了台上精彩演绎的故事中；他们没有成为交响乐的主旋律，却是所有经典作品不可或缺的和声和和弦。我们应珍惜呵护这支“多兵种”、能攻坚的坚强队伍。

综上所述，机关事务管理的核心要务可以归结为“三资”管理与队伍建设。机关运行的平稳顺畅依靠的是坚强有力的保障体系，而保障体系内部重要部件的紧密啮合、协同运作、自我纠错是保障体系发挥精准、简捷、高效作用，持续不断提供运行保障效能的重要基础。

二、机关事务职能的实现方式和职业精神

机关事务职能的实现方式可归纳为服务、保障和管理。

（一）服务

这里讲的“服务”是指为机关运行保障，由工作人员以直接劳务作业方式施行的专门、具体的服务事项，如餐饮、保洁、绿化、交通、安全等。过去讲的“七大员”“八大员”，就是指一线直接服务者。为领导和机关“服好务”“当好家”，视保障政务为自己的唯一使命，是机关事务的永恒主题和不变初心。机关属性决定了机关服务在理念、价值、目标的观念层面和组织、运作、标准的实践层面，与一般服务行业不同，高标准、严要求是机关服务的基本原则。无论过去机关自己搞后勤，还是现在由社会企业承担服务，这条原则不会变，但标准越来越高，要求越来越严。具体体现在“精心、精细、精准”三个方面。

1. 精心服务

“精心”与“初心”相通。初心是机关服务永葆激情的内生动力；精心是由初心驱动的高度自觉，即全神贯注、全力以赴、全心全意。毛泽东曾说：“为人民服务不要半心半意，不能三心二意，一定要全心全意。”

这里要讲一个抗美援朝女卫生员王清珍冒死夺回和精心整理黄继光烈士遗体的故事。朝鲜战争爆发时，年仅 15 岁的王清珍毫不犹豫地加入了抗美援朝、保家卫国的队伍，成为一名卫生员，在炮火连天的战场上勇敢地救助伤员。有一次，为救护一大批过河时冻伤脚的重伤员，她和其他卫生员一起用温水为伤员泡脚，没有热水袋，他们就把伤员的脚放在自己身上焐热，终于保住了战士们双脚。上甘岭战役打响后，黄继光勇堵敌人枪眼，壮烈牺牲。在激烈的战斗中，带走烈士遗体十分困难和危险，但王清珍不怕，过了三四天，她终于抓住战斗中的一次间隙，带着战友悄悄摸上高地，迅速将黄继光遗体带下。王清珍和战友看着黄继光胸前蜂窝式的血洞，忍着悲痛，将伤口附近粘着血的碎布一块一块剪下来，用热水慢慢清理遗体，为黄继光换上崭新的军装，送英雄走完最后一程。但当时，黄继光的遗体僵硬得像是刚从冰库里搬出来一样，高举的双手怎么也放不下来，这样就没法给他穿上新衣。王清珍和其他卫生员就用汽油桶烧水，用热毛巾捂他的手臂，但是天气寒冷，水太热容易伤到他的皮肤，水不热毛巾又会很快变凉。忙了一整天，进展也不大，可是他们没有放弃。经过几天努力，烈士的双臂和身体终于软了。她们为黄继光换上干净整洁的军服，庄重装殓，送英雄回家。当时对所有能够找回遗体的战士，她们都会用这样的方式送英雄回家。王清珍晚年每当回忆起当时的情景，都会忍不住流泪，她痛惜道：“如果那个时候能够将那一身血衣保存下来，该是一笔多么宝贵的精神财富。”无论那身血衣是否被保留下来，以黄继光为代表的英烈已经为我们留下了十分宝贵的精神财富。王清珍和战友们对信念的执着、对英雄的崇敬、对牺牲的从容、对目标的坚守、对工作的负责、对困厄的无惧是我党领导的队伍共有的精神禀赋，是机关事务工作者精神品格养成之源，也是机关服务体现“精心”的精神指引。

2. 精细服务

考虑问题要周全，方方面面、角角落落都要上心；做事要缜密，环环相扣、无缝衔接，争取不错漏一处，也不刻意为之，如流水赋形，自然天成。

《红楼梦》里的王熙凤是个重要角色，她是荣国府的大管家，第 13 回写到宁国府秦可卿去世时，贾珍手足无措，请凤姐协理宁国府。凤姐虽然答应了，但要想明白要做什么事。“这里凤姐来至三间一所抱厦中坐了，因想，头一件是人口混杂，遗失东西；二件，事无专管，临期推诿；三件，需用过费，滥支冒领；四件，任无大小，苦乐不均；五件，家人豪纵，有脸者不能服钤束，无脸者不能上进。”想明白“此五件实是宁府中风俗”。凤姐去的第一天，即抓住要害，分派众人执事时说：“既托了我，我就说不得要讨你们嫌了。我可比不得你们奶奶好性儿，诸事由得你们。再别说你们‘这府里原是这么样’的话，如今可要依着我行，错我一点儿，管不得谁是有脸的，谁是没脸的，一例清白处置。”就是这样强势硬气、一呼百诺、贾母称之为“凤辣子”的凤姐，也有精心会意的一面。第16回写到贾琏与凤姐夫妻正吃饭，见贾琏的乳母赵嬷嬷进屋，请她一起用餐，贾琏拣了两盘肴馔与她，凤姐马上说：“妈妈很嚼不动那个，倒没的硌了他的牙。”吩咐平儿：“早起我说那一碗火腿炖肘子很烂，正好给妈妈吃，你怎么不拿了去赶着叫他们热来?”对上了年纪的赵嬷嬷来说，牙口不好，咬不动硬的。火腿炖肘子既软烂美味又富有营养，可见凤姐一番心意。鲁迅讲过经学家、道学家、才子、革命家、流言家看见不同的《红楼梦》。我们是搞服务保障的，从凤姐和管了一段时间并大搞后勤改革的探春身上看到了值得讨论研究的长处和短处，深入探寻下去，也可能成为“红学”新分支。

回到市政府机关，讲我们自己的事。上海市政府办公大楼一层主要用于领导会客和城市展示，时间长了，要进行功能、内容调整，把西展示厅改成市领导会客和公务用餐的场所。考虑会客室的空间和布局，决定在主墙上“顶天立地”地画一幅山水画。画完以后，把主宾两张沙发定位，让工作人员坐上去看看效果。一看，不错，人在画中，景随人动，场景渲染感很强；拍照后再看，出问题了，照片上主位上的人的头部右上方是一捧山花烂漫，左上方树枝乱颤，有一股瀑布冲着头顶倾泻而下。反复摆位调整，还是避不开这些问题。满墙的画，稍不注意就容易出这样的问题，不像半墙挂画，一般不会发生平面叠加而产生视觉“误读”的问题。所以作画前，应该先定位。这关乎市领导重要政务活动的形象，只能重画。这件事告诉我们，做机关服务工作，必须精细考虑各种因素，来不得一丝一毫的粗心大意，稍有不慎，就会犯错，影响重大。

3. 精准服务

服务做到精准也不容易，当然也不是渺渺难寻，高不可攀，核心是如何做到对个性化需求的预判和满足，而由此产生的意外惊喜，也在情理之中。精准服务难在个体需求满足与群体意愿的不冲突、和谐。《红楼梦》第 41 回讲到贾母带刘姥姥进了栊翠庵。妙玉奉上茶。贾母说："我不吃六安茶。"妙玉说："知道，这是老君眉。"贾母接过茶，又问："什么水？"妙玉告知是去年积储的雨水。过去烹茶，要在雨季接了雨水，澄清后，装在瓷器或者陶器里，埋在树下，来年取出，用于烹茶、品茶，从井里汲的水现在不能用，这在那个时代是很精致的"活法"。贾母听了，就喝了半盅。妙玉在栊翠庵修行，自称是"槛外人"，与贾母来往不多，但她熟知贾母的脾性和爱好，在贾母偶然来时，奉上的茶水，对脾对性，且老君眉还有祝寿的意思。这体现了服务的精细与精致。

精准服务不是刻意为之，也不是"打无准备之仗"，更不是不讲成本，甚至浪费，而是通过对服务对象需求的了解和掌握，从而提供针对且有效的服务，以最小的服务资源投入争取最大的服务效果产出。有的同志可能感到难办，从常理上讲"优质优价"，最优服务背后一定是"人财物"的充分投入。但投入与产出并不是简单的正比关系，关键在于知晓实际发生的难点痛点和资源投入的精算精准，只有这样才能产生"用好每一分钱"的良好结果。同样是喝茶，在机关会务中，茶水服务是很平常、不起眼的项目，但"小茶杯"有"大文章"，服务人员既要尊重与会人员喝茶或喝水的选择，又要控制好茶叶的多少和续水频次，不浪费、不干扰。当然可以在会议桌上放瓶装水和水壶，但在规模较大的会场上，水壶的准备与使用后的清洁防护有一定的工作量和资源消耗。精打细算、精准把控，在取得高质量服务效果的同时，能够全过程体现节约、集约使用资源的自觉，才是精致服务的基本内核和理想境界。不论机关服务，还是社会服务，都应该把这两条有机结合好，在"羚羊挂角，无迹可寻"的作为中，营造机关运行、社会生活的"天然"良好环境。

机管局承担并出色完成的多次重大政务保障任务都集中体现、充分展示了上海机关事务系统"精心、精细、精准"高质量服务保障的水平与风貌。例如，2001 年 10 月，由我国主办的亚太经济合作组织第九次领导人非正式会议(APEC)在上海召开。机管局承担了会场布置、纪念品制作及相关的接待服务工作。市政务礼仪服务中心负责中小企业部长会议、贸易部长会议、CEO 峰会、工商企业理事咨询会首席执行官会议、最高级别的领导人非正式会议等重要会议和活动的礼仪服务工作。在整个过程中，机管局以国家利益和形象为重，认真组织、精心实施、严格把关，出色完成了保障任务。机关事务的“精心、精细、精准”服务反映在组织、筹划、运作等各个层面，缜密周全，疏朗有致。对具体从事机关事务工作的同志来讲，“三精”不仅是工作标准和要求，还是一种境界和襟怀的塑造和修炼。机关服务事情繁杂，不见形、不闻声，但时时在、处处有，如影随形、似水滋华，可以用老子的“大象无形”“大音希声”作比，又如杜甫的“随风潜入夜，润物细无声”和王维的“远看山有形，近听水无声”。服务做得好、做到家，“没声音”就是表扬；如果“有声音”，那一定出了问题，比如“灯怎么一直在闪”“话筒怎么没声音”“空调怎么这么热”“今天饭菜怎么做的”等。有声音、查问题，迅速改正，直至没声音，在这样的循环中，依然精心不减，这需要与机关服务相适应的“任劳任怨”“荣辱不惊”的坚定与执着。服务是一门学问，于己、于人、于事业关系重大。服务境界永无止境。

（二）保障

“保障”是指通过一定的物质和资源准备，为机关运行构筑物质基础，提供必要条件。它是机关运行保障的“硬核”，也是做好服务的前提。“巧妇难为无米之炊”，没有“米”（资源），做不成“饭”（服务），机关就“挨饿”（运行保障缺失）。它还是机关事务管理的重心，直接与“三资”管理相关。机关运行保障的物质和资源主要有以下几个方面。

1. 基础设施建设

这主要是以机关办公为主要功能的综合区域及相关辅助设施。办公总要有办公楼，要有满足办公最基本需求的辅助设施，如食堂、车库、通信、网络、机房等。这里引出办公用房管理问题，包括区域的使用分配、日常维护、定期修缮、改建改造等，要考虑合理布局、综合平衡、绿色生态等要素。在关注房产资源保障的同时，还要高度重视房产内部资产价值管理问题。这些基础设施（房产和土地）是通过建设、购置、租赁、置换等途径获得的，是党政机关行政事业性固定资产的源头和主体，无论是所有权、还是使用权，都是机关运行保障的厚实基础，是一笔巨大的财产，这也引出了资产管理的问题，如何管好、用好、保护好这些国有资产，防止滥用和流失。

2. 办公设备配置

这主要指硬件设备，如办公家具、公务用车、通信网络等，包括后勤保障设备。这里引出了资源管理的问题，如何做到科学配置，实行标准化管理，涉及配置标准、采购方式、更新约定等具体制度的制定。

3. 运行经费保障

运行经费管理面对的是资金管理与成本控制问题。随着财政资金管理趋严，机关后勤社会化、市场化保障比例几近百分百，行政成本控制趋紧，管好、用好运行保障经费，已成为保障体系的重要目标之一。实践中也会发生质量与成本之间的矛盾，如物业费、维修费、办公费等定额标准的制定与修订问题。由此看出，保障产生的"共生""共情"是服务与管理的重要环节，它一方面与服务相连，提供物资与资源支撑；另一方面与管理牵手，提供物质与资源恒定与持续的组织供给，有规律可循、有章法可制，揭示规律、制定章法。

（三）管理

"管理"在机关事务中占主导地位，是历史演进和现实需求的结果。机关事务管什么？简单讲，就是管服务、管保障。具体的管理内容可以参见《机关事务管理条例》《上海市机关运行保障条例》和机管局职责说明等。从管理性质上看，主要包括赋权行政管理、服务保障管理和机关内控管理三个方面。行政管理主要有行政事项审批和行政事务处理，服务管理主要是机关运行保障工作的具体组织实施，内控管理主要是以资金、资产为核心的内部控制规范与实施（包括预算、收支、采购、合同等行为规约与监控重点，与其他行政事业单位内控相比，机关事务因涉及面上的"三资"管理，一定程度上呈现出资产聚集、资源富集、资金密集的状态，重要性更加突出）。具体的管理范围、对象、内容、性质、特点和方法等，我们在下文讲机关事务核心要务时，会结合具体场景和案例进行分析。这里要强调的是，机关事务本身是个开放系统，它的管理范围、对象、内容等一直处于变化之中。上海人把干活的"活"说成"生活"，"活"是"生"出来的，有时候有"生活"了，一时难以确定谁干，领导让你干、让你管，你就是"不管部长"，看住管好，严防死守，不能半心半意、三心二意。机关事务管理有一个管理对象增多、管理内容增加、管理范围扩大、管理幅度放大、管理法规健全的演进过程。以上海机关事务管理局为例，从主要保障政府机关运行，到保障市委、市人大、市政协及其他市级机关；从最初管"吃饭睡觉"、主要以直接服务为核心的专门保障，到现在管"三资"，主要以资产管理为核心的集中统一的全面保障；从依靠传统做法、行业规矩和机关制度进行管理，到依据统一标准、制度规章和相关法律实行管理，管理特质发生了根本转变，这与新时代对机关事务工作提出的全新要求相关。从机关事务管理的途径看，有两个特点要把握好，一是由“管理”向“治理”转变，要转变观念、创新方式，把制度优势转化为管理效能。如果说管理是以自上而下的，主体即主管、服从为要务的统理为主要形式，那么治理则是以上下反馈、多元参与、共建共治的模式体现“治”的特性。其精髓是在治理精神的主导下，激发团队参与和创造的主动性。这需要调动团队的事业感、责任感、荣誉感，在机关特有的文化环境中，营造人人平等、人人参与、人人共享的环境和氛围，发挥“主人翁”精神，主动作为，从而实现管理的提质增效。因此管理创新的重点是在观念变革与重塑的前提下，充分发挥全员参与治理的主动性与创造性，通过工具的选择与流程的再造，实现管理的目标和宗旨。二是无论行政管理还是服务管理，讲到底是获取信息、处理信息、反馈获取信息、调整处理信息的循环往复的过程。及时了解掌握信息，准确真实反映信息，快速分析处理信息，对管理决策至关重要。毛泽东曾说，“没有调查就没有发言权”，形象透彻地揭示了信息在管理中的作用。我们在分析某单位或某次事故时，经常会看到“沟通不畅”“管理混乱”等说法，这不是套话。这些原因可以是独立发生，也可以互为因果，“沟通不畅”导致信息反馈迟滞或中断，使管理无所适从，造成无序和混乱。传统的管理模式也好，现代的智能系统也好，万变不离其宗。“第一时间”“第一现场”“第一主体”等时空、主客观因素是信息快速、真实、准确反馈的基础或前提，而必要条件是信息传送的及时性和直接性，就像视频通话，远在天边，倏忽眼前。实现人工智能管理对机关事务管理具有重要意义，有利于分辨正误，迅速作出决策。服务、保障、管理三者的有机统一，构成机关事务完整的运作体系，有效保障了机关运行。“服务”就具体事项而言，是专一的、直接的、天天发生的，是最基本的保障形式；“保障”着眼于机关运行整体，进行物质和资源全面、综合、均衡的布局和供给，既为服务提供保障，也与服务融为一体；管服务，管保障是管理的主要职责。依靠规范化运作、标准化服务和法制保障，通过科学组织、合理安排和有效控制，实现服务优质、保障高效、资源节约的价值目标，保证政务平稳顺畅运行。在党和国家的各个历史时期，虽然机关事务服务、保障、管理的对象、范围和内容有所不同，但始终作为有机统一的主体，很好地实现了“为党和人民事业发展提供重要保障”的目标。在建设中国特色社会主义新时代、以中国式现代化实现中华民族伟大复兴的进程中，党和国家也赋予了机关事务更大的责任、更重的担子，机关事务战线上的同志们一定要牢记初心使命，发挥特有的职业精神，勇毅前行。

没有特有的职业精神是不可能实现机关事务职能的。这种特有的精神，我们称之为“绿叶精神”。1995 年 9 月，在市政府机关服务中心《绿叶报》创刊号上，我们首次提出了“绿叶精神”，其内涵主要是：甘当配角、默默奉献、任劳任怨、自强不息、好学上进、勇于开拓、齐心协力、热情周到、谦虚谨慎等。绿叶精神的提出、认同与培塑，对上海机关事务队伍建设形成了重大而深远的影响，成为机关事务职业精神的鲜明标志。机关事务职业精神不同于一般的行业或职业素养，是用“特殊材料”铸成的。其特殊性在于“绿叶”根脉中充盈着初心脉动和使命律动，并在不断向阳而生的过程中，让花儿开得更大、把花儿衬得更美。无论是在新中国成立后的各项建设中，还是在服务中国特色社会主义伟大事业中，后勤工作、机关事务工作都“为党和人民事业发展提供重要保障”。机关事务鲜明的党性原则与政治属性，决定了职业精神的基因构成。任何时候、任何情况下始终牢记、坚决践行党的全心全意为人民服务宗旨，这是机关事务须臾不可分离的“魂魄”。

从我党诞生那一刻起，党的各项工作包括后勤保障始终与“人民”“服务”紧密相连。特别是后勤工作，更直接地反映了党与人民群众的关系和党在人民群众心目中的形象。后勤工作不仅要做好军队、根据地、机关等方面的服务保障，而且要把关心群众生活、减轻群众负担、解决群众困难放在同等重要的位置。毛泽东在《关心群众生活，注意工作方法》中指出，“一切群众的实际生活问题，都是我们应当注意的问题”。“要得到群众的拥护吗？要群众拿出他们的全力放到战线上去吗？那末，就得和群众在一起，就得去发动群众的积极性，就得关心群众的痛痒，就得真心实意地为群众谋利益，解决群众的生产和生活的问题，盐的问题，米的问题，房子的问题，衣的问题，生小孩子的问题，解决群众的一切问题。”“是千百万真心实意的拥护革命的群众，这是真正的铜墙铁壁，什么力量也打不破的。”在井冈山时期、延安时期、新中国成立初期等重要的革命和建设时期，毛泽东都要求后勤工作要以人民群众的利益为重，绝不能损害人民群众的利益。他十分重视军队发展生产，减轻人民负担，要求各级组织重视解决，并帮助群众发展生产、改善生活。毛泽东在《论联合政府》中进一步指出：“全心全意地为人民服务，一刻也不脱离群众；一切从人民的利益出发，而不是从个人或小集体利益出发；向人民负责和向党的领导机关负责的一致性；这些就是我们的出发点。”我们要领悟“向人民负责和向党的领导机关负责的一致性”。后勤工作与生俱来的政治性、人民性、服务性，是机关事务的“生命之源”，是绿叶精神的“基因组织”。随着物质基础的厚实和社会保障的健全，机关事务的工作条件比过去好得多。机关事务与人民群众生活的关系包括对机关干部的生活保障，虽然现在与战争年代和新中国成立初期有了很大的改变，但是以人民利益为重，发扬艰苦奋斗的精神，勤俭办一切事业，不浪费、不铺张、不奢华，始终是机关事务的品格本色和工作底线。守住这条底线，就能防止侵害人民利益、败坏党的形象的活动，确保“向人民负责和向党的领导机关负责的一致性”。在始终遵循和践行党的宗旨的要求下，随着时代的变化和党和国家事业的发展，绿叶精神的构成与内涵也在不断更新充实。今天讲的绿叶精神，有三个重要组成部分：革命精神、工匠精神和企业家精神。

1. 革命精神

这是机关事务职业精神的主体，任何时候都不能弱化淡化，必须始终保持充沛的活力和鲜明的特征。在革命、建设、改革伟业波澜壮阔的发展进程中，后勤战线坚守党的宗旨，在平凡的岗位上，孕育了特有的革命精神。张思德，一名后勤战线的普通战士，在烧炭作业中不幸牺牲。毛泽东亲自参加追悼会，并发表了著名的《为人民服务》讲话，提出：“为人民利益而死重于泰山。”白求恩，一个加拿大人，不远万里来到中国，投身抗日，废寝忘食救治八路军伤病员，不幸染疾辞世，毛泽东在《纪念白求恩》中提出要做“一个高尚的人，一个纯粹的人，一个有道德的人，一个脱离了低级趣味的人，一个有益于人民的人。”20 世纪 50 年代，毛泽东发出“向雷锋同志学习”的号召。雷锋虽然只是一名普通的汽车兵，却有着“把有限的生命投入到无限的为人民服务中去”的高尚境界和“一辈子做好事”的澄明襟怀。邓小平 1980 年 12 月 25 日在中央工作会议上讲话中讲了“五种革命精神”：“毛泽东同志说过，人是要有一点精神的。在长期革命战争中，我们在正确的政治方向指导下，从分析实际情况出发，发扬革命和拼命精神，严守纪律和自我牺牲精神，大公无私和先人后己精神，压倒一切敌人，压倒一切困难的精神，坚持革命乐观主义，排除万难去争取胜利的精神，取得了伟大的胜利。搞社会主义建设，实现四个现代化，同样要在党中央的正确领导下大大发扬这些精神。如果一个共产党员没有这些精神，就绝不能算是一个合格的共产党员。”革命精神是我党领导人民实现两个百年奋斗目标的强大精神力量。张思德、白求恩、雷锋、黄继光和王清珍的精神和事迹，以及在消除贫困、实现小康的攻坚战中，牺牲在扶贫的岗位上的 1 800 多名共产党员，是他们谱写了新时代共产党人革命精神的新篇章。这种甘于奉献、勇于牺牲的革命精神，已成为全党践行宗旨的榜样，和一代代后勤人的楷模。强烈的宗旨意识、高尚的革命精神和坚定的奋斗目标，就是机关事务的灵魂、血脉和骨骼，就是机关事务职业精神的精髓。

2. 工匠精神

古人十分重视工匠的地位和作用，也许因为受“巫祝”文化的影响，制作祭祀用具标准、规范极严，不然天帝不喜，众神不爱。夏朝时设车正、木正、陶正等官职，就是管器具制造与使用的，也可以看成为工匠设置的官职，并以“正”来命名。“正”既为制器标准、规范之义，更是做人守正为公之意。而且从很早就开始实行“物勒工名”，就是把制造者的名字刻在器物上。《礼记》所载的“物勒工名，以考其诚”，也许是最早的问责制。《考工记》指出：“百工之事，皆圣人之作也”，对工匠的技艺与操守极为看重。精益求精、敬业专一、诚实守信是中华工匠精神的本源。现代社会科技与文明的进步，更离不开工匠创造。从科学研究、技术中试，到工艺制造，工匠在第三个环节完全起了主导作用，正因如此“大国重器”才能打造出来。对机关运行保障来说，工匠精神是实现高质量精准服务的重要条件。它所追求的以极致、完美为内涵的品质标志，是“三精”（精心、精细、精致）服务实现的重要指引。可能工匠更多关注“工具性”，“术业有专攻”“行行出状元”；但“工匠精神”一定是体现“思辨性”，即在高品质、高效益的前提下实现服务保障整体的均衡、协调与自律。而当这种精神成为机关事务贯穿职能实现全过程的内驱动力和机关事务队伍的集体意志时，所引起的全局性、主动性、文化性嬗变具有十分重要的开创意义。近年来，机管局狠抓“绿叶工匠”培塑，提出“精细、极致、专业、满意”的绿叶工匠精神，设立工作室和培养点，命名市级层面的“绿叶工匠”，对工匠精神的传承和发扬发挥了重要作用。

3. 企业家精神

企业家精神是现代机关事务十分重要的素质之一。企业家精神讲的是最优组织、最高效益和最低成本。从内部讲，随着机关事务以“三资”管理为核心的职能加强、机关运行成本控制的机制引入和以“三公”经费公开为标志的公共财政社会监督常态化。[①]如何管好、用好“三资”，不仅是机关事务“大管家”的本分本事，更在经济、政治上集中体现了党和政府的形象。要做到会算账、能管账，用好每一分钱，勤俭办一切事业，必须有企业家头脑。从外部看，在我国市场经济体制持续健全完善、市场对资源配置起决定性作用的环境下，现代机关事务的经济性、社会性、开放性运行特征，与市场主体一体化、契约化、效益化“共生”关系更加突出，特别是在供应链经济成为世界经济运行主要生态的情况下，更要重视机关事务与供应链生态的关系。供应链不是一条直线，而是一张网。机关运行保障本身就是一张网，服务保障企业就是各个网络节点，通过合同契约展开运行保障，网络节点中的企业与周边企业相互依赖，通过业务往来，既相互成就，又与机关服务保障质量发生直接或间接的联系。这样的连接力不仅是供应链健康运行、富有韧性的关键，也是供应链生态充满活力的要素。供应链各节点之间不仅是采购履约的关系，而且会发生知识交换、文化交汇。机关事务如何适应供应链，如何提升机关服务供应链的控制力，如何运用现代企业治理规律优化企业的整体保障力，对新时代机关事务的“提质增效”至关重要。有没有供应链经济意识、有没有市场主体认知、有没有企业家精神与能力，是机关事务发展的瓶颈之一。突破了这个瓶颈，具备了这样的本领，将对现代机关事务治理体系、治理能力的完善和提升产生重要影响。

可以看出，机关事务始终坚持党的宗旨、牢记初心使命。“绿叶精神”在传承发扬好传统、好作风、好方法的基础上，其内涵随时代发展有了进一步拓展。我们在具体工作中，可能更强调工匠精神和企业家精神，这是基于效果最大化的“工具性”考虑，具有主导性和合理性，对此应该予以肯定；但是我们不能忘了机关事务职业精神中占绝对主导地位的、由长期革命斗争铸就的革命精神，它是职业精神的“魂魄”与“根脉”，是“特别能战斗”的不竭之源，永远撑起中国特色社会主义机关事务坚韧坚强的脊梁。上海机关事务职业精神同上海城市品格一样，在红色文化、江南文化、海派文化、现代西方文化汇流积淀的沃土上，出类拔萃，常新长青，与上海城市精神契合，在“海纳百川、追求卓越、开明睿智、大气谦和”的引领下，充满自信、富于创造地走向未来。

---

① 财政拨款的“三公”经费支出按因公出国（境）费、公务用车购置及运行费和公务接待费，公开全年预算数和决算数。自 2023 年起，中央部门在公开原有一般公共预算财政拨款“三公”经费决算的基础上，将政府性基金预算财政拨款的“三公”经费决算也进行公开，并在部门公开的说明中，将“三公”经费支出既与全年预算数作对比、又与上年决算数作对比。

三、机关事务工作遵循的指导思想和法律规范及意义

（一）机关事务工作遵循的指导思想和法律规范

作为主要承担党政机关运行保障的主体，机关事务管理部门要明确自己的根本遵循。因为，机关事务与党的宗旨、历史、传统密切相关，与党和政府治国理政密切相关，与党和国家机关在人民群众中的形象树立密切相关，所以，它必须以党和国家领导核心的经典论述和重要指示为根本遵循，以党和国家相关政策法规为根本遵循，以不断健全的法律体系为根本遵循，而且要具备更敏锐的政治意识、更严格的纪律约束和更完备的工作措施，在任何时候都能坚持和贯彻根本遵循，始终把握正确的前进方向，保证机关运行稳定高效。具体来讲，机关事务工作的根本遵循有三个部分。

1. 党和国家领导人对后勤工作的一系列经典论述和重要指示

后勤工作随着党的诞生而诞生，随着中国革命、建设、改革事业的发展而发展，后勤工作的本旨初衷和与生俱来的政治秉性，与党的领导核心、领导集体、领导机关紧密相连，具有直接特殊的作用和影响。党的历代领导核心和领导集体都十分重视后勤工作，在不同的历史时期和重要的发展阶段都作了重要论述和批示指示，充分肯定了后勤工作的重要性，为后勤工作的服务全局、保障发展、适应变革、与时俱进，以及更好地服务党和国家的中心工作指明了方向，明确了要求，如加强后勤保障与管理和专业化发展，后勤工作的社会化改革与现代化转型，后勤治理的标准化、制度化、法治化建设，后勤人才培养和队伍建设，等等，内容丰富，思想深刻，是机关事务必须学深悟透、全面把握的根本遵循。

1953 年 1 月 31 日，毛泽东签署了人民革命军事委员会主席给后勤学院的训词，并指出："对于现代化的军队，组织良好的后方勤务工作有极其重大的意义。任何轻视后勤工作、以为后勤工作不是重要的专门科学、不需要有系统的学习、不需要精通业务的观点是完全错误的。我们必须学习苏联军队完整的后勤工作建设，研究朝鲜战争中后勤工作的状况和经验，以达到我军后勤工作现代化和正规化的目的。"训词深刻揭示了后勤保障的现代化和正规化对军队的现代化有极其重大的意义，必须从专门科学、系统总结、精专发展的角度，高度重视、积极开展后勤保障的现代化建设。邓小平在谈到加快把科研工作搞

上去时指出："为了实现科学研究计划，为了把科学研究工作搞上去，还必须做好后勤保障工作，为科学技术人员创造必要的工作条件""党的、科研的、后勤的工作，三个部分，没有后勤，科研搞不起来""搞后勤的要学会管家""把这方面管起来""尤其要注意研究和解决管理办法、管理制度""要甘当无名英雄，勤勤恳恳，热心为大家服务"。邓小平还说，"我愿意当大家的后勤部长，愿意同各级党委的领导同志一起，做好这一方面的工作。"这些讲话反映了后勤保障在以"加快把科研工作搞上去"为抓手的国家科技、经济、社会整体发展中的重要地位和作用，要求各级领导"做好这一方面的工作"，为后勤工作排忧解难，增强队伍凝聚力，要求后勤部门的同志既要"甘当无名英雄"，保障好服务，更要加强管理办法研究和管理制度建设，"学会管家"。2000 年 8 月 20 日，江泽民在会见中国人民解放军全军后勤工作会议代表时指出："要坚定不移地推进保障体制改革，适应联合作战、联合保障的需要，建立起三军一体、军民一体的保障体制。对改革中遇到的矛盾和问题，要用改革的办法来解决，不能走回头路。"强调"要加强科技创新，力争跨越式发展，不断加大后勤保障装备发展力度，以提高我军的整体作战效能。要坚持不懈地加强管理，努力学习新的管理思想、管理知识，大胆应用新的管理技术和手段，以不断提高军事经济效益。要继续发扬艰苦奋斗精神，坚持勤俭建军方针，树立长期过紧日子的思想"。系统提出了坚定推进后勤保障体制改革、科技创新提升后勤保障力度、学习运用新的管理知识和技术、牢固树立"长期过紧日子思想"这一新时期后勤保障发展的总方向、总原则、总要求。2007 年 12 月，经胡锦涛批准，中央军委颁发的《全面建设现代后勤纲要》围绕保障体制一体化、保障方式社会化、保障手段信息化、后勤管理科学化等四个方面，提出了全面建设现代后勤需要重点构建的十二个体系。2010 年 3 月 12 日，胡锦涛在出席十一届全国人大三次会议解放军代表团全体会议时强调，要扭住核心军事能力建设不放松，推进高新技术武器装备建设，加大实施人才战略工程力度，全面建设现代后勤，科学安排和统筹加强非战争军事行动能力建设。在明确"保障体制一体化、保障方式社会化、保障手段信息化、后勤管理科学化"现代后勤发展目标的前提下，特别强调要加强能力建设、装备建设和人才战略工程建设。2016 年 11 月 9 日，习近平总书记在中央军委后勤工作会议上强调"聚焦保障打赢，加快转型重塑，发扬后勤光荣传统和优良作风，努力建设强大的现代化后勤"。他指出："根据后勤工作特点加强党内监督，把各级党组织搞得很坚强，很过硬。要抓作风、惩贪腐，坚决把党风廉政建设和反腐败斗争进行到底，教育广大后勤人员特别是领导干部分清公私两个字，砥砺品德操守，清清白白做人、干干净净做事。”2019年全国“两会”期间，习近平指出：“党和政府带头过紧日子，目的是为老百姓过好日子，这是我们党的宗旨和性质所决定的。”在2022年6月召开的全国机关事务工作先进集体和先进个人表彰大会上，习近平作出重要指示，指出：机关事务工作为党和人民事业发展提供重要保障，责任重大，意义重大。希望同志们不忘初心、牢记使命、恪尽职守、无私奉献，发扬艰苦奋斗的优良作风，坚持勤俭办一切事业，在厉行勤俭节约、反对铺张浪费上作表率，更好地服务党和国家中心工作，更好地服务国家治理体系和治理能力现代化，在全面建设社会主义现代化国家，向第二个百年奋斗目标进军新征程上再创佳绩，再立新功。

这些经典论述和重要批示集中反映了历代党的领导核心对后勤工作和机关事务的高度重视和充分肯定，同时也揭示了新时代机关事务工作的重要作用、前进方向和使命担当。

第一，阐述了机关事务工作的重要性，即“为党和人民事业发展提供重要保障”。这是从历史和全局的角度阐述了机关事务的重要作用，不仅揭示了机关后勤与机关事务的联系与区别，更是把机关事务放在党和人民事业全局高度来看待和要求。机关事务工作有两个“重大”，即责任重大，意义重大。

第二，明确机关事务要牢牢把握和始终坚守“勤俭办一切事业”。全心全意为人民服务，一切从人民的利益出发，集中人力财力物力搞建设谋发展，把资金、资产、资源用在刀刃上急需处，厉行节约，反对浪费，勤俭办事，是我党的光荣传统和优良作风，这已成为我国独有的制度优势。党政机关要作厉行节约、反对铺张浪费的表率，其中管“三资”的机关事务发挥主要作用，具有重要影响。

第三，发扬机关事务光荣传统，努力实现奋斗目标。不忘初心、牢记使命，机关事务的初心就是服务好领导，使命就是保障好机关。服务保障就是机关事务的本分，不管工作条件、工作内容、工作职能发生多大变化，都不能忘记本分。恪尽职守，无私奉献，踏踏实实做好每一件事情，仔仔细细做好每一次服务，心心念念做好每一项保障，不断创新管理方法，既要发挥制度与机制稳控工作运行作用，保持服务保障质量相对稳定，也要发挥机关事务每一位同志的主动、积极、创造精神，埋头苦干、无私奉献、艰苦奋斗的优良作风，更好地服务党和国家中心工作。新时代机关事务工作遵循的指导思想可以概括为一个总要求（“勤俭办一切事业”）和两个“更好服务”，以实现“为党和人民事业发展提供重要保障"为工作目标。系统学习和掌握党的领导核心和领导集体关于后勤工作的重要论述,使之成为机关事务在任何时候都不能放弃的理论财富和根本遵循,这对于清醒把握机关事务高质量发展的正确道路和前进方向具有极其重要意义。

2. 党和国家政策、法规

随着革命、建设、改革事业发展,党和国家的政策、法规不断健全完善,这为机关事务提供了行动指南和行为规约。这里讲的"政策法规"包含三个方面:一是党和国家在一定时期提出的关于政治、经济、社会发展的一系列大政方针;二是党和国家制定的关于党政机关各方面建设的政策法规;三是党和国家相关政策法规中关于机关事务管理内容与职责的内容。第一个方面讲党和国家大政方针是我们一切工作的指引,是举旗定向、把舵领航的大事,是机关事务工作出发点和归宿点,必须明辨方向,把握大势,才能行进在正确的轨道上。第二个方面是党和国家中心工作推进和发展目标的实现,必然要求党政机关各项建设与之相适应,确保思想高度统一、行动高度一致、约束高度严格,并以制度化、标准化、法制化为要求,不断健全完善党政机关建设和管理。第三个方面是机关事务在"更好地服务党和国家中心工作,更好地服务国家治理体系和治理能力现代化"中应有所作为和发挥作用,在党政机关政治建设、作风建设、效能建设中承担应有的职能和责任。三者有机统一,组成了机关事务工作的根本遵循。

这些政策、法规的核心要求是不断加强党的领导干部和党政机关作风建设。党的十八大以来,党的政治建设、思想建设、组织建设、作风建设、纪律建设和反腐败建设进入了新时代,发生了根本性、革命性变革,解决了过去一直想解决而没有彻底解决的问题,办成了过去一直想办而没有完全办成的事情,出台了一系列根本性措施,也给机关事务工作带来了历史性的变化。从立规矩开始,打出了一套组合拳。党的十八大以后,以习近平同志为核心的党中央严以律己、率先垂范,要求全党坚决贯彻八项规定精神,坚决反对"四风"(官僚主义、形式主义、享乐主义、奢靡之风),坚决清除腐败和滋生腐败的土壤,把权力关进制度笼子,以党内严规正风,引领社风、民风好转。党中央、国务院颁发了《党政机关厉行节约反对浪费条例》(2013 年 11 月 18 日施行),这些制度体系建设的重大举措成为机关事务管理的根本遵循,使之有了确定的政治纪律和政治规矩、清晰的范围界限和底线,以及从严把关的管理依据和职责自觉,从政治思想上解决了“要不要管”的问题。

在一系列党内法规和行政法规中,《党政机关厉行节约反对浪费条例》全面地提出了党政机关厉行节约、反对浪费的总要求和具体实施内容。此后,中共中央办公厅、国务院办公厅连续出台了三项规定:《党政机关国内公务接待管理规定》(2013 年 12 月 8 日起施行)、《党政机关公务用车管理办法》(2017 年 12 月 5 日起施行)、《党政机关办公用房管理办法》(2017 年 12 月 5 日起施行),对党政机关的公务接待、公务用车、办公用房管理等作了严格规定。2021 年国务院颁发的《行政事业性国有资产管理条例》(2021 年 4 月 1 日起施行)进一步明确了行政事业性单位资产管理的总体要求、范围内容、责任主体和权利义务,并开展了八项规定精神执行情况专项检查、党政机关办公用房专项治理、党政机关和国有企业公务用车制度改革、党政机关运行成本统计、公共机构节能专项推进等一系列具体措施,逐步形成了常态化治理、检查和监督机制。党风廉政建设取得明显成效,从法制保障上解决了“怎样管”的问题。

党和国家在总体推进党风廉政制度化、法制化建设,加强政策、规定、法规体系健全和完备时,对涉及机关运行保障的主要事项从标准到运作都作了明确规定,并对机关运行保障的主要承担者和责任主体——机关事务工作及其管理部门的职能、职责也作了明确规定。2012 年 6 月,国务院颁布了《机关事务管理条例》(2012 年 10 月 1 日起施行),对机关事务管理工作从机构、组织、职能、职责等方面作了规定,并在《行政事业性国有资产管理条例》《公共机构节能条例》(2008 年 10 月 1 日起施行,2017 年 3 月 1 日修订)等法规中明确机关事务管理机构作为责任主体承担相应职能和责任,这些从法律规定上明确机关事务管理机构、职能、职责等,使机关事务管理进入了以法为据、依法治理的新时期,首次从国家层面上制定了机关事务管理条例,明确其职责,解决了“谁来管”的问题。

3. 不断健全的地方性法规

机关事务走向法治是必然趋势。地方性法规使机关事务有法可依,依法管理,不断完善法治建设、提高法治水平,是机关事务高质量可持续发展的重要保证。

以上海市为例,上海在机关事务立法保障上作了积极探索,并取得了突破性成果。2022 年 9 月 22 日,上海市第十五届人民代表大会常务委员会第 44 次会议通过《上海市机关运行保障条例》(简称《条例》),并于 2022 年 11 月 1

日起开始施行。该条例将过去成熟的做法、有效的模式、先进的经验保留下来，同时也为加强和规范本市机关运行保障，构建了集中统一、权责明晰、协同高效的机关运行保障体制。这样既提高了机关事务的治理水平和治理能力，又为工作的开展提供了法律依据和根本保障。

《条例》分总则、保障事项（经费保障、资产保障、服务保障、资源节约）、保障机制、监督与法律责任、附则等五章共四十五条。在立法宗旨方面，加强和规范本市机关运行保障工作，节约机关运行成本，促进机关高效有序运行；在管理体制方面，规定市、区级人民政府推进本级机关运行保障工作，集中统一管理，依法依规设置机关事务管理部门，集中调配保障资源，促进机关运行保障规范均衡，构建机关事务管理部门"主管本级，指导下级"的机关运行保障机制；在经费保障方面，制定机关运行实物定额和服务标准、机关运行经费预算支出定额标准和开支标准，实行机关运行保障计划、成本统计调查等制度；在资产保障方面，聚焦机关的房屋、土地、公务用车等重点资产集中统一管理，完善资产配置、权属、使用和处置的全流程、全生命周期管理；在后勤服务保障方面，实施本市统一的机关服务管理制度，确定机关后勤服务项目和标准，同时贯彻绿色发展理念，厉行节约、反对浪费，加强用能管理，促进资源循环利用；在保障机制方面，健全实施机关运行保障协同配合机制和信息共享机制，建立健全的机关运行标准体系，加强数字化建设，优化社会化供给，健全应急保障机制；在监督与法律责任方面，规定机关事务管理部门和相关职能部门的监督检查职责，明确相关单位、部门和人员应当承担的法律责任。

《条例》落地实施要着力抓好的重点工作有：健全完善法规配套制度标准，推动形成集中统一管理格局，构建强化多元融合治理机制，着力优化资源集约节约效能，强化机关运行保障全过程监督检查。围绕这些方面研究制定、修改完善配套制度和标准，加快完成机关运行保障法规、制度和标准体系建构。《条例》的颁布实施，是上海推进依法治市的重要举措，是贯彻新发展理念、提升机关事务治理能力的重要保障，是从源头推动机关运行保障职权法定的有益探索。这既是上海法治政府建设取得的又一重大成果，也是机关事务法治化建设具有开创性意义的重要成果。

（二）机关事务工作的意义

通过对机关事务基本涵义、主要职责、核心要务、根本遵循等问题的讨论，使我们对机关事务“何以存在”的生发原因和存在状态有了一个初步的认识，这对我们了解掌握机关事务基本属性和运作规律，从而通过主动作为，始终坚持正确方向，持续推进高质量发展，是十分有利的。但我们还应该从历史与现实的视角来看机关事务在党和国家发展大局中的地位和作用，包括在社会政治生活中的形象表征。只有这样，才能更准确地把握机关事务鲜明的政治特性，才能真正领悟“机关事务工作为党和人民事业发展提供重要保障，责任重大，意义重大”这句话的分量。机关事务工作的意义可以从以下三个方面讲。

1. 机关事务是党的辉煌历史与光荣传统的创造者

回顾党的历史，可以说后勤工作是党的辉煌历史与光荣传统的见证者、参与者和创造者。中共一大在上海召开，会址选在哪里、会务怎么组织、代表如何安排、生活怎样保障等就是后勤服务。会议中途察觉租界探子在探看，则马上转移到嘉兴的船上继续开会，直至议程完成。这就是突发情况的应急保障，也是后勤保障重要职责。建党以后，中央机关在上海办公，日常服务和应急保障就是机关后勤的主要任务。因敌人破坏和叛徒出卖，党中央撤出上海，进入江西的苏区，机关后勤也进入新的历史发展阶段。从井冈山、延安、西柏坡到新中国成立，机关事务工作伴随党的事业发展也留下了辉煌业绩，铸就光荣传统。特别要指出的是，后勤工作是革命事业初创时期的基本保证，更是我党历史上重大改革和优良传统的发端，深刻影响了中国革命和建设进程。

三湾改编时，毛泽东提出了“支部建在连上”著名的党建原则，并从官兵平等、经济民主、加强监督等方面进行了一系列改革和创新，成为党和军队优良作风、光荣传统养成的源头。其中，“伙食尾子”（伙食费结余）改革影响十分深远。三湾改编时，有个连队的司务长带着两个伙夫半路开小差跑了，把锅也丢进山沟里。士兵只得到处找饭吃，被团长批评后，愤愤地说：“当兵的也是革命，连饭都吃不上，做官的却吃几菜一汤，这是哪里来的道理”。何长工向毛泽东汇报了这件事，有过半年当兵经历、深知旧军队官兵不平等和伙食差异的毛泽东，决定先从伙食入手，废除军官的特殊待遇，在部队推广官兵平等制度。毛泽东建立士兵委员会，职责之一就是参与军队的经济管理，派人到伙房监厨，与司务长结算伙食。当时以连队为伙食单位，连队的主要经济支出是伙食支出，监管伙食作为士兵委员会参与经济管理的主要内容，并创建具有记账、算账、分账核算功能的“伙食尾子账”。自 1927 年 10 月 1 日起，废除军官小灶，官兵同灶吃饭；伙食费按人头拨到连队，收支记账，有“伙食尾子”则官兵均分。1928年11月25日，毛泽东代表中共红四军前委给中央写的报告(报告编入《毛泽东选集》时题为《井冈山的斗争》)中指出："士兵管理伙食，仍能从每日5分的油盐柴菜钱中节余一点做零用，名曰'伙食尾子'，每人每日约得六七十文。这些办法，士兵很满意。"毛泽东率工农红军上井冈山后，山上的袁文才、王佐队伍，后来上井冈山的朱德队伍和彭德怀队伍都马上施行了这一做法。毛泽东创建的"伙食尾子"津贴制一直延续到长征结束，并逐步与延安的供给制对接。这一重大变革解决了当时经费、吃饭、津贴及官兵平等、经济民主等问题，对井冈山根据地创建、人民军队发展壮大、中国革命成功起到了重大作用。

2. 机关事务是国家治理体系和治理能力现代化的践行者

在中国共产党的领导下，中国人民经过艰苦卓绝、百折不回的长期奋斗，走出了一条具有中国特色的社会主义道路，创造了人类文明新形态。我党治国理政的基本性质和价值取向决定了党政机关执政、施政的基本特点，机关事务工作作为国家治理体系和治理能力现代化的重要组成部分和践行者，其作用大小与能力强弱直接对党政机关产生了重要影响。从作用上讲，机关事务不仅要在机关运行保障全过程中，以标准、规定、制度保障机关依规办事的法治化，而且要通过不断优化配置、合理组织、科学运行、及时纠错的治理体系，提升机关事务管理水平，努力实现机关运行保障目标，更好地服务党和国家的中心工作；从能力上讲，机关事务要主动适应并融入国家治理体系和治理能力现代化进程，不能拖后腿。机关事务治理效能的高低与治理能力的强弱，直接影响党政机关运行效率。机关事务如何顺应发展大势、转变思想观念、提升管理水平，以满足国家治理体系和治理能力现代化建设要求，还需要进一步的思考和实践。

3. 机关事务是社会政治生活中党和政府形象的体现者

如何实现长期执政，是我党百年探索的一个重大问题。1945年，毛泽东在延安给出了答案：人民监督；2022年，习近平在党的二十大报告中给出了第二个答案：自我革命。依靠人民监督，坚持自我革命，始终坚持全心全意为人民服务宗旨，不断发现和纠正自身存在的缺点与问题，永远保持先进性、人民性、纯洁性，是党和人民"鱼水情"的源泉。党和政府在人民群众心中的崇高形象，是靠始终践行宗旨、真正为民办事、严格要求自己确立的，而党政机关是人民群众身边鲜活可感、真实可信的具体形象，其言其行直接影响着党和政府形象。人民群众拥护党、信赖政府，与党的领袖和党政机关所体现的高尚品格和优良作风密切相关。

周恩来、邓颖超纪念馆里，有一张修改过的用餐收据。1966 年 7 月 28 日，周恩来到北京第二外国语学院参加完学生座谈会后，与同学们一起到食堂用餐，随行人员按照惯例找炊事员交粮票餐费、开收据。用餐中，食堂师傅又给周恩来送来一碗葱花汤，周恩来见汤已做好了，便没说什么。不一会儿随行人员又找到炊事员，付那碗汤的钱，炊事员说不必了，但得到的回复是“不行，总理要查问的”。炊事员收下 5 分钱，并将收据上的 2 角 5 分改成了 3 角。这样的事例，在我党老一辈革命家中不胜枚举，看似小事，但影响至大、至深、至远。我们要经常重温伟人风范，不忘共产党人的品格与本色，尤其是机关事务工作者，要更加熟悉和崇敬老一辈革命家公私分明、勤俭节约的高风亮节，因为许多好传统、好作风、好规矩就是老一辈革命家亲手培育起来的。

从机关建设角度讲，牢记为民谋利的初心，保持勤俭简朴的本色，极为重要。为了集中财力为民办事，党政机关历来十分重视过“紧日子”。“紧日子”怎么过，与机关事务有直接关系。机关事务管理的重要职能之一是合理组织调配资源，提供机关运行必备的物质保障。在调配资源、组织供给时，需要严格按规定标准执行；暂时没有标准或临时解决应急之需的，也要以“基本必需”为前提，按照管用、优质、节省的原则，争取少花钱、多办事、办成事。如果一味强调机关保障的优先性、特殊性，不从实际出发，不受规定约束，不顾群众感受，在公务接待安排、公务考察组织、办公用房使用、公务用车配备等方面，突破“基本必需”底线，违纪违规超规格、超标准、超范围、超预算用钱，酿成挥霍浪费、假公济私，甚至贪污腐化，那么，党和政府形象必将受到严重损害。1956 年，董必武为“一大”会址纪念馆题写留言：“作始也简，将毕也钜”，涵义十分深刻。“简”“钜”之间，有一条古今铁律，那就是“成俭败奢”。由此可见，机关事务工作做得如何，关乎党政机关在社会公众面前的形象和声誉，甚至影响长期执政的政治基础、社会基础、群众基础。

党的十八大以来，党和政府一系列厉行节约反对浪费、反腐倡廉正风肃纪举措的实施，也使机关事务从后台走向前台、从幕后走向幕前，不断加大公开透明、标准规范、法制保障建设，为党政机关保持为民服务、勤俭办事的本色，发挥了积极作用。从这个站位来看机关事务工作，我们才能增强对党的建设、中国式现代化建设、中国特色社会主义制度建设的认识，才能正确把握新时期机关事务的发展方向，才能以强烈的责任感和神圣的使命感做好平凡而伟大的本职工作。有的同志在这个问题上容易犯两个毛病：一是把机关事务简单看成后勤事务、后勤管理，没有深刻认识机关事务在服务党和国家中心工作、实现国家治理体系与治理能力现代化中承担的光荣使命和神圣职责，没有真正领悟新时期机关事务面临的形势与任务已经发生或正在发生历史性根本改变，因此对职能新变化、管理新目标、保障新要求，从思想到行动上显得准备不足；二是与国外特别是美国、欧洲国家简单类比，认为对方没有我们管得多、管得宽、管得杂。西方土壤上长成的果子，不一定适合中国的水土。“中国特色”本身就说明了我们不同于其他地方。中国的经济基础和政治体制、共产党的根本宗旨和执政依靠、政府的施政目的和治理方式、最终实现的社会进步和发展目标与西方都不尽相同。当然，他国的长处还是值得我们深入研究和借鉴的。

第二章　机关事务的职能演变与后勤的社会化改革

为了加深对机关事务发展变化的认识，我们有必要先进行"探源"。后勤工作随着党的诞生而诞生，随着党和国家事业的发展而发展。从机构、职能、职责演变的角度，做专门系统的机关事务组织史研究是十分有意义的工作，现在也取得了丰硕的成果。通过上海机关事务管理职能演变的历史轨迹，窥一斑而知全豹，展现出后勤保障与机关事务发展之不易；再从历史深处探寻上海机关后勤社会化改革的"应然"与"必然"，认识和把握其所具有的开创性与指向性意义。

上海市机关事务管理局（简称机管局）成立于1956年6月，当时的名称是"上海市人民委员会机关事务管理局"。1968年10月撤销建制，虽然在1973年5月恢复，并改名为"上海市革命委员会机关事务管理局"，但工作并未正常开展。1978年10月，市委批准成立局党组，重新任命局领导，局所属行政机构也逐步得到恢复。1979年12月，启用"上海市人民政府机关事务管理局"印章。2013年5月改名为"上海市机关事务管理局"。建局近70年来，大致经历了初创起步、"文化大革命"、体制改革与"二次创业"、职能转变与改革深化等几个阶段。根据党和国家事业发展的需要，机管局业务范围、工作职能和机构设置不断调整完善，已成为负责市级机关运行保障、指导区级机关事务管理的重要部门之一。机关事务的工作重心从服务，到保障，到管理过程也是机关事务成长、创业、改革的真实写照。接下来，我们从职能演变和改革推进两方面作简要回顾。

一、上海机关事务职能的演变

（一）服务职责

机管局为"服务"而生。机管局成立之前，上海市人民委员会（简称上海市人民委员会）的行政事务和全市的交际接待工作均由上海市人民委员会办公厅直接管理,总务处和交际处负责具体工作。随着政务的日趋繁重和事务集中管理需要,在上海市人民委员会办公厅原总务处、交际处的基础上,于1956年6月9日正式成立机管局,为上海市人民委员会直属局,主要负责本局交际、总务、财务、企业俱乐部、五大饭店、宿舍管理等工作,同时通过参与市、区两级机关事务管理,积极探索机关事务的专业化路径。当时设有两个室(办公室、财务室)、两个处(总务处、交际处)、三个直属科(警卫科、人事科、宿舍管理科)和六个基层单位(国际饭店、锦江饭店、和平饭店、沧州饭店、上海大厦和文化俱乐部)。从机管局成立之初明确的职能、设置的机构和所属单位看,最初职能主要体现在两个方面,一是直接服务好上海市人民委员会机关,保障机关正常运行;二是负责重要公务接待和会议保障。中共中央八届七中全会(1959年4月)和中共中央政治局两次扩大会议(1960年1月、6月)在沪召开,机管局负责具体的后勤保障工作。机管局狠抓机关和宾馆饭店的服务质量,要求"忙中不粗糙,越忙越周到",在接送、生活服务、文娱、保健等方面做了大量工作,与会同志写下100多份留言,对接待工作和服务质量给予了肯定。全国数学会议期间,和平饭店主动帮助主办单位解决文件印制问题,数学家华罗庚还专门送来了锦旗和笔记本。机管局多次参与党和国家领导人在沪期间,外国首脑、重要贵宾访华来沪期间,以及APEC会议、上合组织签约、六国峰会、世博会、亚信峰会等在沪召开期间的接待服务工作。机管局很早就注意接待服务规范化建设问题了。1963年8月,机管局交际处向上海市人民委员会报送《接待工作若干具体问题处理办法》,对交际接待的工作主体、主要任务、对象范围,包括接待涉及的招待餐、烟茶、房金、车租、代办等事项提出了意见和办法。"服务"领导和机关,机管局为此而生,为此而来,是与生俱来的初心与使命,是"何以存在"的合理性本源。我们经常讲,走得再远,不能忘了我们从哪里来、到哪里去,要做到"不忘",关键是搞清楚"我是谁""为了谁",即使在机关事务工作无论是职能内涵构成,还是职责实现方式都发生了深刻变化的今天,其生命本源的"基因"和"细胞"也没有改变,一脉相承。初心依然坚定,使命更加艰巨。这一点我们要始终保持清醒。

(二)保障职责

机管局初创时的第二职责是"保障"。保障是随着服务的展开和运行而提出的需求。我们需要相关资源为实现服务创造条件、提供支持和满足需求,这就是我们通常讲的硬件、软件支撑。机关服务资源供给和配置，主要围绕保障实体运作与保障资源组织进行，它与服务实施紧密相连。尽管在社会发展不同时期和不同条件下，服务资源的供给和配置方式有所不同，但由服务主体负责组织和调配服务资源一直是机关事务部门的应有职责。从建局之初的白手起家，到建设时期的艰苦创业，到改革开放的市场运作，机关事务保障工作一路奋斗，充分体现了机管局筚路蓝缕、勇于进取的宝贵精神。为做好大量公务接待和重要会议安排，机管局首先是管好、用好宾馆饭店资源，在物质不充裕的情况下，既抓节约挖潜力，又组织生产补缺，以确保宾馆饭店营运和接待工作的开展。在此基础上，随着服务范围的扩大和内容增加，1957 年，机管局根据有关要求，在保障实体组建与保障资源组织上再迈一步，新增大礼堂、幼儿园、托儿所、汽车修理厂（1958 年增加印刷厂、修建工程队、绿化队、洗衣场）。1957—1960 年，为大力发展副食品生产，机管局先后建立江湾农场养猪基地、金带沙农场、金桥养鸭场、虹桥饲养场、中苏友好大厦渔船队等（这些经济实体在 1970 年前全部划出机管局），为宾馆饭店、机关食堂供应副食品。为更好地服务市级机关，同时也为解决回沪知青就业问题，1979—1984 年，机管局建集体事业办公室，下属家具修理厂、缝纫厂、手工艺品厂和综合服务队，并在市政府大楼、市人大常委会机关大楼、市政府大礼堂开办三个消费合作社门市部。为机关当家理财、积极探索后勤办金融新路子，1994 年 3 月，经中国人民银行上海市分行审核批准，由机管局筹建的上海白玉城市信用合作社试营业（2000 年 4—6 月，局属经济实体完成脱钩工作）。机管局对服务资源的供给和配置，在不同历史时期、经济条件下，既紧抓机关服务保障中心，又适应党和国家形势与任务要求，勇于担当、善于作为，逐步走出一条具有时代特征、上海特色，适合机关运行保障特点的新道路。正是这些实体管理、生产组织和经营运作的经验，使机管局掌握了机关与企业、行政与市场的不同属性和联系，为今后机关事务管理和后勤社会化改革提供了长期宝贵的实践和探索以及思想基础。

（三）“管理”职责的起源与发展

这里讲的“管理”，不是指与机管局本身直接承担的服务、保障等相关的行政与内部管理，而是指作为市政府的重要工作机构，负责的市级机关事务管理，即建局时明确的“参与市、区两级机关事务管理，目标是实现机关事务工作专业化”。

1. 财务管理

机管局管理市级机关事务始于财务管理。1958 年 3 月，经上海市人民委员会批复同意，将市财政局负责管理的 42 个市级机关和 21 个民主党派、人民团体的行政财务划归机管局统一管理（不含这些机关组织的事业经费。1968 年“文化大革命”期间因机管局撤销，交市财政局管理；1979 年 12 月党的十一届三中全会以后，仍由机管局接办）。此后，机管局每年对市级机关经费预决算执行情况做总结报告。1980 年 7 月，经市政府同意，市财政局将市级行政机关的经费预算和财务管理工作正式移交给机管局。移交范围和内容包括年度预算指标的分配和核定、确定编报分工职责和程序（市财政局提出编制年度预决算和季报、月报要求，机管局负责布置、催报和审核、汇总，报送市财政局）、确定经费管理分工职责（市财政局制定经费开支标准和有关财务管理办法，机管局配合并督促各单位贯彻执行）、集团购买力管理、财产调拨和仓库等。之后机管局制订有关规定，实行“预算包干”管理，在压缩开支方面取得了积极成效（据统计，1980 年市级机关经费实际支出比总预算节减 14%）。机管局“当家理财”先从管“钱”开始，然后到管“物”，管“源”，同时要管“流”。“节流”是机管局朝夕惕惕的事，也是“当家”本分。从历史上看，机管局建局后内部管理的重要工作之一，就是经常、定期地进行清仓核资。承担市级机关行政经费管理后，重视在市级机关开展增产节约活动。首次活动是 1962 年 4 月，在机管局制订的厉行节约具体计划和 18 项措施推进下，市级机关清出、处理物资价值 22 万余元，行政经费比市财政局核定指标节减 4%，社会集体购买力比 1961 年压缩 50%左右，招待费开支比 1961 年压缩 47%。机管局下属宾馆饭店对外营业的餐厅和客房精简人员 139 人（其中支援农业 45 人）。这不仅确定了机管局机关事务管理本元定位，此后机管局“三资”管理，“四梁八柱”的构建就从这一根主梁开始；而且在管理实践中掌握了内在规律和完善了工作理念，对今后机关事务的开展和发展具有基础性、开创性、方向性的重大影响。

2. 国有资产管理

上文我们说过机管局管“物”是随管“钱”而来，管资产很早就成为机管局重要职责之一。

(1) 正式管理市级机关财产并设立“公物仓”。机管局首次参与市级机关资产管理是在 1958 年 3 月，机管局与市财政局联合下发《关于本市各单位多余财产处理的通知》，要求市级机关将多余财产造册登记后送机管局统一处理。正式管理市级机关财产是在1958年4月，明确由市财政局划归机管局管理。最早的"公物仓"也是在那时建立的，当时入库物品主要有家具、办公和生活用品，管理的主要方式是清仓、登记、入库、调拨、处置等。机管局不定期组织市级行政机关开展各类家具、办公用品清理工作。规模和影响比较大的一次是在1962年3月，按照中央和市委指示精神，由副市长牵头，开展市级机关、党派、人民团体的清仓工作。清仓办公室设在机管局，对市级机关及附属单位（饭店、招待所、印刷厂、汽车修理厂、托儿所、医务所、展览馆、副食品生产基地等）在库、在用的全部物资进行清理，并编制清理财产登记表，分为留用和上交，报送办公室统一处理。此外，机管局积极探索使用好、处置好财产物品，实现其价值最大化的途径，如统一向市区（县）两级机关、企事业单位调拨物品，为支援农业生产提供物资；委托市贸易信托机构评估、拍卖物品，并将拍卖所得价款、调拨企业物品收回的价款汇交市财政局。处置方式也充分考虑了使用和价值交换合理性。从1981年4月起，公物仓又多了一个项目：随着对内对外交往的增多，市政府明确由机管局承担市级单位对外活动中收受礼品的管理工作。公物仓的设立不仅从统筹宝贵资源、节约使用资金、集中有限物力等方面，对机关运行保障发挥了积极作用，而且其中蕴含的能省则省、物尽其用的朴实观念对机关事务继承发扬艰苦奋斗传统、坚持"勤俭办一切事业"原则产生了深远影响。

（2）首次开展市级机关财产摸底。"家底清"是管资产的必要前提。1993年9月—1994年1月，机管局在市级行政机关事业单位范围内开展了首次财产清查登记工作，并取得重要成果。①基本摸清家底。通过对市级行政机关、事业单位资产的登记核实，理清了现状，盘清了家底。账面资产比清查前增加61.5%。②明确权属界定。基本查清资产来源，固定资产有六种来源渠道：行政经费拨款购买、各单位预算外收入购买、上级主管部门无偿调拨、基层单位赠送、侨胞台胞捐赠和从外单位长期借入。在此基础上，确定了资产所有权的归属。c.查出主要问题。发现财产管理中存在账物不符、家底不清等主要问题，为健全相关制度，完善工作措施，提升市级机关资产管理水平进一步明确着力点。

（3）首次明确"依据产权关系统一管理市级机关国有资产"并开展产权登记工作。1994年9月，为适应本市行政体制的改革，市国资委印发了《关于授权上海市机关事务管理局所属上海市市级机关国有资产管理办公室统一管理市级机关国有资产的批复》，授权机管局市级机关国资办依据产权关系统一管理市级机关国有资产。批复明确，统一管理的市级机关单位和金额以1993年行政事业单位财产清查登记核定的国有资产产权登记数为准，要求市级机关国资办结合市级机关实际，制定市级机关国有资产管理办法和实施细则，并组织实施，同时要对授权范围内的国有资产保值状况进行监督检查。1995年12月，机管局市级机关国有资产管理办公室首次进行了市级机关经营性国有资产清查登记工作。1996年1至9月，机管局在市级机关首次开展国有资产管理产权登记工作，并颁发产权登记证。230家市级机关参加产权登记。同时印发《市级机关经营性国有资产管理办法（征求意见稿）》。

（4）提出"提高资产营运效率"要求和推行政府采购试点。1998年2月，机管局市级机关国资办制定下发《上海市市级机关经营性国有资产保值增值考核暂行办法（试行）》，要求以产权登记为契机，健全经营性国有资产管理网络，实行保值增值考核，提高资产营运效率，同时开发电脑软件，采用信息化手段，对国有资产加强管理监督。1998年7月，为规范市级机关的物资采购，逐步推行政府采购制度，机管局首次引进市场竞争机制，完成54辆公务用车采购，节约资金40多万元。同时对市级机关所属单位所需大宗办公用品进行集中购置和定点供应的尝试，在建立市级机关政府采购制度的进程中迈出成功一步。同年10月，机管局将《关于建立市级机关政府采购制度的调研报告》报市政府。建立推行政府采购工作小组，积极推进试点工作。

3. 土地与办公用房管理

1957年5月，机管局制定《分工管理市一级机关房屋的管理原则、组织机构及人员编制方案（草稿）》，明确管理范围：上海市人民委员会和市检察、司法系统机关用房及其工作人员宿舍和招待用房；管理原则：在房屋的使用、产业的维护上，通过辅助、指导，平衡工作，调动使用单位的积极性；管理内容：制定房屋使用管理、产业保护的规章制度和标准办法，房屋调配和监督使用，房屋租金统收和支配，房屋及其设备日常修理养护和大修安排，机关职工宿舍基本建设。于1958年7月成立房管处，下设养护队、绿化队。

（1）集中办公与面积控制提出。1964年11月，为使上海市人民委员会直属机关能适当集中办公，经报市领导批准，机管局将办公大楼内的房地局、物资局搬出，安排给市工业生产委员会和外事办使用。1970年9月，华东局机关将宛平路 11 号办公用房和康平路 100 弄等 7 处宿舍用房移交市革委会办公室行政组。1988 年 5 月，为缓解市政府机关办公用房困难，根据市政府常务会议有关决定，机管局在市政府第二办公基地（中山东一路 33 号大院）建造简易办公用房，市城建委、爱卫会、计生委、幼托办、国际问题研究中心等市级机关单位迁入集中办公。1979 年 12 月，机管局为解决全市机关办公用房问题，严格执行市里规定的办公用房标准（人均使用面积 5—6 平方米），超过规定的予以收回，统一调配。

（2）第一次成规模集中办公（“人民大厦”办公点）。1995 年 6 月，市政府办公厅从外滩市政府老办公大楼迁至人民大道 200 号办公大楼，同时完成 17 个市政府机关迁入集中办公；7 月 1 日，新办公大楼正式启用。新办公大楼建筑面积 8 万多平方米，主楼 19 层，南北裙房各 4 层，为集约利用资源和提高行政效率，该楼是在市人大常委会原办公楼的基础上改建而成的。1997 年 12 月，经市地名管理办公室批准，人民大道 200 号大楼被命名为“人民大厦”。

（3）第二次成规模集中办公（“市政大厦”办公点）。2004 年 9 月，市科教工作党委等 25 个委办局正式迁入市政大厦（大沽路 100 号）集中办公。2006 年 2 月市监察委迁入办公。市政大厦原名金帆大厦，由中国建设银行投资建造。2003 年 9 月和 11 月，市政府常务会和市委常委会先后听取了市级机关办公用房总体布局和调整方案的汇报，作出了市级机关集中办公、资源共享的决策。2003 年下半年，由市财政垫资购买了金帆大厦。2004 年 5 月，由机管局负责组织设施、市建四公司总承包，完成市政大厦装修工程。大楼更名为市政大厦，总建筑面积 7.3 万多平方米，地上 38 层，设有接待大厅、办事大厅、会议中心和当时华东地区最大的屏蔽机房（集中管理 25 个委办局的计算机网络设备）；地下 2 层，为非机动车、机动车库和设备用房。市政大厦以及不久前完成改建、装修、迁入的怡丰大厦和巨鹿大厦，为市级机关调整办公用房、实现集中办公提供了重要保证，为集约使用办公用房资源和降低行政成本发挥了重要影响。同时机管局完成对 14 处搬迁单位原有办公用房的腾退，共接收腾退出的办公用房 7.5 万多平方米，退租租赁办公用房 12 处，每年可节约租金 1 000 多万元。

（4）第三次成规模集中办公（“世博村路 300 号”办公点）。2010 年“上海世界博览会”闭幕后，机管局改造了世博会期间作国外参展人员公寓用的 7 幢楼，共 14 万平方米（位于浦东世博村路上，改造后门牌统一标号 300 号，现在习惯称“300号”)作为新的集中办公点。2013年5月正式启用,20多家机关入驻办公。

(5) 首次提出并实施“对市级机关办公用房及其相应土地实行权属统一管理”。2002年3月,按照市政府工作要求,机管局组织开展了市级机关行政用房普查工作。2003年7月,根据“市政府机管局对市级机关办公用房及其相应土地实行权属统一管理”的精神,机管局与市房地局研商,经审批将市级机关租赁直管公房纳入机管局统一管理,正式开启机管局对市级机关办公用房及其土地实行权属统一管理。2003年9月,机管局和市发改委、市财政局、市房地局、市国资委联合印发《关于加强市级机关办公用房管理意见的实施细则》,并按照市清理房产领导小组部署,开展市级机关办公用房登记工作。为加强办公用房产权管理,机管局对部分市级机关租赁直管公房进行产权核对,完成了9处房产,约2.4万平方米公房的产权变更工作;同时开展了市级机关在建、拟建投资项目的清理工作。完善办公用房配套管理制度,制定了《市级机关办公用房装修标准》《市级机关办公用房智能化工程规划与设计标准》《办公用房新建、改造项目的管理及操作程序》等一批管理规范,增强了办公用房管理的规范性。

4. 公务用车管理

从20世纪70年代起,上海市公务用车管理通过不断规范编制、配备、使用、维修管理,逐步形成了有效的管理体制和机制,并不断纠正和防止违纪违规行为。1978年7月,为加强对机关用车的管理,机管局请示市委办公厅,提出对市委、市革委会机关轿车实行“定人、定车、定油”的“三定”管理办法。1994年7月,机管局和市监察委联合向市委、市政府报送关于《设立汽车定编办公室和制定汽车编制配备管理的暂行规定的请示》,后制定了《上海市汽车编制、配备管理规定》。同年,机管局完成全市210个局级机关和事业单位公务用车定编发证工作,配合市纪委对超编、借用的车辆进行了清查和处理;通过公开招标,对市级机关28个单位400辆公务用车试行定点维修。1996年5月,机管局与市财政局联合下发通知,明确市级机关定编车辆实行一车一卡核算,车辆年内发生的全部费用都应如实登记入卡,年终汇总登记后,随财务决算报表上报。1999年7月,为加强本市机关事业单位汽车配备和使用管理,市委办公厅、市政府办公厅转发由机管局和市监察委联合制定的《上海市机关事业单位汽车配备和使用管理的补充规定》,并于8月召开上海市机关、事业单位加强公务用车管理工作会议。同年 11 月，机管局再次会同市监察委联合召开上海市机关、事业单位公务用车定编发证工作会议，对 82 个区县和部委办局的 2 000 多个处级机关和事业单位核定公务用车，编制车 7 000 多辆，超编车 892 辆。同时，机管局会同市控办、市公安局车辆管理所制定实施细则，对本市机关和事业单位新增(过户)、更新汽车的申请与审批，车辆上牌等流程作出明确规定。2000 年 7 月，市政府秘书长召集市监察委和机管局研究提出加强公务用车管理 5 条措施：坚持配备使用国产车，规范领导干部用车和清理处置超编车辆，严格控制公务用车配备标准，集中清理、限时清退借用车辆，按照政府采购规定统一购置公务用车(要考虑支持国产品牌、减少运输成本、便于日常维修等因素)。2004 年 9 月 7 日，市委办公厅、市政府办公厅下发由机管局和市发展改革委、市监察委、市财政局、市交通局联合上报的《关于暂停审批本市党政机关新增公务用车等事项的通知》，规定从即日起到 2005 年 8 月 31 日，本市暂缓审批各级党政机关新增公务用车；要求各级党政机关加强对公务用车配备、使用的管理和监督检查，严格控制以各种方式变相购买车辆或向基层单位及其他单位借用车辆的行为，并明确相关纪律。同年 10 月，市委常委会听取并同意机管局和市公安局关于本市公安警务用车制度改革和加强特种车、专用公务车管理工作意见。经过三个月的清理整顿，专用公务车辆由原来的 19 种 706 辆，减为 6 种 573 辆，分别比原来减少 68.4%和 18.8%，移动式警示灯原则上不再核发。

(四) 上海机关后勤的社会化改革

机管局成立至今一直在不断创业和改革。创业往往伴随着服务、保障、管理职能的调整和扩大，改革往往针对服务、保障、管理效能的聚变与提升。效益永远是发展的主要动力。回顾上海机管局发展史，贯穿始终的主线就是主动探索改革、不懈追求完美。我们从自我组织完善、思想观念转变和面上体制改革三个方面来看。

1. 机关后勤的自我组织完善

从建局到 20 世纪 90 年代，无论是开展服务保障、组织生产经营，还是政企政事分开、机构调整变化，机管局始终对自身运行系统不断进行调整、改革、完善，理顺服务保障内部管理机制，既做好服务保障，又兼顾经济效益，实现提升质量、降低成本的目标。如 1963 年 1 月起，将机管局所属企事业单位财务计划纳入国家预算。1978 年 11 月、1979 年 4 月,“上海展览馆”(现为“上海展览中心”)和市政府大礼堂,实行事业单位企业化管理。1983 年 3 月,机管局所属饭店、宾馆、汽车服务公司实行经营承包责任制。1987 年 8 月机管局成立改革调研小组,主要负责局属基层单位收入、财务、预算、考核等管理机制的建设和完善。1989 年 5 月,国管局来沪调研政府部门机关事务工作改革经验,机管局汇报了加强市级机关预算管理做法,局属汽车修理厂、机关食堂、市政府大礼堂等单位实行企业化管理、改革的情况,得到了国管局的重视。1995 年、1996 年机管局新成立的机关服务中心、市级机关工程建设管理中心、市级机关汽车服务中心、市级机关后勤岗位培训考试中心等事业单位实行聘用合同制,逐步建立了新型劳动用工和工资分配制度;局属各企业实行全员劳动合同制和上岗合同制。1997 年 4 月,市政府车队实行“一队两制”(合同用工与固定用工)、开展工作实绩考核、推行以岗位工资为主的结构工资制的体制改革。1997 年 9 月,机管局召开经济工作会议,对深化后勤经营管理改革、试行后勤经济指标考核、规范经营者收入并考核其业绩等提出工作意见,明确有关规定,并在田林宾馆、申勤置业发展总公司、高安工贸公司等企业开展经济体制改革试点。1997 年 8 月,机管局开展理顺局经营管理体制专项工作,对所属 86 个经济实体和经营项目进行全面清理。清理整顿后的企业必须转制或改制为有限责任公司或股份合作公司,同时改变管理模式,由上级主管单位下达经济指标逐步改为由股东代表大会和董事会决议形式;查清各经济实体的性质经营状况,为调整和完善后勤经济的所有制结构,提高经济实体效益提供可靠依据,同时考虑做好部分经济实体转制,确定经济实体的改革任务。再如,1991—1993 年实行后勤工作目标管理、行政经费实报实销、公用经费包干使用改革等。

这些改革不仅为机关事务紧随党和国家事业发展步伐、更好地服务保障中心工作发挥了重要作用,而且为今后提升集中统一管理能级和开展机关后勤社会化改革,从观念更新、规律求索和改革创新等方面提供了重要的思想和实践方面的指导。21 世纪初上海机关后勤社会化改革是长期探索、长期实践、长期积累、宜时而动、因势而发、“应然而然”的结果,而产生聚变的催化酶则是时势的呼唤和观念的蜕变。

2. 机关后勤社会化改革思想不断更新与深化

20 世纪 90 年代,在邓小平“南方谈话”指引下,改革开放向纵深推进,机关后勤改革与发展也随之进入新阶段。思想解放、观念转变、共识形成是机关后勤社会化的先决条件。为贯彻全国政府系统机关后勤工作改革座谈会精神，1992 年 11 月，机管局在本市政府系统机关后勤部门改革工作研讨会上，首次提出了机关后勤工作应通过改革实现“管理科学化”和“服务社会化”目标。1995 年 4 月，在人民大道 200 号新机关办公楼启用之际，机管局党组书记、局长孔长明提出，要创造现代化办公大楼管理服务新模式，即“机关性质，星级管理”模式，坚持机关后勤为机关服务的定位，转变长期形成的传统、封闭的自我管理和服务模式。同年 12 月，孔长明提出“三个战略性转变”，即推进后勤管理职能转变，由微观管理为主向宏观管理为主转变；推进后勤服务机制转变，由行政性向事业性转变；推进后勤经营方式转变，由粗放型向集约型转变。1996 年 8 月，市机管局、市编办联合召开区县政府机关后勤机构改革座谈会，对区县机关后勤改革中实行政事分开、机关后勤部门名称统一、机关后勤管理部门进入政府行政序列、机关后勤服务逐步实现社会化等问题形成共识。1998 年 4 月，机管局召开深化改革工作会议，提出新一轮改革目标：“五个符合”，即建立一个符合科学化管理要求的后勤管理体制，形成一个符合社会化要求的服务运行机制，组建一个符合经营市场化要求的后勤经营集团，创造一个符合现代化要求的机关工作环境和生活环境，建设一支符合后勤事业发展要求的机关后勤队伍。1998 年 9 月，首期机关后勤体制改革研讨班对机关后勤体制改革、公务用车制度改革、建立政府采购制度等问题进行了富有前瞻意义的探讨。

20 世纪 90 年代的改革探索，有其必然性。正如 2006 年 6 月时任机管局党组书记、局长陈兆丰在纪念建局五十周年会议上指出的：“机关后勤改革与发展从来就是与时代发展相适应的。90 年代以后，上海步入了高速发展期。市场经济体制逐步形成，政府职能转变已成为改革的重要环节。传统体制在这个阶段遭遇了从思想观念到体制机制的激烈碰撞。在职能转变过程中产生的体制不顺、资源短缺、管理薄弱、竞争压力等矛盾，经常通过各种方式反映出来并困扰着我们。”“机关后勤管理在制度创新中被赋予了新的内涵，机关后勤服务保障在市场开放和竞争中被注入了新的活力，机关后勤改革在平稳推进中实现着体制上的跨越，机关后勤队伍的素质在实践的历练中不断得到提高，从而推动了机关后勤工作跨上新的台阶。这个阶段，是一个全面的、立体的、深刻的改革过程，带来的思维方式、体制机制、队伍素质等方面的根本转变，将彻底改变传统机关后勤工作的内涵，最终构筑起适应社会主义市场经济要求的机关后勤管理新格局。”

3. 机关后勤机构改革历程

从改革历程来看，可以分为三个纵向递进的历史发展时期。这里讲的后勤机构主要是指直接从事机关运行服务保障的组织或单位，与机关事务行政管理部门存在职能涵义上的区别。

(1) 第一时期：从建局到 20 世纪 80 年代。后勤管理部门初期是管办一体，人员属机关编制，如机关行政处或机关办公室内设相应机构。20 世纪 80 年代初期到 90 年代中期，为适应我国经济体制改革要求，实行政企分开，机管局进行了体制的重大调整，1984 年根据市委、市政府决定，机管局将局属接待部门和 11 个饭店宾馆划出体制。这是机关事务机构改革前长期形成的组织架构，其长期稳定存在的合理性也具有重要历史价值，这个时期主要是进行政企分开，也是改革的起步。

(2) 第二时期：20 世纪 80—90 年代。在机关政事分开、管办分离的改革中，后勤具体事项即“办”的部分，从行政管理中分离，成立事业性质的单位，如专门从事具体服务工作，保障机关运行的“服务中心”，上级主管为机关事务管理部门(机管局或行政处、办公室)。1995 年 3 月，机管局建立“市政府机关服务中心”，替代“行政处”，主要职责是为市人大常委会、市政府等提供日常服务，保障机关职能活动的正常开展。这个时期主要是探索政事分开、管办分离。

(3) 第三时期：2000 年以后。进入 21 世纪，市委领导要求加快本市机关后勤服务社会化改革。2003 年 1 月，机管局在全市机关系统率先撤销“服务中心”建制，成立“锦勤”“盛勤”两大企业集团(国有独资企业，注册资本各为 3 亿元，后于 2012 年改组合并为“上勤有限[集团]公司”)，专司市级机关运行服务保障职能。同时进行市级机关后勤服务机构转制，2004 年 1 月，以市政大厦启用、部分机关迁入集中办公为契机，撤销迁入机关的后勤机构，后勤事务由上述企业集团统一保障。此次局部改革试点成功，为面上市级机关改革作了充分的思想与工作准备。2006 年 3 月，正式启动市级机关后勤服务社会化改革，同年 10 月，相关机关改革方案报批工作基本完成，撤销所有在外办公的市级机关后勤机构，由企业负责运行保障。

本次改革涉及 50 家市级机关后勤机构，共 1 083 名后勤人员(锁定事业编制身份，部分人员由原机关安置到下属事业单位，部分人员因原机关不具备安置条件而转挂企业集团管理；在岗实行企业化管理，由企业统筹安排使用，工作岗位大部分还是在原机关，主要也是考虑情况熟悉和情感融合因素）。2001年7月，根据市委、市政府总体部署，本市区县机构改革启动，并于当年完成。至此，基本实现机关后勤机构改革阶段目标。

随着2003年以后市政大厦、怡丰大厦、巨鹿大厦、浦东世博村路300号集中办公点启用和市级机关后勤体制改革的完成，机关后勤服务保障统一由机管局组织实施和监督管理，克服了分散、不统一、“小而全”等机关后勤保障“各自为政”的状况，实现了机关服务保障集中统一管理，有利于节约、集约调配使用宝贵资源，初步建立起具有上海特点、基本实行社会化保障的机关后勤新体制。市级机关后勤社会化改革得到了市领导的高度关注和支持。2006年10月14日，时任常务副市长冯国勤在《关于市级机关后勤服务社会化改革工作的汇报》上作出批示：“市级机关后勤服务社会化改革符合党中央、国务院文件精神，符合政府职能转变，建设‘三个政府’的要求，方向是对的，市机管局工作是认真、细致、扎实有效的。下一步要研究新情况，分析新问题，采取新措施，将改革工作进行到底，逐步形成新机制，不断完善提高后勤服务能力、质量和水平”。同年10月16日，时任中共上海市委代理书记、市长韩正批示：“方向正确，坚持改革，稳步推进”。

二、改革的创新意义

上海机关后勤社会化改革，在机关事务服务保障机构改革的纵向轴上，经历了从机关“行政处”（机关性质），到“服务中心”（事业性质），再到后勤服务公司（企业性质）的变革，完成了服务保障机构从机关属性向市场主体的转变；在整个市级机关运行保障体制改革的横向推进中，经历了从分散自主到部分统一，再到集中统一的改革，形成了机关事务集中统一管理体制；在机关事务工作重心变迁上，经历了以服务保障为业务核心到以“三资”管理为职责要务的变化，形成了以“三资”管理为核心的综合服务保障运行机制。上海机关后勤社会化改革不仅敢于自我革命，主动适应历史发展必然要求，具有“破冰”效应，而且以其规律性、系统性、前瞻性的勇毅探索，揭示了新时期机关事务发展的正确方向和必然趋势，具有重要创新意义。其意义主要体现在精简机构、重塑机制、提升效能、降低成本4个方面。

(一)顺应改革趋势,实行管办分离,引入市场主体,牵头行业建设

机关事务机构改革顺应了党政机关精简机构要求,本身也反映了机关事务发展的内在规律和必然趋势。改革开放40多年,社会主义市场经济体制不断健全完善,市场在资源配置中发挥决定性作用,政治、经济、社会形态发生了历史性重大变化。在开放程度越来越高、产业分工越来越细、市场供给越来越全、效能建设越来越强的新时期,带有计划经济体制明显痕迹的机关后勤如果依然"耕田在桃源",继续沿着原有资源供给和财政保障的体制轨道,按部就班做好机关运行保障,日子是可以过得平稳舒坦的。但这与改革开放的大方向不符,与党政机关治国理政的宗旨不符,与机关事务"勤俭办一切事业"的初衷不符。如何利用市场配置资源机制,实行机关运行专业化保障,实现保障优质、效能增强、成本可控,是机关后勤改革的愿景,更是机关事务工作的政治自觉。

在改革开放深入推进中,上海机关事务在每一个机构改革的节点上,都体现了大局观念和政治自觉。上海机关事务以机构改革为主线,管办分离、厘清权责,建立健全集中管理、统一保障机制。顺应市场经济发展和党政机关"简政、降本、增效"要求,上海市机管局坚定而稳重地迈出机构改革的第三步,在全国机关事务系统率先进行机关后勤社会化改革,实行机关运行保障企业化供给,打开了机关与市场双向通道,为机关利用市场机制配置优质资源、降低运行成本,甚至是培育"企业家精神"开辟了新天地、打造了新格局。

机关后勤社会化改革实现了后勤服务机构从机关属性向市场主体的转变、机关事务从管办不分向管办专司的转变、机关运行保障从分散自主向集中统一的转变,这三个转变改变了"机关办社会"、机关后勤"包打天下"封闭循环的状况。引入市场主体为机关运行保障提供专业服务,同时强化成本观念和成本管理,既要勤俭节约办一切事业,又要实现机关运行保障提质增效目标。这为机关事务逐步健全向外利用市场机制优化配置机关运行保障资源、向内集中统一管理机关运行保障事务机制,提供了十分重要的物质基础。随着机关后勤社会化改革持续深化,通过政府购买,使机关运行保障主体逐渐变为社会各类专业服务保障企业,产生了"机关事务行业"这一新兴行业,对机关事务工作部门也提出了"机关事务行业建设"任务,我们将在讲服务质量监管时具体讨论这个问题。

（二）重塑体制机制，实行集中管理、统一保障，以制度、标准、法规建设为主体，开启“新基本建设”进程

机关服务保障机制变革是一个由分散向集中、由多元向统一的聚合变化过程。在机关各自办后勤的体制下，市、区机关后勤服务保障长期存在机构设置不一、名称职能不一、人员编制不一、收入待遇不一等状况；在资源获取和具体运作上，存在标准不一、多寡不均、重复浪费、成本较高等现象，这是后勤社会化改革前，机关事务在管理体制和保障机制方面存在的最突出的问题。这种情况主要由两方面原因造成：一是没有形成相对独立的机关事务集中统一管理体制。“集中统一”不是指机关运行保障的所有事项统一由机关事务管理部门大包大揽，而是将各机关的自我组织管理转变为由机关事务管理部门集中统一管理，并形成由机关事务管理部门负责、自上而下相对独立的机关事务集中统一管理体制。主要体现在政策、规定、办法、标准等的制定上，履行行政审批和行政管理职能是机关事务管理的总开关。二是没有形成机关运行服务保障统一供给机制即后勤服务保障统一由机关事务管理部门组织实施。集中办公是实施这一机制的必要条件，但不是唯一条件。在可供多个机关集中办公的楼宇或区域，统一由机关事务管理部门组织实施服务保障，既可避免因分散办公而造成的资源重复配置问题，也使机关从机关事务烦琐的管理中解脱出来，集中精力干政务。集中办公、统一保障，可以节约大量的人力、物力、财力。那么不具备集中办公条件，分散各处办公的情况下，能不能实施统一保障呢？集中办公是统一保障的前提和基础，但不是决定性因素。集中管理、统一保障，首先不是硬件是否具备的问题，而是服务保障供给体制变革的问题，体制改革是摆在首位的问题。实现优配、高效、低耗目标，核心是体制机制改革创新。

这里又引出另一个问题，“集中管理”可以由机管局承担，但“统一保障”由谁来做？在市场服务业还未充分发育，且适应市场发展的机关运行保障体制还未建立的情况下，由系统内改革转制的后勤服务企业承担“统一保障”职责，既维护了后勤职工的切身利益，平稳实现了身份转变，保持了队伍稳定，顺利完成体制改革，又确保了机关运行保障不断不乱，提升了服务保障质量和效能，弥补了市场资源不足的问题，使机关后勤体制改革形成良好闭环，也为今后抓住时机，深化改革，真正打开大门，与市场“共舞”，作了充分的思想、人才、

实践的准备。

如果说机关相对集中办公模式的推进是机关事务实施集中统一保障的契机，那么机关事务管理职能的强化，则促进了集中统一管理体制的形成。机关事务经历了从后勤保障为主到事务管理为主的职能转变。最初的后勤具体事务保障中，个体性、经验性、特殊性服务成分较多，靠经验、靠习惯、靠规矩（类似行规、禁忌约束）管，这主要表现在对从事特定群体直接服务保障的人员管理上，如办事员、炊事员、驾驶员等。随着机关事务保障对象增加、内容增多、范围扩大，不仅在保障任务数量上发生了变化，而且在资源配置方面被赋予了管理权限和职能，如办公用房管理（建设、分配和维护），公务用车管理（配备、运行和更新），运行资金管理和行政事业单位资产管理等，这使机关事务保障跨上全面管理的台阶，并逐步进入共建、共治、共享的全新治理领域。职能上的变化，尤其是面对资源选择与配置要求时，应从对单个机关运行保障特殊性认识转变为对普遍机关运行保障规律性的掌握，过去单纯靠经验、靠习惯、靠规矩的做法就不合适了。因此，制度建设、标准建设、法治建设就成为机关事务集中统一管理的充分必要条件和根本法理依据，是机关事务管理首先需要面对的"新基本建设"主要任务。

（三）重视提升能效，完成机关事务从直接服务到购买服务再到监管服务的角色转换

任何时候不能忘记初心与使命。服务、保障、管理三者有机统一是机关事务职能实现的方式。从机关事务的本分和初心讲，服务保障是机关事务一切工作的出发点和归宿点，即使现在强调加强集中统一管理且带有很多行政管理色彩时，但依然离不开服务保障的底色。任何时候都不能忘记机关事务的本分，走得再远也不能忘记我们是从哪里出发的。机关事务早期主要指后勤保障，由机关内部人员负责，无论是在革命战争年代还是新中国成立后的建设时期，一路走来都是这么做。从事服务保障的人员均经过严格筛选、严格培训、严格管理、政治要求比业务要求更高，这主要是考虑服务保障人员在领导机关特别是领导人身边工作，有很重要的安全保密责任。另外，机关服务保障根据机关运行特点，长期以来也形成了自己特有的传统和文化，政治要求、行事风格和工作精神与其他同行完全不一样。机关事务早期闭门搞后勤是有其必然性、合理性，且全方位保障，我们把这一阶段的服务保障称作

直接服务。

党的十一届三中全会后，随着党和国家中心任务的转变和机关运行体制、机制的变化，对机关事务保障提出了新的要求。从上述机关事务保障体制的变化，可以看出“开门办后勤”是势所必然。为什么这样说？其一，机关事务经历了政事分开、政企分开和管办分离的体制改革，职能发生了变化，由直接服务转向专业管理。其二，随着保障对象、内容、范围的扩大（由改革开放后机关作为政府治理、市场治理、社会治理的重要主体从管理走向治理所决定的），由过去单一的直接服务走向机关运行全域保障。在这种情况下，要做好多项、全域、优质保障，且在政府机关不断“瘦身”的要求下，为考虑权责明晰、分工明确、经济核算等因素，机关事务要把直接服务的任务必须交给各个专业团队来承担。专业团队选谁？到哪里去选？答案是打开大门，到市场上去选。

一方面机关后勤机构经过改制，组建起综合专业服务团队——集团公司，承担起机关运行保障职责，很好地连接起机关运行保障的过去与今天，无缝衔接，平稳运行，开端良好；另一方面随着国家大力发展第三产业，市场服务资源充分，专业配套的服务企业数量与品质有了显著提升，行业规范、标准与监管不断健全完善，这使政府通过市场好中选优，实现资源最佳配置成为可能。这样不仅通过市场配置实现效率最优的目标，而且使机关保障从封闭走向开放，社会化过程中所体现机会平等的原则也产生了积极的政治影响。我们把这一阶段称为购买服务。

市场配置如何兼顾机会平等和机关特点，机关保障与市场主体如何磨合、融合、化合？这就进入了第三个阶段，也是目前机关运行主要保障机制：监管服务。对市场主体承担机关运行保障服务质量进行监督管理是后勤社会化改革的题中应有之义。监管什么、如何监管？我们在后面讲服务监管时专门展开。机关事务逐步走上规范化、标准化、法治化建设道路。

回顾机关事务服务保障机制转换过程，从直接服务到购买服务再到监管服务，就像从运动员到教练员再到裁判员，角色和职能发生了根本性变化。经过近 20 年的发展，机关事务体制改革初步完成，机制不断健全完善，法制保障提上议程，应该说及时顺应了改革开放要求，为推进党政机关运行体制、机制不断完善和健康发展发挥了积极作用，紧密配合国家治理体系和治理能力的现代化建设要求，走上了高质量发展的大道。

（四）降低行政成本，确立“企业家政府”理念，践行“勤俭办一切事业”初心，探索新时期机关运行成本控制和机关事务效能建设新道路

机关事务特有的“企业家精神”随着“企业家政府”理念的推行，已成为反映现代政府治理基本内涵的一个重要方面。“企业家政府”是市场经济条件下，对政府行政与效益管理的要求，政府运行管理应该像企业家一样，注重投入与产出的效益比，用好纳税人的每一分钱，产出社会管理的最大效益。这对政府行政体制、运行机制、组织方式、绩效管理都提出了新的要求。从机关事务工作讲，研究和把握机关运行保障成本控制，成为题中应有之义，这是提升政府治理效能、降低运行保障成本的关键所在。形成和确立机关运行保障成本观念，本身就是一大进步。过去经费在总盘子里有预算，但用了算的情况还是有的。当然，碰到特殊任务、特殊情况时，服务保障必须迅速跟上，费用超预算也可能发生（实行“零基预算”后，预算的真实性、合理性、科学性逐步体现）。机关运行保障成本主要由人、财、物三个方面构成，除大宗资产购置，如办公用房建设（购置）外，人员与服务经费也是机关运行保障经费的主要部分，从“机关办社会”和“机关各自办后勤”的现状看，这两部分经费占了机关运行保障成本和机关行政总成本的较大比例，当然还有资源超标配置造成的浪费。

实行后勤社会化改革后，在三个方面对降成本产生了决定性影响。一是机构转制、人员转归，实行企业化运作，机关以服务项目和定额标准购买企业服务，并对企业服务质量进行监管和考核，实现运行成本下降、服务质量不下降，也为机关事务治理打开了新天地；二是服务归口，统一保障，改变机关各自办后勤状况，从源头上去除资源过度配置的弊端，消除体制因素而造成的成本重复叠加顽疾；三是集中管理，标准制约，改变资源配置分散自主、随意无序状况，按标准、程序、制度统一管理资源配置，不攀比、不浪费，不铺张、不奢华，对控制机关运行总成本产生了积极影响，也为机关事务管理部门今后集中统一管理行政事业性资产做了准备。机关后勤社会化改革与机关行政成本控制相互影响，党政机关此后开展的办公经费使用项目与范围的清理规范，部门编制、人员、职责“三定”梳理和借用借调人员清理，对机关后勤深化改革、机关事务科学治理提供了坚实基础和有力支撑。

确保改革成功，首要保证是真正贯彻以人为本原则，始终把人的因素放在

第一,始终把维护职工切身利益、保持队伍稳定、保持服务保障不断、不乱放在首要位置。后勤社会化改革建立的具有市场活力的组织、人员、分配、绩效等管理体制和机制,对形成尊重、培养、用好人才观念,激发服务人员的积极性和创造力,打造专业、精细、极致、满意的高素质的服务保障队伍,产生了深刻且深远影响。在机构改革的过程中,后勤人经历了从机关到事业再到企业的身份转变,必须切实关心同志们的思想变化和利益。不能借改革名义,一遣了之、一转了之、一推了之。要用好机关的服务保障人员,并将其作为施行统一保障的主要力量。实行统一保障,首先是人员的统一管理、统一调配、统一使用,这就需要人员与所在机关分离,岗位可能不变,但归属关系发生了变化。这种情况下,如何合理安排与统筹使用各机关原服务保障人员?如何平衡与保障他们的收入、待遇、权益?如何转换和尊重他们的编制身份、职业积累和岗位情感?等等,必须高度重视,稳妥处置。上海机关后勤服务社会化改革之所以能顺利展开、成功推进、持续深化,至关重要的就是将尊重人、关心人、爱护人的工作方针贯穿改革始终。我们要认真汲取经验,倍加珍惜来之不易的宝贵成果。

第三章　机关事务主要业务及工作要点

一、国有资产管理注意事项

本章主要探讨机关事务的工作重点和关键点，以及今后的发展方向。首先是国有资产管理。国有资产受到越来越多的重视，也是机关事务管理从幕后走向前台的重要动因。我国的资产分为全民所有、集体所有、私人所有等。全民所有的国有资产主体是固定资产，是国家投入的，其中包括行政机关事业单位资产。这部分资产体量不小。新中国成立后，尤其是改革开放至今，国有资产实力大增，行政事业性国有资产也增加了许多。按机构法人属性界定国有资产形态，分为国有企业资产、行政机关资产、事业单位资产及其他国有资产，其中机关、事业单位资产，即行政事业性资产占有一定的比例，体量大、基数大、价值大。我们应充分挖掘其潜力，用好这部分巨量资产，重视价值保护，努力管好行政事业性国有资产。

长期以来，国家从法律、制度、标准、机制等方面充分保障国有资产管理。在加强基础性建设和制度化保障，构筑安全高效运行体系等方面取得显著成效，也为机关事务部门管理行政事业性国有资产提供了有益借鉴。从行政事业性国有资产（主要指以办公用房为主体的房屋土地资产）形成、使用、维护的历史沿革与管理现状看，需要注意以下几个方面：一是健全管理体系。明确管理主体后，要科学分工、明确职责，建立主管、分管、协管责任衔接与制约的制度体系，以权属管理为核心，实行统一规划、统一建设、统一调配、统一维护、统一处置的高效能、高质量管理，逐步形成行政事业性国有资产现代治理新格局。二是摸清资产家底。实行办公用房统一管理，摸清摸准房屋土地资产总量和现状，全面掌握资产形成与使用情况，特别是厘清历时长、变迁多、情况复杂资产的出资主体、资金渠道、权属归属等问题，为统一管理奠定坚实基础。三是加强权属管理。权属管理是行政事业性国有资产管理的核心内容，是在使用、维护、处置的“全生命周期”中依法管理和保护资产的主要依据。通过建造、购置、租赁、补偿等方式获得及发生过权属改变的资产，是资产权属管理的难点。有些房屋因历史原因不满足首次登记条件，这需要机关事务部门以权证管理为抓手，保护国有资产不流失、不损失。四是规范资产使用。行政事业性国有资产的配置、使用、处置必须严格遵循国家的法律法规，实行制度化、标准化管理，既要充分发挥资产保障机关运行的效能与作用，又要高度重视资产价值的实现与保护。坚决防止因非法挪用资产、违规出租出借资产、不按程序规定处置资产造成的国有资产价值流失。价值流失更隐蔽、更具侵害性，既造成了行政资源的损失，又极易滋生腐败现象，因此要特别注意、主动应对因不规范使用和处置资产带来的廉政风险。

行政事业性国有资产是国有资产的重要组成部分，如今具有巨大的市场价值，必须加强管理。但从厘清管理主体与责任、形成统筹协同管理体制角度来说，回答好“谁来管”“如何管”是一个认识逐步深化的过程。国有资产的主管部门是各级财政部门，在具体实施行政机关、事业单位和国有企业资产分类管理时（主要指固定资产，且以土地房屋类不动产为主），需要各部门分工协同管理。从资产的不同形态、功能讨论分工的依据，能更好地理解“谁来管”这个问题。

我们按照外在、内涵和功能把资产分成实物形态、价值形态和使用形态，可以看出，资产的实物形态是基本稳定的，如一幢办公楼建成后，一般来说形态上不会有大的改变，除非是局部扩建或改建而引起的局部改变。资产的价值形态是变化的，从两个方面讲：一是价值实现的方式，因资产处置方式、用途不同，资产既可以成为资本，又可以变现、抵押、租赁、投资等；二是价值量的变化，特殊情况除外，资产的价值量一般由市场决定，价值量变化在一定时间内也是相对稳定的。资产的使用形态就是通过科学合理的使用管理，使之使用价值最大化。

从资产呈现的三种形态看，实物形态（包括权属）是资产形成、使用、维护、处置全生命周期的呈现，资产形成是关键因素，如要建造办公楼或行政中心，立项、审批、建设、决算等主要环节决定了该资产产权归属、分配使用、维护修缮直至处置清算的责任主体。以前，资产的权属、使用、维护、处置等各有主体，多头、分散，这是造成资产管理不规范的主要原因。要解决这些问题就必须在资产形成起就确立一个主体，负责立项、审批、建设、决算、使用、维护、处置等。这个责任主体就是建设法人，也是资产形成后的产权所有人，这样就可以从体制机制上保障资产的统一、集中和规范管理。

责任主体如何认定？从资产的使用形态管理来看，以办公楼为例，机关办公要考虑合理布局、相对集中、统一保障和集约管理，这些都是办公楼资产使用的核心要义，它以政务平稳顺畅运行为目标，通过缜密组织和统筹安排，在资源高效配置和有效供给的保障下，实现机关运行保障效益最大化，和政务施行与事务管理的有机统一。国有资产的主管部门即各级财政部门，承担资产管理总责，除制度设计、政策制定、监督检查外，负责资产价值形态的管理，与各相关方协同，确保资产保值增值，防止资产损失、价值流失。资产使用者负责资产的实物形态和使用形态管理，以及资产的具体使用管理，即谁使用，谁管理。为了改变过去分散管理造成的弊端，需要加强统一管理，而统一使用管理的根本保证是统一权属管理。由过去的"谁所有，谁使用，谁处置"逐步变为统一权属、统一使用、统一处置。而机关事务部门就承担起了行政事业单位国有资产管理职责，配合财政部门进行国有资产的具体管理（上海市级机关的国有资产由机管局管，事业单位国有资产仍由财政局管，大多数区机管局承担了行政事业单位国有资产统一管理职责）。

国务院《行政事业性国有资产管理条例》第 5 条规定："国务院财政部门负责制定行政事业单位国有资产管理规章制度并负责组织实施和监督检查，牵头编制行政事业性国有资产管理情况报告。国务院机关事务管理部门和有关机关事务管理部门会同有关部门，依法依规履行相关中央行政事业单位国有资产管理职责，制定中央行政事业单位国有资产管理具体制度和办法并组织实施，接受国务院财政部门的指导和监督检查。"国务院《机关事务管理条例》第 17 条规定："县级以上人民政府机关事务主管部门按照职责分工，制定和组织实施机关资产管理的具体制度，并接受财政等有关部门的指导监督。"可以看出，财政部门负责行政事业单位国有资产管理的"规章制度制定""组织实施"和"监督检查"；机关事务管理部门负责行政事业单位国有资产管理的"具体制度和办法制定""组织实施"和"接收指导和监督检查"，即财政部门负责政策管理和监督检查，机关事务管理部门负责具体管理并根据分级分类管理原则，对相关资产使用部门明确权责和指导检查，接受财政部门的指导、监督和检查。《上海市机关运行保障条例》第 11 条规定："机关事务管理、财政部门按照职责分工，负责本级机关资产管理工作，制定和组织实施具体管理制度。"

"各级机关应当建立健全资产管理内控制度,负责本机关资产的使用管理和日常维护,接受同级机关事务管理、财政部门的指导和监督。"第 13 条规定:"机关事务管理部门根据国家和本市有关规定推行机关资产集中统一管理制度。市、区两级机关的房屋、土地使用权、公务用车等权属按照规定统一登记在同级机关事务管理部门名下。乡镇机关的房屋、土地使用权、公务用车等权属登记由区机关事务管理部门结合本区实际参照执行。"

从上海市机关事务管理局名称的变更也可以看出以资产管理为核心的职能变化和职责强化。上海市机关事务管理局原来的名称是上海市人民政府机关事务管理局,承担市委、市人大、市政府、市政协四大机关和市级机关的服务保障工作。原来主要是以市政府机关为主,市委、市人大、市政协机关及其他市级机关运行保障由其行政管理部门负责,但公务用车配备和部分办公用房的使用、维护由机管局负责,资产没有统一管理,有的主要是制度、办法、规定的制定和实施,以及指导检查。

后勤社会化改革后,服务保障趋向集中统一,但主要还是负责服务保障的具体组织实施。随着服务保障向社会敞开大门,尤其是党风、政风建设不断加强,以办公用房、公务用车为主的资产配置、使用和管理问题凸显出来。上海市根据党和国家要求,为贯彻落实《机关事务管理条例》,决定将四大机关和市级机关,包括参照公务员管理的事业单位国有资产统一交由机管局管理,明确要求机管局要当好"大管家",管好、用好资产。根据职能变化,2013 年"上海市人民政府机关事务管理局"正式更名为"上海市机关事务管理局",统一管理、全面保障四大机关及市级机关的运行,包括资产管理。机关事务管理部门是国务院规定的依法依规履行行政事业单位国有资产管理职责的责任主体,是以资产管理为主要职责的"大管家"。资产管理是机关事务工作的"立身之本""核心要务",是由其不可替代性所决定的。机关事务服务保障工作可以由专业单位提供,四大办公厅保障领导班子的日常工作(机管局直接和间接提供资源配置、供给),而行政事业单位国有资产的统一、具体管理,很难交由其他部门负责。所以机关事务管理部门要有当仁不让、责无旁贷、舍我其谁的信心和勇气,管好资产,不辱使命。

资产管理涉及配置、使用、处置、预算、监督及责任追究等内容。在具体的管理实践中,我们要全面、准确领会,严格执行相关规定,同时也要从本地区、本系统的资产管理实际出发,把握重点和关键点。有以下几点需要注意。

（一）摸清家底

由于历史和管理原因，机关事业单位资产形成、使用、处置情况非常复杂，资产存量、总量不能准确反映和掌握，长期处于“剪不断、理还乱”的状态，因此对机关事务工作来说，开门七件事，第一件事就是搞清楚、弄明白资产家底。家底不清，一切无从谈起。摸清家底，不仅是掌握资产总量，更重要的是通过摸清资产形成（时间、资金、权属、规模等）、使用（现状、方式、布局、维护、修缮等）、处置（授受、转移、置换、价值等）的历史与现状，分析资产的构成、属性、管理等情况，为资产统一管理打下坚实基础。当然历史情况比较复杂，一时难以搞得很清楚，那重点就放在对现存状态的了解掌握上。为保证数据的真实可靠，可引入专业审计机构作为第三方审验把关。在摸清家底的基础上建立资产数据库，如果一时难以将总资产全部数据录入，可以先录入大宗固定资产如土地、房屋等不动产的主要数据。这里要强调两点：一是资产数据库必须是开放的，即通过互联网、物联网等使数据库与资产末端相连通，资产的任何变化都能反映在管理平台上，既可以动态更新数据，又可以通过网上办事程序（涉及资产购置、使用、处置的登记、申请、审批等）实现资产的全生命周期管理；二是机关事务国有资产数据库不是部门的“信息孤岛”，要主动与财政管理部门的资产数据库相连通，实现数据的实时传送，保持资产管理数据的动态刷新、完整准确。财政部门是国有资产主管部门，机关事务部门是行政事业单位国有资产的具体管理部门，作为财政国有资产数据库总库的重要分支，库库相连有利于国有资产监控和“一网通”办事。机管局国资数据库在国资处与财政局主管部门的积极沟通下，与财政数据库相连，对面上资产管理发挥了很好的作用。

（二）统一权属

权属管理是资产管理的核心，是管好、管住资产，提升资产使用效率，防止资产流失的关键所在。因此统一权属管理势所必然。统一权属管理，是指机关事务管理部门对机关事业单位国有资产所有权实行统一管理。实行统一管理，并不是不切实际地搞“一步到位”“一刀切”。上文说过房屋、土地等不动产形成和使用情况复杂，在实行权属统一管理时，要根据不同情况、类型，采取不同措施，找重点突破，分阶段推进，逐步实现集中统一管理目标。

为贯彻中央《党政机关办公用房管理办法》精神，上海印发《上海市党政机关办公用房管理实施办法》(沪委办发〔2020〕7 号),明确由机管局对市级机关及部分事业单位房屋进行集中统一管理。从推进过程来看,主要包括三方面工作:第一,查清底数"备案登记"。因为历史原因形成的投资来源不一、产权主体多元、资产归属不清等情况,难以统一划转产权,甚至无主无证的资产可通过"备案登记"锁定现状,管住出口(处置),待条件成熟时再做产权调整或转移。第二,有证房屋权属转移。凡由国家投资的固定资产(主要是指办公用房、公务用车等通过建设、购置、置换等方式取得的),其所有人为机关事务管理部门;资产所有人为其他机关法人的,将所有权转移至机关事务管理部门。在市相关部门的支持协同下,已基本完成市级机关有证房屋批量转移登记工作。第三,探索突破"无证登记"。由于无证房屋历史成因复杂,且存在规划制定不合规、竣工验收不及时、档案资料不齐全等问题,加上登记管理相关体制机制多次调整,首次登记办理严重受阻,确权登记困难重重。

机管局勇担重任,完整梳理了 1 300 余条无证房屋的基本信息。2021 年 9 月起,会同市住建委、市公安局、市税务局等多个行业主管部门,研究制定了具体政策、实施细则、办理流程等,工作涉及门牌号确定、规划许可、房屋测绘与质量检测、消防安全检测、土地权属调查、土地测绘等方面。其中不少做法富有创新意义。如无竣工验收证明的无证房屋,在完成房屋质量检测、消防安全评估后,将监测报告送市住建委安质监总站审批,审批表可代替建设工程竣工验收备案证明;再如,无证房屋可按照竣工时间与不同时期相关政策衔接,分别处置,既不突破现有规定,又破解了多年的难题。这些创新很好地解决了"先有鸡,还是先有蛋"的纠缠和困境。2022 年 9 月,崇明区一无证大楼完成所有程序后,办理首次登记,确权登记至机管局名下。这是无证房屋登记第一单,是机管局实行国有资产集中统一管理的重大突破和重要进展,实为"破冰之举"。统一权属管理的过程中,要处理好产权确认与归属调整的关系、产权所有人与资产使用人权利与义务的关系、资产类型(非经营性与经营性)界定与分类管理的关系、资产用活和严控处置的关系,等等。当然资产的分级分类管理、资产使用人的权利与义务等,也是统一权属管理的职责范围,这里不展开讲。上文说过,对于行政事业单位的资产管理,在市级层面,市财政局是总管,在具体管理上与市机管局有分工;机管局管行政资产,事业资产还是由财政局管。但在各区,由机管局对行政事业单位资产实行统一管理。浦东、长宁、青浦、金山等区已经形成了比较成熟的做法。行政机关不动产管理已经有了比较成熟的制度与机制，而事业单位不动产情况比较复杂，涉及各类社会事业、教育、卫生、科研、文化等行业的社会公益用房和公共服务用房，需要进一步健全和完善管理制度、标准规范与运行机制。应该说，事业单位资产管理走向集中统一，不只是发展需要，而是必然趋势。如何统一管理，需要认真研究。可以参照机关资产管理原则及方法，结合地区、系统事业单位实际，以不动产为重点，从概念内涵、范围对象、类别属性、管理职责入手，摸清家底、明确标准、制定规范、健全制度，打破部门行业界限，实行集中统一管理，管好、用好宝贵资产。

（三）制定标准

《上海市机关运行保障条例》第12条规定："财政、机关事务管理部门应当根据有关规定，分类制定机关资产配置标准，确定资产数量、价值、等级、最低使用年限等，并结合市场价格和财力状况等因素适时调整。"这是资产配置的必要前提。但必须是在解决了资产管理责任主体和管理体制问题后，才能着手建设的基础工程。没有标准，管理没有尺度，即使解决了管理主体和体制问题，资产配置依然会高低不平，难以统一。有了标准，不管是谁，都要遵照执行。这是标准价值所在，它不仅是资产配置的尺度，防止超标准、超范围、超用途配置资产，从源头上管住资金不乱用、资产不乱配；更重要的是褪去机关需求的"特殊性"色彩，回归勤俭节约、艰苦朴素的本色，抑制"官本位"意识，时时刻刻践行为人民服务的宗旨。标准体现的是对事物规律性认识，是事物存在本质合理性的外在表现形式。人们通过实践，取得经验，由特殊到一般，对事物的内在本质、运动规律及与周边的有机联系逐渐有了深刻的认识和把握，并将规律性内容与特征揭示出来，成为指导实践的标尺。

标准及标准体系的周全性、严密性、逻辑性，反映的是人们实践的丰富性、认识的科学性和思想的前瞻性。以办公用房为例，办公用房是机关运行的基本设施，其必要性、合理性毋庸置疑，但它的合理性不仅是"存在"合理，而是通过适宜的节制，呈现出合理性的价值，这是由办公用房标准体系决定的，包括建设标准、使用标准、装修标准、维护标准、办公家具配置标准、物业管理标准等。可见，标准制定首先是正确认识和掌握事物的运动规律。机关资产配置标准的制定，要熟悉了解机关运行及保障供给的全要素，按照必要性、适宜性、简约性、合理性原则，根据资产配置的不同类型、不同属性、不同功能，确定项目、界定范围，制定具体配置标准，建立完整的标准体系，逐步实现和深化全要素标准化管理。从标准规制的层级讲，国家有标准的，应坚决执行，如党政机关办公用房建设和使用标准、公务用车配备标准等；暂无标准的，地方立标贯行是地方机关事务管理的主要职责和任务，这涉及资产配置的方方面面，应形成管理闭环。在执行"国标"时，还应结合地方实际，如国家规定的办公用房建设标准与地方特别是沿海发达城市的建设成本之间的关系，就需要妥善处理好，既要严格执行国家标准规定，又要兼顾地方特点。标准制定既要考虑通用性，又要兼顾特殊性；既要考虑资产配置全生命周期管理，在资产性能、功能发生改变时又需要及时予以调整（如新能源汽车配备与燃油汽车配备关系），既要逐步健全完善标准体系建设，又要注重研究新情况、解决新问题。国务院《行政事业性国有资产管理条例》第 10 条规定："资产配置标准应当按照勤俭节约、讲求绩效和绿色环保的要求，根据国家有关政策、经济社会发展水平、市场价格变化、科学技术进步等因素适时调整。"

（四）优先调剂

国务院《行政事业性国有资产管理条例》第 11 条规定："各部门及其所属单位应当优先通过调剂方式配置资产。不能调剂的，可以采用购置、建设、租用等方式。"资产调剂使用，发挥资产使用效益最大化，是物尽其用、勤俭节约精神的体现，也是环保低碳、绿色发展的重要内容，党政机关应该带头为社会做榜样。上海机关事务部门对资产的管理、调剂和处置就是"公物仓"运作，展现了物尽其用、勤俭节约的精神（且在 20 世纪五六十年代，资产调剂是机关、事业、企业通盘考虑的）。这是我们在新时代必须坚持和发扬的好传统、好作风。资产集中统一管理制度从体制机制上为资产优先调剂、物尽其用做了有力保证。从体制上看，《上海市机关运行保障条例》第 14 条规定："本市逐步推行与节约型机关建设和资产节约集约使用相适应的资产公物仓（以下简称公物仓）管理制度，推动资产循环利用和共享共用，节约公共财政资金，提高资产使用效益。""市财政、机关事务管理部门应当建立本级公物仓统一管理制度，明确公物仓资产的入仓标准、流程规范、财务核算和绩效评价机制，健全共享共用资产目录，加强对公物仓使用管理的指导监督。市财政、机关事务管理部门应当建立本级公物仓统一管理信息化平台，以资产卡片记载的信息为依据，实现公物仓资产入仓、在仓和出仓的动态管理，发挥公物仓优先配置资产的作用。”从机制上看,《上海市机关运行保障条例》第 12 条规定:“各级机关新增资产配置应当与资产存量情况挂钩,优先通过调剂方式配置资产。确实无法调剂使用的,由财政部门安排预算资金,通过购置、建设、租用等方式配置。”机关新增资产,首先从公物仓选配,能用则用,若无适用或有特殊要求的,则经审批程序,另行配置。这是资产配置的法定程序,是做实优先调剂,真正发挥公物仓作用,实现物尽其用的法律保障。如上海市监狱管理局十分重视预算安排与资产管理的有机衔接,构建资金和资产相结合的财政资源统筹配置机制。在编制部门、单位做预算时,有新增资产配置需求的,在填报新增资产配置计划表后,先查询公物仓管理信息系统,没有匹配资产,才可以在编制部门单位、预算时申请相关购置经费。经批准同意后,细化为政府采购预算,但在政府采购预算执行前,再次查询公物仓管理信息系统,可实现调剂的,相关预算由市财政收回统筹安排。预算编制前和预算执行前两次“查询”公物仓具有特殊意义,两次“查询”之间,公物仓资产出入会有变化,但不变的是该局所体现出的“勤俭办一切事业”的高度自觉。

公物仓建设与营运需要注意两个问题,一是成本与效益的问题。要考虑公物仓建设、运营、维护成本与资产入仓、使用、处置收益相抵时产生的正负效益问题,尽量把年度运营维护成本和当年部门采购公用物资的经费总额控制在合理区间内,争取做到逐年下降,这是绩效评价的要求。当然,物资循环利用产生的环保低碳、珍惜资源方面的重大意义,不是简单用“钱”来衡量的。建设、管理公物仓既要行政成本减量,更要资源循环利用。

二是实体与虚拟的问题。设立实体公物仓的容量和规模很难确定。从存量资产更新比例及实体资产分类看,可以估算公物仓的规模与面积,确定一个最低标准。从实际出发,兼顾集中与分散,发挥机关事务部门统一管理和各单位自主管理的协同性,同时考虑成本与效率,探索实体公物仓建设规模和管理机制。提倡建立虚拟公物仓,充分运用互联网、物联网、大数据、元宇宙等数字技术,实现网上公物仓运作的可视性、即时性、高效性。资产以数字形式存入虚拟公物仓,实体资产暂存原地,线上配对,线下调拨,减少运输、损耗和维护成本。当入仓资产滞留期较长而单位存放维护有困难时,再考虑进集中实体仓或按规定处置。机管局“十四五”规划及中长期发展思路提出:“深化市级机关公物仓管理工作机制和管理制度落实,将土地、房屋、车辆和通用资产等全口径纳入公物仓管理,实现线上建仓管理,合理配置实体公物仓,完善资产品类，畅通调拨渠道，提高国有资产使用效益。深化行政事业单位资产进仓模式研究，形成制度机制。”可通过智慧“云仓”建设，实现市与区的“仓仓链接”，构筑全市机关事业系统资产调剂配置“一网通”平台，统一标准规范，健全制度建设，加强全程监督，真正实现资产最大化使用、资源最大化利用、资金最大化省用。当然这首先需要对资产管理的体制、机制做进一步改革和完善。

要强调的是，公物仓的设立和运作对有些习惯“买新”“用新”的单位来说，可能不太适应，要从观念和习惯上有所转变。实行“优先调剂”“循环利用”等，难的不是方式调整的适应，而是观念的改变，还是要考虑一定的监督约束，通过行为约束，以“风”化“俗”，促使转变观念，养成新的风尚。

（五）管住出口

严防资产流失，是资产使用、处置的底线要求，不严加防范，极易产生违规违法现象，导致资产损失，腐败发生。从一些查处的贪腐案件看，多数是在房屋资产出租出借、清算评估等环节出现以下情况：一是价格低于甚至明显低于市场价格，且没有经过资产评估、市场竞价程序；二是擅自挪作他用或隐匿不报，擅自将非经营性资产转为经营所用，特别是一些附属用房、业务用房、公建配套用房等；三是没有按规定走报批程序。因此，要管住出口，必须管住动议决策、价值评估、公开处置、国库入账等主要环节，通过制度制定、分权明责、平台构筑、程序规定等方法加强法制、体制、机制保障体系建设，压缩权力寻租和渎职、失职空间。

防止资产流失，有两种情况要注意，一是对无形资产的保护。机关事务系统长期形成的优秀传统、独特优势和精神品格，在后勤社会化改革进程中，也影响和塑造了脱胎于机关后勤，又敢于在市场大海里搏风击浪的后勤服务企业集团，企业集团在机关运行保障中，形成了具有独特气质和形象的服务品牌，这样的金字招牌是无形的国有资产，我们要注意保护。如上勤集团锦勤汽车服务公司，以严格的服务标准和优秀的服务质量，赢得了机关和社会的认同，锦勤公司大巴车身上极具动感的五彩飘带及抱朴守拙的“锦勤”二字成了上海的一道风景线，也成为机关运行保障的知名品牌，这是重要的无形资产和品牌资产，应予以重视、保护。

二是对数据资产的保护。随着信息技术快速发展，大数据和人工智能等数字科技赋能百业。机关事务从最初的数据库建设，到数字化业务平台建设，再到数智化综合管理体系建设，均取得了丰富的实践成果。无论是国有资产、办公用房、公务用车、政府采购等管理平台，还是机关餐饮、访客接待、物业报修等App小程序，以及机关安全管控，如人脸识别、车辆牌照识别等技术，其核心组成和关键支撑就是数据。这些数据尤其是个人数据不仅因其保密性、私密性、排他性，具有高度的安全管理要求，而且因其具有真实性、即时性、直接性，成为发现和掌握事物运动规律、提升管理精准度和效益的重要依据，这就是“大数据”价值。数据具有价值和使用价值，已成为新形态资产。因此，国家在数据确权、数据流通、数据交易等方面做了相应的规定。机关事务管理部门要谨防数据资产的损失和流失。

（六）组织保证

机关事务工作需要领导的重视和支持，在各方的理解配合下，形成合力，做好机关运行保障。组织保证就是加强领导、完善组织、健全机制，形成国有资产管理的有力保障。这不仅是由国有资产的地位和作用及管理重要性决定的，还因为房屋土地类的不动产涉及面广且与利益相关，具体管理部门“单打独斗”很难管好，只有在统一领导下，明确政策界限，去除利益链接，严守纪律规定，多部门协同，才能实现资产管理目标。市级机关为开展房屋核查、权属统一登记、面积重新核定、资产盘活利用等工作，专门召开了管理工作会议，由市政府常务副市长召集，两位副市长参会，有力推进了市级机关及部分事业单位房屋的集中统一管理。

做法主要体现在几个方面：一是建立领导小组。由市、区分管领导牵头，财政局、发改委、机管局、房地局、规土局、纪检监察等部门参加，研究制定政策、办法，决定重大事项，进行监督检查等；二是制定管理办法。明确主管部门与具体管理部门、产权所有人与资产使用人的权利与义务，并落实责任；三是定期开展督查。通过检查督查，及时发现问题，补漏填缺，严肃查处违纪违规现象。如长宁区委、区政府决定由区机管局统一管理区行政事业单位办公用房，并开展房屋资产专项清查整治工作。由区机管局、财政局、审计局、监察局等部门组成房产清查工作小组，区机管局牵头负责，实施全区行政事业单位房产清查和管理工作。区政府主要领导在全区负责干部会议上约法三章，要求各部门、各单位在专项整治工作中，党政一把手负责，摸清家底，如实登记，限时完成，签署上报，并在实行房屋资产权属、使用、处置等集中统一管理中配合区机管局，严格依法依规行事，严肃工作纪律，查好、管好、用好国有资产。在此基础上，制定统一权属管理、统一使用管理、统一审批管理、统一巡查监督等配套制度。

通过一系列组织保障和制度保障措施，区行政事业单位房产管理取得了很好的成效，推进了集中办公，整合了部门用房，盘活了存量资源，为机关运行保障和区文化、养老等设施布局提供了有力保障。

二、办公用房管理注意事项

办公用房是保障政务运行的主要设施，也是国有资产管理的重要内容，是各级机关事务管理部门的工作重心。机关办公用房是个集合概念，包括办公用房、服务用房、设备用房、附属用房等，主要由机关事务管理部门负责管理。此外，用于专业保障的技术、业务用房也是重要的保障设施，如公安“110接警中心”用房、司法系统检察审判用房等。改革开放以来，业务用房的需求不断增长，如“12345”市民服务热线、行政服务中心、知识产权法院、大数据中心，以及经济、社会、文化等相关专业管理机构的设立，等等，与机关办公用房不同的是，它们有专属标准，一般由发改委、财政局管，其中涉及部分必备办公用房的，由机管局审核，有比例标准的按标准执行；没有明确比例标准的，参照相近类型标准合理确定，但不能使办公用房“反客为主”，成了业务用房的主要部分，更不能借“业务用房”之名，行“办公用房”之实，错误规避国家有关新建办公用房的规定。实行市级机关国有资产集中统一管理后，通过新建、购置、置换等方式新设立的业务用房，产权归机关事务管理部门所有。党的十八大后，作为落实八项规定精神的主要内容，关于党政机关办公用房建设和使用，国家有明确而严格的规定，强调勤俭节约，一般不建、不买新楼。通过清理整顿现有资源，以解决实际之需。反办公用房上的奢靡之风，也促进本已紧缺的资源合理配置。业务用房虽不在办公用房管理规定的限制范围内，按需求、按标准、按权限，经审批可以新建、设立。业务用房与机关办公用房不同，不能无差别管理，阻遏正常业务开展。党政机关办公用房建设、使用、维护，国家和本市都有明确规定。在具体工作实践中要注意以下问题。

（一）合理规划布局

党政机关行政中心所在地往往是该城市或地方的中心所在，它在政治、经济、文化、社会中的地位和影响决定了城市中心圈的形成。因此无论是规划行政中心，还是机关迁移、调整，首先，要考虑城市的中长期发展、总体规划和功能优化等问题，牵一发而动全身；其次，在总体布局上，要尽量区域集中。相对集中的安排既便于同系统间的联系交流，又有利于城市均衡管理，如上海市委、政协系统多在西面，人大、政府系统多在东面，政法系统多在中偏西方向，总体上形成三个办公圈，这是指市级机关系统区域相对集中布局；再次，功能相对集中布局。主要是城市、社会、民生等管理机关，根据职责范围和内容，按同类或相近类政务进行办公布局，如大家比较熟悉的“200 号”“100 号”“300 号”，就是各机关基本体现施政特点的三个集中办公区域。人民大道 200 号挂市委、市人大、市政府牌子，是市领导和部分委办机关的主要办公场所，更多体现“城市决策中心”的功能；大沽路 100 号是委办局集中办公的场所，与城市管理相关，发挥“市政管理中心”作用；浦东新区世博村路 300 号也是委办局集中办公场所，与经济、民生有直接关系，发挥“市民服务中心”作用。三个集中办公区域的说法不一定准确，且经过多次机构改革和办公用房调整，已发生不小变化，但总体上“三圈三点”的基本办公布局没有改变，即以施政治理功能为划分依据，进行系统性整合，同时兼顾机关的具体业务特性，统筹考虑安全、保障、效能要素，科学合理设置集中办公区域。最后，流程衔接相对紧密，布局尽量做到无缝衔接。这里主要是指市、区两级行政服务中心，行政服务中心是直接对老百姓或法人组织的主要服务窗口。空间布局上应尽量考虑均衡、便捷，区域内、各区之间、中心区域与周边城区之间的布局，要考虑老百姓办事是否方便。同时行政服务中心既要严格执行程序性规定，又要考虑每个流程的无缝衔接、快捷高效。行政服务中心受理法人或自然人审理事项的申请，从窗口受理到结果告知，必须经过主管部门依法依规的行政审批程序。窗口受理后转送至审批机关，审批机关在期限内完成审批事项，再由窗口反馈给申请人。一般情况下，行政审批机关办公与行政服务中心不在一起，在材料备齐、运送、咨询或办理过程中，可能发生费时费力甚至来回折腾的情况。因此，我们在检查部分区行政服务中心建设运营情况时，建议尽量考虑“前店后厂”模式，即让审批事项主管部门入驻行政服务中心，前台窗口受理，后台部门审核，提高行政审批效率。这既不违反机关办公用房管理规定，也让老百姓“少跑路”或“不跑路”。现在推行“一网通办”，设立线上办事大厅，线下空间布局矛盾似乎逐渐弱化，但目前来看，老百姓办事还是需要实体行政服务中心的。

（二）相对集中办公

机关办公除了在城区层面合理布局外，在点的设置上也应尽量考虑集中办公，将分散各处的机关集中办公，变“星罗棋布”为“皓月当空”。集中办公点既加强了机关间的工作联动，又方便基层办事，并在后勤事务统一保障下，减负增能，集中精力专心施政。无论从便捷办事、提高效能，还是从节能降耗、降低成本包括机关形象与文化建设的角度来说，都体现了良好的综合效益。在执行现行政策规定的前提下，集中办公点可以通过置换或租用等途径实现，并对入驻机关原有办公用房进行合理处置，抵冲部分成本。新设置的集中办公点要考虑对周边环境的影响，包括交通组织、居民生活、市政设施容量（水、电、气）等。已经成熟的城区有自己的运行规律，老百姓的生活节律已形成平衡状态，集中办公点的设置可能会给城区空间及群众生活造成一定影响，要注意内外适应的问题。不能“轧闹猛”，也不能设置在偏远、交通不便、综合配套设施不完善的地方，如果不是已规划、待开发的区域，办公、办事、生活等各方面成本都会增加。

当然，也要重视做好中长期发展规划，结合城市或新开发区的总体规划，合理调整、设置机关集中办公区域。同时也要注意控制集中办公区域的规模和入驻机关数量。无论是单体大楼还是由多幢楼组成的办公区域，要合理核定办公面积，科学安排办公楼层，预留空间储备，以便于应急之用和今后发展之需。特别要注意突发事件或自然灾害对集中办公点可能造成的影响，要有充分的预评估，做到“心中有数”“手中有策”，不能一味强调集中、节约、降耗造成的集中度太高。这样一旦发生突发事件或自然灾害，难以及时疏散可能造成更大的损失。2008 年四川汶川发生特大地震时，上海也有震感，特别是高楼，比如大沽路 100 号的办公楼也感觉晃动，但因电梯停止运行，楼道疏散花了不少时间。这在当时就引起警觉，20 多个委办局集中在一起，平时就感觉上下班电梯、食堂用餐、地库、地面停车等压力非常大，突发事件使问题更突出了。2010 年上海世博会后，市里决定将浦东新区世博村路一批原用于接待外国参展团的小高层楼房（非商品房属性）改建为办公用房，作为市级机关第三个集中办公区域。2013 年改建完成后，除了将在外办公的机关迁入，还把大沽路 100 号的部分机关安排到那里办公，缓解了部分压力。合理布局和集中办公还要注意区域氛围的营造。党政机关办公场地与周边商业气息比较浓厚的环境，如何交相呼应、相得益彰，产生和谐美感？这要从办公区域氛围的营造上做文章。每逢重大节庆活动，在机关大院内外悬挂国旗，点面结合、高低错落，特别是院外主干道两边，常年悬挂国旗。身处此境，目睹此景，神圣庄严之感油然而生。但要注意维护，保持旗帜鲜艳。

（三）统一备案登记

《党政机关办公用房管理办法》明确要求机关事务管理部门对党政机关办公用房产权实行统一管理。产权管不住，房产管不到根上，也难以实施系统科学的管理。新建办公楼，机管局是建设法人，产权所有人为机管局，这一条比较明确，也好操作。党的十八大以后，要求党政机关不建新楼，调剂使用存量房产。随着各项事业快速发展，党政机关运行保障需求不断增强，办公用房资源紧缺矛盾比较突出。因此，在摸清机关房地产家底的基础上，管住产权，统筹安排，合理调配机关房产资源，保障新增长的机关办公需求，是机管局必须解决的问题。面对行政事业单位庞大的房产资源，机关事务管理部门如何管好、用好？如果一家一家去甄别，厘清权属、统一划转，需要花费巨大的人力、物力、财力和时间，很可能是事倍功半。对此，应该换一种思路。

《党政机关办公用房管理办法》第 5 条规定：“因历史资料缺失、权属不清等问题无法登记的，由机关事务管理部门协调有关部门进行办公用房权属备案，使用单位不得自行处置。”有几个方面需要统一认识：一是既重“所有”、又重“所在”。面对历史复杂成因与现实的各种状况，难以迅速取得“所有”，可以暂时不求“所有”，但求“所在”，即通过一定程序锁定房产现状，掌握使用权；二是先造册登记、全盘纳入房产现状，掌握基础信息，统筹安排、合理使用房产资源，再逐步厘清源头，完善政策、制度、规章、程序等，最终解决产权明晰与归属问题；三是保持现状稳定，消除房产使用机关的疑虑，明确使用机关的职责，在房产使用、维护、管理的过程中尽职担责、共同把关。

根据这些工作指导原则，我们创设了“备案登记”制度，这在全国机关事务管理系统是走在前列的。这项制度主要有几个要素构成：一是市领导牵头成立领导小组，下设工作专班（主要由机管局承担），下发文件明确事项和纪律；

二是各机关按要求清查所有房产(办公用房、辅助用房、业务用房等,包括生产经营用房),逐一造册登记,经主要领导审签,报机管局;三是机管局聘请专业审计机构,对各机关逐一审计复核,最终结果经相关方签字确认,统一纳入由机管局管理维护并与市财政局同步联动更新的市行政机关事业单位国有资产数据库;四是颁发房产备案登记证,明确权利与义务。

经过一年多时间,机管局国资管理中心完成了市级机关房产资源的"备案登记",建立了比较完备的数据库,为办公用房资源合理统筹使用,基本满足机关运行需求,降低行政成本,防止国有资产流失打下坚实基础,并受到了国管局和市领导的肯定。备案登记的意义在于:不偏执产权归属,不改变使用现状,不纠缠历史旧账;但管住两点:防止利用房地产为个人或部门谋取不当利益,防止随意处置房地产造成的国有资产流失。

(四)试行租金制度

当年,周恩来、邓颖超入住中南海西华厅时,前院有一个水榭,但没有水。为了节约用水,周恩来不让蓄水,水池成了干枯的土坑。后来,邓颖超让办公室的同志们在土坑里种些蔬菜,贴补同志们的生活。可当大家把菜送给周恩来、邓颖超时,他们却坚持按照市场价付钱,因为周恩来、邓颖超认为西华厅是国家的,所以在西花厅土坑里种出来的菜也是国家的,要吃就得花钱买。"高山仰止,景行行止",伟人使我们敬仰、景从的不仅是公私分明的自律,还有保护国有资产价值的先进理念和强烈责任感。党政机关办公用房是国有资产的重要组成,其建设、使用、维护用的是国家财政资金。作为社会主义经济制度物质基础主体部分的国有资产,如何管好、用好,使之成为实现中国特色社会主义现代化的强大支撑,已不仅是一个价值管理的经济问题,更是反映我党治国理念和执政方式创新进步的政治问题,既要在国有资产具体运作方面充分体现价值管理的科学精神,又要在对待宝贵资源方面秉持极度负责的治理品格,这也是国务院向全国人民代表大会定期报告国有资产管理情况的本旨所在。就党政机关办公用房讲,作为国有资产重要资源,任何单位和个人都不能无偿占有、使用,必须依法依规实行有偿使用,这是资产管理尤其是国有资产管理的"天条""铁律"。既然必须是有偿使用,不仅是物业综合价值的延期分摊兑现(这里有一个国资保值增值的问题),而且因为有偿使用引发的对使用成本的关注,使党政机关办公用房使用成本由隐形变为显形,与其他运行成本一起更加完整准确地反映了机关行政的总成本。目前党政机关运行成本统计项目中没有这一项。参照市场标准，可以断定，这一块占了机关运行成本较大比例，这也为精准控制成本、提高使用效能、降低综合消耗，提供了一个重要方向。这里有两个问题：一是要不要计算租金，二是如何计算租金。

问题一：要不要计算租金？

有成本，才有偿付。成本包括来源（取得）成本和使用成本。机关办公用房来源（取得）与成本一般有六种情况：存量划转（无偿取得），置换（可能发生补差成本），自建（包括改建、扩建、新建，有建设成本甚至土地成本），租用直管公房（租金低），市场租赁（按市价），市场购置（全额成本）。机关办公用房使用成本有土地成本、建设成本、运营成本及其他成本；机关办公用房的成本租金主要由地租、建设成本摊销、维修费构成。可以通过制订《本市机关办公用房成本租金评估指引》、开展市级机关办公用房资产清查并进行首次（期初）成本租金评估测算、建立办公用房成本租金定期评估和动态调整机制、将按照成本租金核定的超标面积办公用房成本纳入市级单位其他财政经费（如“三公”经费）预算与公开范围等方法解决办公用房使用成本问题。

机关办公楼与商用办公楼一样，至少有三块成本。一是建设成本。新建（或购置、置换）办公用房的资金全部由国家财政支出，是100%的国有资产。机关事务管理部门集中统一管理前，实行“谁造谁用谁管”，房子名义上归使用机关所有，这是造成“自家房子自家用”误解的主要原因。过去还有“拼盘式”建楼情况，建设资金是中央单位给一点，地方财政出一点，自有资金用一点，其他方面要一点，这也是权属复杂化的原因之一。尽管资金来源不同，但都是带着“国”字号的（包括国企出资的情况；集体所有或私人出资不在此例，且属极个别特例），权属各归其有，本质上是国有资产，这是毫无疑义的（这也是统一权属管理的基本共识）。二是管理成本。指办公用房投入使用后，为保障其正常运行发生的成本，主要有物业管理、设备维护、建筑修缮等日常维护开支，运维成本，以及人力成本，由物业管理部门每年依照有关规定标准制定预算计划，财政统一拨付。三是使用成本。这是物业使用年限与价值保全的外化形式，是时间占用的报偿，也是空间资源的变现。对商务楼而言，租用多大面积的办公房，就要按合同约定的租金标准计付租赁费。

三项成本中，建设成本是资产形成的主体，是资产初始价值的组成，在资产有偿使用与市场价格规律的支配下，逐步取得成本回笼、投资获益、保值增值效益；管理成本是维持办公用房正常运行的必要条件，也是办公用房始终保持良好状态和完整功能的基本保障，这部分支出看似消耗在管理过程中，实际上是通过优质服务产生的良好管理效应，提升品牌含金量，从而转化为资产的使用价值；建设成本和管理成本是机关办公用房实际发生并由国家财政资金支付的实然存在，大家觉得理所当然。但是对使用成本来说，情况有些复杂。对机关办公用房来说，长期以来是没有明确的使用成本概念，具体讲，没有想过机关使用办公用房要付租金，财政预算科目中也没有这样的项目。过去办公用房归各家所有，自家房子自家用，天经地义，哪有付钱的道理？

党的十八大以来，随着法制建设的迅速推进、依法行政要求的不断落实和机关事务集中统一管理的强化，在党政机关厉行节约、反对浪费的行动中，国有资产管理（形成、使用和处置）必须依法而行，法律面前没有特殊和例外。其中，有两个理念要逐步牢固确立：一是党政机关作为行政法人使用国有资产也必须遵照有偿使用原则；二是党政机关运行要实行成本统计和控制。后者目前正在进行，但成本统计中没有办公用房使用成本，缺少这一项，机关运行成本是不完整的。因此要完整准确真实地反映和控制机关运行成本，就应当将这部分房产的使用成本像机关的人头费、办公经费等一样从财政总支出中分解到各个机关。如果我们以租金的形式算上这笔使用成本，就能比较完整地反映出机关运行总成本了，这样既体现了国有资产“谁使用谁付钱”的公平公正原则，又能与市场价值挂钩，动态反映行政成本变化。将量化计算后的租金和使用、管理、维护成本，统计反馈给财政部门，对于办公用房使用面积的控制和行政成本的控制，将产生积极效应（超编制、超标准，多占用办公用房面积，租金及费用必然提高）。有的同志说机关使用国有资产用的也是财政的钱，从一个口袋换到另一个口袋，是多此一举。有这样想法的不在少数。这需要做好宣传解释工作，同时进行制度设计，开展好这项创新实践工作。

问题二：如何计算租金？

首先，按“三定”（机构、编制、职能）核定机关办公用房标准面积，以及目前实际使用的办公面积；其次，参照机关办公所在地同类型高级商务楼市场租金情况，确定高中低三档租金标准，制定机关办公用房单位面积租金标准及计算办法；最后，根据上述标准和办法，算出机关办公用房租金。另外，可以考虑制订办公用房使用的奖惩办法，如符合核定面积的部分，按市场租金均价计算；

超出标准且未经批准的部分，按市场租金高价计算；未达到面积标准的缺口部分，按市场均价或高价抵扣租金总额。上述标准、结果、程序确认后，计入机关运行成本。《党政机关办公用房管理办法》第 24 条规定："鼓励有条件的地区探索试行办公用房租金制度，逐步推进办公用房经费预算管理和实物资产管理相结合。"《上海市机关运行保障条例》第 20 条规定："本市探索推行机关办公用房成本租金制度。机关事务管理部门应当会同财政等部门研究制定机关办公用房成本租金标准，作为办公用房使用成本的效能评估依据。超过成本租金合理标准的，通过适当调整办公用房等措施，推进办公用房资源合理配置，降低办公用房使用成本。"实行办公用房租金制（或者先试行"虚拟租金"，即将租金作为统计项目计入机关运行成本，但租金收支并不实体发生）无论从观念转变上，还是实践探索上都具有创新意义。一是有利于集约使用办公用房。长期以来机关事务中的供需矛盾一直比较突出，"房子少一间""车子少一辆"是经常碰到的问题，特别是办公用房紧缺方面。要解决办公用房紧缺，除了严控标准、严格管理、严处违规外，还必须从控制办公用房使用成本入手，控制能源、资源消耗，实现机关运行成本总体下降或保持在合理区间，并以此为路径，综合人员、办公、租金、能耗等要素，制定机关运行成本标准，完善机关运行成本统计和考核办法，并将其列为机关绩效考核重要内容，将考核结果与机关分配、先进评选、干部使用等挂钩。

这样做会产生怎么样的效果？如果一个机关办公用房总面积超过标准，它的总成本就会上升，因为在其他办公费用基本不变或变化不大的情况下，建筑空间及能源、资源消耗是机关运行的主要成本。超过机关平均标准的部分，按考核奖惩办法处理，使机关干部真切可感的进行理念转变，增强"勤俭办事"的内生动力。这件事要靠机关事务、财政、审计、干部人事等主管部门协同运作才能办成。"租金"能激发出机关运行的"蝶变"效应：一是从机关盯着要房变为机关更加理性地安排使用办公房。二是有利于完整真实地反映机关运行保障成本。办公用房实际发生的使用成本是机关运行成本的重要组成，尤其是以租金形式反映资产使用价值的使用成本，是成本构成的主体部分，缺了这一块，行政总成本的项目统计和最终结果是不完整、不准确的。完善成本统计与分析，加强对机关运行规律的把握，优化配置、节约集约使用宝贵资源，有效控制行政总成本，提升管理综合能效，都具有现实意义。三是助力推进政务公开的深化完善。随着治理体系和治理能力现代化建设的不断深入，民主法制建设不断完善，党政机关主动接受社会监督的力度进一步加强，目前“三公”经费使用情况定期向社会公开，政府预算决算的执行情况包括其科目的完整性和统计的精准性，也越来越受到人大代表、社会公众的关注。

（五）防止违纪违规

要防止党政机关办公用房建设、使用和管理方面的违纪违规问题发生。党的十八大以来，办公用房整治已成为党风廉政建设专项治理中的主要事项，中央督察组几乎每年都会来上海检查，抓得很紧，整治效果也十分明显，进一步促进了上海党政机关办公用房的规范使用和科学管理。《党政机关办公用房管理办法》对办公用房建设、使用、处置等做了明确规定。从建设方面讲，国家明确规定，严控新建楼堂馆所，包括党政机关办公用房。因此，以企业名义建造、机关租用，超面积标准、未经审批租用企业办公设施，以业务用房名义建楼或租赁，实为党政机关之用，在业务用房中超标准配置机关办公用房，等等，这些做法都是违规的，共同的特点是“移花接木”“偷梁换柱”“陈仓暗度”。

一般情况下违规建设是可控的，尤其是实行集中统一管理后，从立项、行政审批、建设法人、资金来源、工程审计等主要环节都有机管局、发改委、财政局、审计局等共同把关，若有违规，便入“法眼”。但在办公用房使用违规方面，情况就比较复杂。要重点注意以下几个方面：一是使用面积超标。包括领导干部和机关干部办公用房面积超标，专项整治重点是处级以上领导干部超标问题。二是功能设置超标。主要是指领导干部办公室、会议室、休息室等设置不合规，包括机关办公区域功能场所设置不合规。当然合理利用空间放置一些健身、运动器械，设置阳光角、绿色葱茏的小憩放松处，则很有必要。三是装修标准超标。豪华气派、用材高档，是严重超标，必须严肃处理，但具体问题具体分析，如国家对每平方米装修单价有明确规定，但具体采购过程中会受材料市场、环保要求和劳务价格等因素变动影响，这就需要与财务、设计、施工等多方协同处置，既要遵守国家规定，又要保质保量做好装修。《党政机关办公用房管理办法》第 25 条规定：“地方各级党政机关办公用房维修标准由各省、自治区、直辖市结合实际制定并建立标准动态调整机制。”四是家具配置超标。办公家具指用于办公、会议、接待、餐饮等，按规定选用的安全、环保、实用家具，通过政府采购获得。配置高档办公家具，包括配置办公并不需要的装饰性家具，价值远超过配备标准，且不在政府采购目录中的，属标准与程序“双违”现象。

为了防止这些违规现象，建设或配置办公用房及相关设备设施时，除了细化各级干部办公用房面积、功能设置等标准外，有的地方还规定了办公家具具体种类和价格标准。还有一种情况要注意：办公室的摆设和装饰，也是“软环境”，尽管没有刚性标准，但与机关特别是领导干部形象有直接关联。办公室也是公共空间，虽然有一定的私密性，但摆设和装饰也反映了个人的作风、做派，要予以重视，防止“小问题”造成“大影响”。

三、公务用车管理注意事项

公务用车管理主要包括配备、使用、更新管理，是机关事务管理的重要组成部分。2017 年 12 月起施行的由中共中央办公厅、国务院办公厅印发的《党政机关公务用车管理办法》是党政机关包括事业单位、国有企业公务用车管理的法规依据。公务用车是指用于定向保障公务活动的机动车辆。从配备种类讲，主要有机要通信用车、应急保障用车、执法执勤用车、特种专业技术用车，以及按规定配备的其他公务用车等。过去公务用车少，配备级别高，路上跑得不多。随着政治、经济、社会的发展，公务用车配备对象也不断增加，一般处级单位(部门)甚至科级单位也配备了公务用车，公务用车总量迅速增加，国产的、合资的、进口的各种车型纷至沓来。在保障公务的同时也出现了一些问题，最突出的是公车私用、费用高企，前一条是显性的，老百姓看得见；后一条是隐性的，财务部门心里清楚。主管部门曾经采取过不少办法，强管理，抓整治，但因涉及自身利益和认识不一，往往成效不大。随着党风廉政建设的加强，不正之风有所收敛，但时有反复。“加强管理，是必然之举；体制改革，是必由之路”逐渐成为共识，要彻底解决弊端，唯有走体制改革之路。

同时，因家用轿车增多，机关干部使用私家车上下班和办公务也逐渐成为普遍现象，公车私用要坚决杜绝，可否探索私车公用？上海各区均加大了公务用车制度改革(以下简称公车改革)试点工作进程，在处级及以下层面取消了公务用车，发放一定的公务交通补贴。2004 年有 6 个区、2012 年有 11 个区县先后完成了公车改革，为全市推进改革做了思想与工作准备。2013 年 5 月上海率先完成市级机关(除政法系统外，包括参公事业单位)公车改革试点。处级及以下单位除保留必需的机要通信和特种作业车辆外，取消所有配车，包括领导用车并重新核编，按不同职级、不同标准发放公务交通补贴，同时取消机关通勤用车。市委、市政府高度重视市级机关公车改革试点工作，专门成立领导小组，由市委、市政府秘书长牵头，市发改委、市机管局、市财政局、市人社局、市纪委等部门参加，办公室设在机管局，主要由车管处承担。车管处人不多，工作效率高，与相关部门一起，攻坚克难，很好地完成了任务。公车改革后纳入改革范围单位的一般公务用车数量明显减少，17 个区县减少了 74%，市级机关减少了 42%，公务用车经费（购置、使用、维修，包括车改补贴）总额比改革前有一定下降（关键是成本透明、运行可控）。公车改革试点在降低行政成本、提高管理效能、杜绝公车私用等方面都取得了积极成效，得到普遍认同，社会、舆情等各方面反映平稳。

（一）上海公车改革试点及全国公车改革经验探讨

从上海市级机关与各区公车改革试点和紧接着进行的全国公车改革历程看，有几条原则和做法值得总结探讨和深入研究。

第一，公务消费成本公开透明。在计划经济体制下，机关公务保障，包括机关干部福利，都是供给分配实物，这在当时特殊的物质生产和经济体制条件下，有其存在的合理性和优越性，为社会发展发挥了不可磨灭的历史贡献。随着中国特色社会主义市场经济体制的建立和完善，20 世纪 90 年代起，相继进行的住房、医疗、养老等制度改革，建立了政府调控、社会统筹、市场配置的保障制度，机关干部的福利待遇与事业单位、国营企业一起，从单位实物保障中剥离出来（如上海率先实行职工住房制度改革，公务员住房改实物分配为市场配置，给予适当货币补贴；率先实行机关、事业、企业全范围养老和医疗社会统筹），通过政府与市场调节，走向社会化、市场化保障（这也是机关事务职能范围和内容调整的重要因素）。而公务出行仍以车辆实物保障为主，发挥了重要作用，也出现了一些现象和问题，引起关注。公务用车配备使用、经费支出等都有规定和标准，如果管理不严、使用不当、监督不力，容易造成资产隐性流失，产生负面影响。将公务用车实物保障改为货币补贴，改变了长期以来公务保障实物供给的思路，通过定额标准管理，公开透明，接受社会群众监督，对彻底解决公务消费隐性难控问题，阻遏公共资源浪费，降低行政成本，具有重大改革创新意义。

第二，改革性补贴标准制定应该充分考虑社会承受力和接受度，不应把公务消费转化为生活消费。车辆是履行公务的工具，取消领导干部配车，压减机关公务用车总量，除保密等特殊需要外，一般公务出行依托公共交通和私家车完全可行。有人担忧改革后会影响工作效率，有一定道理，要车、派车、用车不像过去方便了。但公务效能和质量是由公务员的政治素养和职业操守决定的，而不是车辆。工具永远代替不了使用工具的主体。考虑公务出行成本，给予一定的货币补贴是合理的。但是补贴标准制定要科学，高了造成新的浪费，老百姓不认同；低了不能保证基本公务活动需要，也得不到公务员的认同。上海综合考虑了单位时间内各层级公务员月公务交通（不含上下班）发生量，统计分析了一定时期公务用车使用里程、加油及维修等费用，设定高、中、低成本和补贴标准，同时与本市社会最低保障线、最低工资线和上年度职工人均工资收入线进行比较，综合考虑社会的认可度和接受度。公车改革补贴与这三条收入线看似无交集，但作为社会收入分配和公共财政支出的重要组成部分，必须对公车改革补贴在社会上可能引发的反应和风险进行评估与预判。除补贴标准外，补贴发放的形式也不可忽视。公务交通补贴以公务交通为主，"专款专用"，不能让公务消费转化为生活消费。公务交通补贴不发现金，借用上海交通卡平台，确保所绑定银行账户中的交通补贴只能用于交通卡充值、购车、加油等，不能提现和进行其他消费。

第三，体制性改革涉及方方面面，"牵一发动全身"，必须步步踩稳，循序推进。市级机关统一进行公车改革，面广、量大、人多，也无外省、市案例可循。且市级机关单位、人员、车辆情况复杂，改革认识、思想准备、工作基础参差不一。为确保改革成功，公车改革办在领导小组支持帮助下，走好、走实"四步"，有力推进改革。

第一步，"先摸底、后筹划"。各机关先把本级及所属单位人、车"家底"情况摸清楚，造册登记，不漏一人一车，再按照要求制定改革方案，在规定时限内报领导小组审核。第二步，"先安置、后实施"。改革是否成功，关键在人。必须在充分征求每个驾驶员意见后，再做实分流安置方案，尽量先安置到位，再实施下一步改革计划。上海自 2003 年实行机关后勤社会化改革，驾驶员用工形式就以市场化运作为主，主要是聘用、劳务派遣和合同用工，驾驶员分流安置与社会化、市场化体制机制接轨，确保了过渡的平稳有序。第三步，"先交车、后补贴"。取消编制的公务用车，各机关在规定时间、地点交车，由机管局车管处点校验收后，通知财政部门发放补贴。犹记得当时的场景，考虑到交通流量，将集中交车安排在世博村路300号对面的雪野路停车场，从晚上6点起，同一车型的黑色轿车一辆接一辆驶入停车场，场面壮观，至今难忘。交一家，验一家，发一家。既鼓励“争先恐后”，又严格“守住关口”，整个改革进程推进得又稳又快。第四步，“先入轨、后完善”。改革过程中碰到不少问题，主要有三个方面：一是历史遗留原因，有些人车情况较复杂，需要花时间搞清楚；二是部分单位有国家或行业车辆配备标准和规定，核编定编需要认真研究；三是公车改革后公务出行问题，如留用车辆不够用怎么办、什么情况才能派车用车、到郊区公差费用如何算，等等。因为这些问题都与留用车辆数量有关。如果纠结这些问题，势必影响改革进程，强调“先入轨”就十分必要。不影响公务的情况下，配车存在问题的，先“存疑”，维持现状，暂时保留用车，待完成改革后，再专题研究解决；用车制度性安排问题，不影响交车，边加快推进改革边健全完善制度。“四步走”确保了改革不断不乱、平稳过渡。中纪委领导来上海考察市级机关公车改革试点情况时，对上海的做法予以充分肯定。接着进行了全国公车改革，上海按照中央要求及时做了衔接调整和全面推进，很好地完成了改革任务。

第四，党的十八大以来进行的各项改革和专项治理，充分彰显了党中央严于管党治党、勇于自我革命、彻底清除腐败的坚强决心和坚定信心。以贯彻中央八项规定精神和《党政机关厉行节约反对浪费条例》的各项专项治理包括公务接待、公务用车、办公用房清理等持续推进，特别是2015年实行的全国党政机关、事业单位、国有企业全覆盖的公车改革，意义重大，影响深远。我党敢于破除陈旧的、根深蒂固的“官本位”思想，回归“公仆”定位，克服一切因权力带来的脱离人民群众的异化现象，敢于刀刃向内，革除弊端，清除一切腐败朽蚀之病毒。机关公务用车一直以来是保障主要领导干部的工具，在老百姓心中象征着干部和领导机关的形象，老一辈领导人在配车用车方面的严以自律令人崇敬。我们去青浦参观陈云同志纪念馆时，看到陈云使用的轿车边上，摆着一辆自行车，那是陈云夫人于若木用的，据其子女与工作人员介绍，陈云家规很严，公私分明。我们从不少回忆录中可以看到，许多老一辈领导人都是这样的，他们的品格和作风始终是被老百姓所称颂。今天的条件好了，公务用车配得多了，也出现了违规配备、违纪使用的问题，机关、事业单位、国有企业都有这样的问题，引起了党内外的密切关注，成了社会性、政治性的话题。老百姓改变了对公务用车的印象，反映的是机关干部存在脱离群众的危险；公务用车无序增长、公车私用习以为常与党的宗旨严重相悖，必须警惕这种“温水煮青蛙”式的危险。看似简单的买车、用车，反映的是机关领导干部的作风和形象，攸关党和人民群众血肉联系、党和国家前途命运的大事。在党内外的广泛支持和拥护下，全国机关、事业、国企公车改革取得成功。这让我们深深感受到“解决了过去想解决而一直没有解决的问题”这句话的分量，也为机关事务深化改革开放、激发攻坚韧劲、保持创新活力指明了方向。

如何巩固得来不易的改革成果，进一步健全完善改革后公务用车管理新体制、新机制，有极其重要的意义。在严格遵循各项政策规定的前提下，要从公车改革和政务保障实际出发，积极探索符合实际、运行高效的保障体系。从源头入手，管理好公务用车的配备和使用两个重要方面，研究新情况，解决新问题。

（二）公务用车配备及使用管理

1. 公务用车的配备管理

配备管理是源头，源头管不住，水流就难控。有关配备规定在《党政机关公务用车管理办法》中讲得很明确，不再赘述。在管理中需要注意以下几个问题。

（1）严格编制管理。既要严格把关，又要从实际出发，完善保障。

一是总编制不能突破。党政机关、事业单位、国有企业公务用车编制总数，由相关主管部门根据机构、职责、人数等要件，依照有关法规核定。必须严守车辆编制总数底线，一旦超过总数限制，经费审计会受到影响。

二是可以提供相对固定用车保障（或称实物保障）的领导干部工作岗位的总数，一经确定，不能突破，也不能随意调剂。搞清楚文件规定的“相对固定用车保障”的涵义及“相对固定用车保障”的对象和范围不能含糊，更不能越过界线。公车改革时，中央公车改革办核定上海市、区机关（含参公事业单位）可以予以实物保障的领导岗位数量是一个确定的数，不是“区间”，也没有“左右”，可见中央规定之严格。“相对固定用车保障”是指可为其配备公务用车和驾驶员，以保障其公务出行。从使用管理角度讲，领导不用车时，车辆也可由车队安排他用，但除了领导出差、车辆有相对集中的闲置时间外，一般作随时待命状态。当然领导也可以选择不配车，按规定取得车改补贴的方案，上海也有领导是这样做的。那是否可以在不超过实物保障的领导岗位总数的情况下，给不在保障范围内的领导干部临时解决“相对固定用车”问题？也不能。这不是“够不够”的数量问题，而是“该不该”的原则问题，如果不该配的岗位配车，不仅违反中央规定，还会引起不平衡和不稳定情况，既造成新的用车矛盾，留下违规痕迹，给经费审计造成大问题。要坚持不该配的坚决不配，坚持“虚位以待”，同时要尽量保障领导干部的重要公务出行。在市领导的动员指导下，妥善完成此项工作，确保了改革的稳定和成功。

三是从实际出发，妥善解决地方行政执法用车编制问题。随着政府管理职能的不断强化，城市管理任务越来越重，市场、卫生、环保等行政执法也不断加强。上海作为一个超大城市，为了加强对市场、城市、社会的管理，通过市人大立法，赋予政府行政管理和执法职能，十分必要。为行政执法提供必要车辆，是机关事务管理部门的“分内事”。公车改革后，中央明确规定了国家公安、检察、法院、司法、安全、市场监督等执法部门执法执勤用车的配备范围和编制数量，由财政部门负责审定。如何配好、用好地方行政执法用车，给地方公务用车管理提供了研究与实践的空间。因行政执法用车具有专用性且必须喷涂专用标识，如果按一般公务用车配备且在总编制确定的情况下，则会影响行政执法单位的一般公务出行保障；如果不配备执法用车，不论是乘用车还是工具车，那对行政执法部门开展工作将会造成很大影响。虽说车辆是工具，不是执法的首要条件，比如可以让身着制服的执法执勤人员骑着“小蓝车”“小黄车”去巡查或处理公务，但这对上海这样一个超大型城市、国际大都市来讲，是非常影响管理效率和城市形象的。

配备行政执法用车一定要有依据，不能拍脑袋决定。市公车改革领导小组从上海实际出发，提出将行政执法用车作为专用公务车与一般公务用车区分开来，配备时既要有法理依据，又要结合一般公务用车编制核定的工作思路。一方面，凡申请配备行政执法用车的，必须同时满足三个条件，即市人大立法赋权执法的、市编办明确机构执法职能的、明确执法人员编制及持证上岗的。只有同时满足这三个条件，经审核批准，才可以根据执法人员编制数，按一定比例（参照一般公务用车与执法执勤用车比例规定）配备行政执法用车；另一方面，配备行政执法用车的单位，适当减少一般公务用车配备，严格而合理地控制编制总量。并在车型和使用上也做相应规定，如尽量配置面包车、商务车或皮卡车，按规定喷涂标识、标志，除用于执法活动外，严禁挪作他用。这样，既贯彻执行了中央公车改革精神和规定，又妥善解决了上海城市管理中出现的新保障需求，体现了实事求是的精神。公务用车不是简单的能配不能配、能用不能用的问题，而是要从实际出发，真正用于公务保障，对机关运行、城市管理、民生安定产生最大的正效应。

(2) 统一配备车辆。这是源头管住的关键。以前公务用车无序扩张，其中一条重要原因就是各家车辆自己配，有钱的买高档的、进口的，没钱的想方设法也要配，公务用车成为身份地位的象征。统一配备的核心是产权与使用权分置，机管局管资产，公务用车也是国有资产的重要组成部分，虽然有使用年限规定，但面广、量大，购置、使用、维护的费用占机关运行日常支出一定比例，跑在路上，是流动的风景线，展现了党政机关的形象。风景线要亮丽，首先形象要统一、整齐，不能五花八门、争奇斗艳。这就必须实行集中统一管理。

公车改革后，根据国家管理规定，上海市制定具体管理办法，进一步健全完善管理体制，明确市机管局为全市党政机关公务用车主管部门，负责统一管理市级机关公务用车的配备和更新，以及各区机关公务用车编制核定和更新审核。具体讲就是“五个统一”，即统一采购、统一分配、统一维护、统一更新、统一处置。公务用车产权归机管局所有，各机关有使用权，履行公务用车日常使用管理和维护保养，包括事故处理等职责。“五个统一”中，采购、维护、处置等与市场运作相关的工作，由机管局通过政府采购确定市场服务供给项目和方式，实行定点加油、定点维修、定点处置。

统一配备公务用车包含三个层次的管控：一是杜绝超标配备。机管局按规定标准统一采购，包括车型、排量、价格，从源头防止超标准（排量、价格包括装饰）现象发生。二是加强使用监管。各机关公务用车的日常使用和维护，包括加油、维修、保养等，都必须在定点单位进行，所发生的费用由国库支付，防止浪费和谋私现象发生。公务用车信息化、数字化管理平台可实现使用与维护的全天候实时监督，争取做到公开透明，努力根除“车轮上的腐败”。三是产生综合效应。通过统一更新，在不超过公务用车总量的前提下，确保公务用车的适用性与安全性；通过统一处置，按照市场规则和程序运作，以确保资产处置价格的公正性与合理性，并归交国库。在制定规划和预算管理时，可以充分考虑公务用车配备与产业发展、技术进步、环境保护的密切关系（如新能源车选用），使党政机关公务用车的配备和使用及时顺应经济社会发展与进步之需。

上海市、区为两级财政，区机关公务用车用的是区财政的钱，因此各区机关公务用车编制由市机管局统一核定，各区机管局具体负责编制、配备、更新、处置管理，配备、更新车辆时需报市机管局批准，由区机管局按批准的车型、排量和价格在经政府采购确定的销售商处购置，并按国资管理规定做好旧车处置工作。那么，在统一配备时，如何处理更新、处置与新车选型问题呢？

① 车辆更新由机管局统一负责。根据更新标准，结合车辆使用年限、里程、维修等综合情况，预估下一年度更新总量；根据汽车工业发展和环境保护等要求，确定车型及相关技术性、适用性、安全性选择方案，并制订更新计划，纳入财政预算，批准后与供应商及时对接。车辆更新时要注意掌握和执行更新标准。公务用车有使用年限和里程规定，但不是说达到了规定年限和里程标准，就一定要更新，还要根据整体车况、使用年限和累积里程等情况综合评估，具体情况具体分析，实事求是。各机关的工作内容、范围、对象、方式不同，在公务用车使用的频次、强度等方面也有所不同，如有的年限长，但里程未达到标准，整体车况较好、安全性有保障的，可以继续使用；有的使用年限未到，但里程远远超过标准，如农委机关一出门就要到农村郊区长途奔波较多，一段时间后里程数量较大，但年限不到，甚至差得还不少，综合评估车况后，如果涉及安全因素，该更新的就应更新。更新时要综合考虑一些特殊情况。在制订更新计划时，要充分考虑总量平衡、经费控制、安全保障和环境友好等要素，尤其是社会关注的经费使用和环境保护问题。现在机关“三公”经费每年向社会公开，接受公众监督，公务用车购置和运行费用是否合理、排量和排放是否符合标准，是社会监督的重要方面。机管局在制订公务用车年度配备、更新计划或中长期规划时，要尽量做到综合考虑、总体把握和科学安排。

② 旧车处置指由机管局统一收回的旧车（报废车辆除外[同样要进行残值评估]），经评估后委托定点平台拍卖，竞拍收入统一收归国库。旧车处置也要注意两点：一是不论是报废、拍卖还是留用，都必须经过规定程序处理，该评估的评估，该报批的报批，不能缺漏流程，不能随意处置；二是处置旧车必须做到“三清”，即“事故清”，没有未处理完的事故或事件（特别是公安交管部门挂号的）；“文件清”，车内没有遗留与公务相关的文件与物品；“车况清”，车辆运行正常、车身完好、车况整洁，不能发生“有病未治”、部件缺损、车况脏乱等情况。旧车交付时主管部门要验收签单，未做到“三清”的车辆不收。

旧车处置时，除了要注意程序性规定和操作细节外，要始终坚持确保国有资产不流失和勤俭办事原则。这不仅是工作原则，还是在具体运作时必须考虑的机制保障问题，主要包括两方面内容，“一般处置”和“特殊处置”。“一般处置”指正常更新换下来的旧车，一般走正常报废和竞拍渠道，使用时间较长、车况老旧，遭遇过重大交通事故受损严重，排放不达标的车辆，按报废处理；其余车况、性能较好的旧车，经评估后作竞拍处置。机关公务用车尤其是领导干部用车，平时注意安全使用和维护保养，与社会同型同期车辆比，车况、性能要好很多，在旧车拍卖平台上比较受欢迎，一般都能溢价成交。这里要注意的是，国有资产处置价值评估专业机构和拍卖平台，都必须是通过政府采购程序确定的专业机构和正规平台，且每批次旧车处置都经过规范评估和竞价拍卖，不能简化程序，更不能“暗箱操作”，这是防止国有资产价值减损、流失的前提和保证。责任重大，不可轻慢。

“特殊处置”指发生政策性调整时，在较短时间内出现的大量旧车待处置的情况。例如，2014 年实行的全国党政机关公车改革后，局级干部原来配备的公务用车、核定编制后多出的公务用车，须按要求在规定时间和地点集中统一上交。这些车辆除了极少部分低于或接近更新标准，绝大部分是“身强力壮”，处在“当打之年”，为确保国有资产不闲置、不浪费、不流失，我们对这些车辆进行了分类处理：

一是上勤集团锦勤汽车服务公司（简称锦勤公司）成立了有偿服务车队，在各机关留用车辆不足时，保障公务出行，实行收费服务。公车改革只是改变了公务出行方式，公务量并没有减少，而且随着各项事业的发展，公务越来越繁忙，绩效要求也越来越高，不能把“干不干事”与“用不用车”串联起来，成为“懒政”的借口，也不能简单地“一刀切”，该保障的要保障好。一些重要的活动、公务和接待任务，要大量使用大、中、小各型乘用车时，就由锦勤公司有偿服务车队承担，车队服务态度好、质量好、价格优惠，受到机关的普遍欢迎。我们将公车改革减下来的不占编制、待处置的车辆临时调派给车队使用，定向用于机关重要公务的有偿服务，车辆运行维护的费用全部由车队承担，不用财政一分钱。

当时为什么不马上引入社会汽车租赁服务呢？主要基于两方面考虑。首先，实行公车改革后，公务出行方式改变了，但公务保障要做到不断不乱，特别是重要公务保障不能有任何迟滞，必须有预案备份和实体支撑。锦勤公司有偿服务车队应运而生，做到了“有序改革，无缝衔接”。其次，根据机关后勤社会化改革情况，“机关保障，市场供给”是必然趋势、必由之路，而上勤集团本身作为改革转制而来的机关后勤服务企业，是机关运行保障的主力军，当仁不让，责无旁贷。这是由机关特点、公务特性、传统秉性包括观念文化决定的。社会服务企业是机关运行专业化保障的承担者，是机关服务保障体系不可或缺的重要组成部分。随着时间的推移，机关运行保障制度化、标准化、法制化建设不断完备，机关事务行业建设也逐步深入，社会服务企业与机关后勤企业共建、共治、共融、共享，真正成为机关运行保障的“服务共同体”。

有偿用车的经费从何而来？公车改革后机关公务用车费用作为“三公”经费的主要部分，配置标准是不能随意突破的。在管好、用好机关留用车辆的前提下，通过购买服务满足重要公务集中用车和使用各种车型的要求，是公务保障的重要内容，相关经费也应该在公车改革的框架内合理合规、统筹兼顾地落实好。

二是部分公务用车留做备用。“应急”是旧车被“特殊处置”的依据。除保障机关日常公务活动外，在公务活动中还有一些情况需要考虑，如举行重要会议，开展巡视、检查、督查、整治等专项工作，完成中央、国家机关相关任务等，任务来得快，保障也要快，尤其是车辆，立等取要。购买新车需办理一系列采购、通行手续，要花不少时间；机管局为新任领导干部和近期机关车辆更新准备的新车原则上是非紧急不动车。尽管机管局一般会安排些备用车辆，但在编制、预算管理越来越严的情况下，数量不多。因此留用部分公车改革减下来的车辆，以备不时之需，是很必要的。现在，通过建立公物仓，试行部分备车入仓管理，也可以更规范、有效地保障公务之需。

③ 公务用车选型是车辆配备的重要一环，涉及安全标准、排量规定、产业发展、环境保护、经费使用和机关形象等方方面面，必须妥善处理。

一是优先选用国产车辆。“安全、稳定、节约、大气”是选车原则。党政机关不用国产车，于理于情，都说不过去。2010 年，上汽集团根据市政府发展战略要求，基于英国罗孚汽车技术，研发、制造出了具有自主品牌的荣威牌系列轿车，其中 750 型 1.8 排量轿车线条优美、大气简洁，适合机关公务出行之用。考虑到机关尤其是领导干部应带头用国产车，机管局将其纳入主要配备车型之中。但在配备过程中，出现了一些状况。因为是第一批用户，新车在使用磨合的过程中出现了一些故障，与先前使用的进口或合资轿车相比，体验感有落差。会出现空调不制冷、车门打不开等情况。机管局压力很大。但在领导的支持下，我们坚持首选国产车的想法没有动摇，一方面积极向厂家反馈问题，加紧改进;另一方面对机关作耐心的解释和宣传,得到了很多认同和支持,即使个别人有些想法,也是希望能更好地改进车辆的硬件软件质量。从那时起,公务用车首选国产车逐渐成为上海党政机关的共识。有的同志会问:选上海生产的自主品牌,是不是地方保护主义?这主要是因为当时列入政府采购目录的自主品牌车型并不多,具有先进制造业的上海,其产品质量和信誉是值得信赖的,而且在全国遴选公务用车时,上汽的荣威也是排在前列的;另外,选用本地生产的车辆,也可以及时做好售后服务和质量跟踪。党政机关带头使用国产车,不仅带动社会形成尊重、使用、爱护国货的风气和习惯,还推动自主品牌不断升级创新。

随着自主品牌的增多和整体性能质量的提升,被列入政府采购目录的可选车型越来越多,上海也根据不同公务和专业保障的需要,选配了兄弟省市生产的国产车。2017 年出台的"公务用车管理办法",把在合资生产的车辆也纳入国产车选配范围,这对提升民族品牌实力、更好的保障公务,产生了积极影响。

二是带头使用新能源车。为加强绿色环保建设,加快节能减排进程,实现"碳达峰""碳中和"目标,国家鼓励使用可再生能源、清洁能源。对能耗和环境影响大且保有量巨大的燃油车辆自然就成了主要替代对象。21 世纪初,新能源车的研发、生产和使用快速发展。公交车辆、大客车等成批更换为纯电动车,但是面广、量大的轿车使用新能源的还是不多。这一方面是成熟可选的车型不多,另一方面是安全和续航问题。加快新能源车的使用,成为党政机关的迫切要求。要求被称作"上海绿肺"的崇明岛配合实施"绿色崇明"建设战略,争取两到三年内,将崇明区机关、事业、企业现有的燃油车全部换成新能源车,确保"一方净土"的澄净、美丽。特别是"碳达峰""碳中和"目标提出后,党政机关新能源车配备比例提升很快,一般公务用车中占 80%以上,新配备的相对固定保障用车中新能源车几乎达到 100%。"绿牌"车成了新的风景线。但从公务用车"安全、稳定、节约、大气"原则看,有几点还是要注意的:

其一,动力问题。目前新能源车主要分为油电混合和纯电动两种。机关在用的以混合动力为主,主要是考虑续航能力,一般在市区范围内,纯电动可以用;如果跑远途,用油电混动,可以保证续航能力。但油电混动只是过渡性安排,随着纯电动车充电时间减少、续航里程增加、性能更加稳定可靠,将逐渐替代混动车成为公务用车的主力车型。机关事务管理部门要关注新能源汽车的技术发展，早做准备。

其二，充电问题。使用电动汽车必须安装充电装置，一般集中设置在车库或停车场。另外，要充分考虑电力容量和安全性，与车辆回场停放管理结合，利用夜间低谷时段充电。目前单次充电时间较长，夜间充，白天用，是比较经济的安排。或在机关大院地面设置移动式太阳能充电停车棚，四五辆一组，充分利用空间，为来机关开会、办事的同志提供停车、充电服务。松江区机关大院以地面停车为主，停车位顶棚设有分布式光伏发电站，与充电桩结合，自发自用。随着充电技术不断发展，充电时间越来越短，现在，10 分钟即可充满80%的电量，这对公务出行保障是利好消息。我们曾建议厂家通过更换电池，彻底解决续航问题，比如可利用现有的加油站，刷卡换电池，并由机器操作完成。再利用夜间低谷时段充电，老旧的电池作储能之用，但这需要全国统一标准、政府合理布局、企业积极运作，并在统一市场中才能实现。据了解各地都在积极探索、推行换电技术，上汽集团也在规划和布局。当然也要注意新情况、新问题。如 2022 年刚入冬，东北一些地方的换电站就排起长队，有的人花了几个小时才换完电池，原因是在寒潮突袭、气温陡降的情况下，电池与车底盘冻在一起。上海也可能发生极端寒冷的情况，机关事务管理部门要主动关注，认真研究类似问题，做到“未雨绸缪”。

其三，排放问题。党政机关在绿色环保建设中，必须整体考虑节能降碳目标实现和路径选择问题。这不仅要在社会治理层面协同推进，还要在机关自身实践中早作筹划，特别是机关事务管理部门承担着公共机构节能管理职责，因此要时刻关注排放问题。目前新能源车还没有完全达到零排放，混动车是过渡技术，纯电动车会保持较长一段时间。虽然电动车不直接排放二氧化碳，但是电力的生产方式是否绿色环保，间接决定了电动车真正的环保价值。现阶段发电仍是以化石燃料为主，纯电动车不能说是完全零排放。在关注电动车排放与电力生产方式的同时，我们也要关心新能源技术的迭代更新，崭露头角的氢燃料车代表了新的发展趋势。氢能源是清洁能源，氢燃料车以氢为动力，排出的是水，没有其他任何排放。但与发电方式一样，也有“灰氢”“蓝氢”和“绿氢”的问题。我们要主动追踪，与研发、生产协同，敢于试用，开拓公务保障与节能降碳共赢的新境界。

2. 公务用车的使用管理

简单来讲，用好、管好车辆是公务用车使用管理的两个方面，用不好、管不好，公务用车就可能影响公务保障、工作效率和机关形象，甚至发生违规违纪现象，造成严重的负面影响。如何用好、管好？应注意以下几个方面。

（1）集中管理，统一调度。公车改革后，各机关留用的公务用车数量明显减少，一般由机关行政管理部门集中管理，统一调度，合理安排，统筹使用。"集中管理"指不能把为数不多的留用车辆分到各部门，而是由指定部门集中调度使用，下班后必须停放在指定场所（特殊情况经批准除外）。因为公务用车私自停放在外，会引起不必要的麻烦，现在小区本身车位极其紧缺，公务用车有标识，可能造成不良影响；停在社会停车场或酒店宾馆车库，影响不好，且费用也不能报销。集中管理还包括车辆加油、保养、维修，实行"一车一卡"定车定点管理。

"统一调度"是指部门、人员提出用车申请，主管部门核准派单，车队或驾驶员接单出车，任务完成后，由用车人员签单后交回车管部门（在内部局域网上完成）。统一调度有两点要把握，一是可否用车由谁来审核，有无审核标准。处理不好，容易产生矛盾，要制定规章制度，明确审核主体和相关事项，照章办理。各区对党委、人大、政府、政协四套领导班子及机关公务出行保障上，除了制度规章外，还需要明确具体的工作流程和部门分工。因为公车改革后，区里四套领导班子及机关公务用车、驾驶员都由区机管局集中管理、统一调度，除了相对固定用车的领导干部，其他领导干部和机关人员的用车审核需要明确责任主体。由车辆主管部门即机管局来审核，不妥当，机管局不了解四套班子领导机关公务出行的具体情况。应建立领导机关办公室审核派单、机管局车队接单派车并按规定向有关部门定期反馈用车情况的工作机制，避免发生因责任不清而造成的推诿、扯皮，影响公务开展。统一调度要把握的第二个节点是统筹安排，尽可能安排拼单出行，顺路、同向，出行时间差异不大的，可组合安排，既保障公务又提高效益，这是改革后机关用车的一个常见现象。在配车时也可适当配置商务车、小型面包车，有利于安排拼单或集体出行。

集中管理，统一调度，在集中办公点优势比较明显，跨部门、跨单位，实行统一保障出行。比如，在"200 号"机关，锦勤公司车队承担着市人大、市政府办公厅、市机管局等机关的公务用车。这些机关通过政府采购，将公务用车交给公司管理，实行集中管理，统一调度，各机关审核派单，车队派车出行，定期结算并反馈用车清单。从经费使用上看，公务较多或临时应急任务较多的机关，可能会超出用车定额经费，一般由机关与公司协商解决，这也是机关服务保障的特殊性。机关要多为服务企业着想，制定合理的标准，妥善解决应急保障经费；企业要有政治意识，发扬奉献精神，确保服务质量。

集中管理也要适度。市级机关各集中办公点可以搞集中管理，统一调度，因为具备时间与空间条件。如果在整个市级机关层面搞大集中也不是不可以，但要从实际出发，综合考虑管理效能、保障质量和成本。市级机关目前实行的“点”（各机关负责管理使用按规定配备的公务用车）与“面”（锦勤公司车队及社会租赁车辆）结合的模式，还是比较切合实际的。在区级机关层面，根据集中办公区域的分布特点，可以考虑公务用车的统筹使用，这就需要调整管理制度和运行机制。普陀区在这个方面做了很好的尝试。它们将行政执法用车单位、车辆纳入跨部门执法用车平台进行管理，并调剂部分车辆作平台统筹调度之用，形成“部门小调度、区域大调度”的管理模式，对集中管理，统筹使用，发挥公务用车最大保障效能起到了“劈山开路”的作用。

实行集中管理，统一调度，还需要做好分级准备和递次供给工作。

一是分级准备。公务出行一般主要依靠公共交通或自备车解决，重要或紧急公务如送（取）机要文件、参加重要会议、组织公务接待、处理突发事件等，主要依靠公务用车保障；当机关公务用车不能满足需求时，就需要市场服务做补充保障（除现有资源外，改革后不久，机管局联合上汽集团在市、区机关集中办公区域分别设置了新能源车分时租赁点，解决了在市级机关之间和市区机关之间通行许可和异地租车还车的问题，此举得到大家拥护，使用频次较高）。还有一点很重要，任何情况下都要准备好主要领导或班子出行的车辆，除市领导专用车外，还要安排好备车，随时待命，不能挪作他用。目前由公共交通、机关留用的公务车辆、后勤集团机关车队有偿服务或定点的社会租赁企业的车辆、分时租赁车，以及私家车等组成了多维、多元、多层架构，能够按照公务属性（一般公务、重要公务、紧急公务等）和时间要求，通过统一的组织调配，满足公务出行保障需求。

二是递次供给。机关公务车配备一般以轿车为主，部分为商务车、面包车，多为七人座以下的，基本能够保障机关日常公务出行。但大型重要会议或活动，如每年召开的市委全会，人大、政协“两会”，就需要中大型客车保障，机关一般不专门配备，需要时通过市场租赁的方式解决。从机关公务出行保障的完整链条看，一般公务（市场）、重要公务（机关为主，市场补充）、大型公务（市场），三种形态都与市场供给相关，这说明公车改革后市场服务已深深融入机关运行保障之中，而且通过市场配置优质资源，形成了完整的“供应链”，为公务出行“分级准备”“递次供给”提供了坚实保障。所有公务出行需求的动态变化和及时响应，是通过机关公务用车集中管理，统一调度来控制的，并通过这一组织方式和运行机制实现精准保障，杜绝浪费。公车改革后，机关事务管理部门要主动考虑公务出行保障体系的设计和构建问题，分公务属性、需求响应、车辆供给等要素，优化配置机关、企业、社会资源，组成多维、多元、多层有机联动的保障体系，力求实现公务出行保障反应快、质量优、效益高的目标。公车改革不是简单地减少公务用车，公务出行也不是简单地仅依托社会交通，而是要形成多层次保障体系，包括长三角乃至与各省市形成更大范围的保障，这是值得探讨和研究的。

（2）定位运行，全程透明。这是公务用车使用管理要注意的第二个问题。以前公务用车不规范使用最容易引起人们诟病的就是不透明。公务用车的出行、加油、维护、保养等，如果不留痕迹、不透明，是极易滋生腐败、损害形象、败坏风气的。加强监督势在必行。监督既要靠制度规约管人，又要用科技手段管车。如果说以前因技术手段缺乏或不成熟，造成监督不到位，那么今天如何通过“数”“智”赋能，实现公务用车的全生命周期管理，则是我们要认真研究的。我们可以从三个方面细化中央有关加强公务用车使用监督管理的要求。

一是标识鲜明。公车改革后，公务用车普遍进行标识喷涂（也按要求建立了定位运行管理平台）。标识的样式、内容、位置等都有标准化要求。要强调三点，首先，单位所在系统必须标示清楚，如“市级机关”“市级事业单位”“市级机关系统事业单位”“某某区机关”“某某区事业单位”等，按所属系统和单位性质标识，不标注具体单位名称。其次，行政执法用车，按行政执法内容标示，如“城市管理”“环境监督”“食品卫生”等，考虑辖区范围统筹使用行政执法用车，也可探索标示“综合执法”“行政执法”等，既要从实际出发，也要合乎规定。最后，标识中不可缺少监督方式，一般为标示为“监督电话”。上海标示的是“监督电话 12345”，这是市民热线的号码。当时对用什么号码也进行了多方探讨，市机管局、市政府总机、纪检部门的，都感觉不妥。车辆主管部门和纪检监察部门主要负责问题查实和处理，但问题受理，应该有一个社会公众熟悉、便捷的平台。于是我们找到了“市民热线（12345）”，并得到大力支持，才使公务用车标识达成完美闭环。当然监督电话不是只做表面文章，要真正把监督做实、使问题得到落实。机管局把公务用车号牌数据库与“市民热线”数据库相联通，一旦有举报，可以马上定位到相关单位，并要求核查及限时反馈结果。

二是在网定位。建立公务用车数字化管理平台，每辆公务用车须加装国产卫星定位系统，如北斗卫星导航系统（据中国卫星导航系统管理办公室发布消息，截至 2022 年 11 月，北斗卫星在高德地图的日均使用量超 2 100 亿次，已超越 GPS，全面主导国内的导航应用定位功能）。特别要强调的是，机关事务管理部门在为党政机关公务活动提供硬件、软件支持或加装应用设备时，如电脑网络、定位系统、通信软件等，以及公务用车出厂时安装的导航系统，必须使用我国自主研发的产品，这是"大安全"的重要保障。通过卫星定位和 4G、5G 通信（6G 也将翩然而至），已经能够做到公务用车运行情况实时反馈和运行轨迹追溯。但仅用来实时监控，资源利用不充分，要开发一体化智能管理功能，实现公务用车从落地到更新的全生命周期管理，收集分析每辆公务用车出行、里程、加油、保养、维修等方面的详细数据，运用大数据，实现公务用车三个时态的有机管理："现在进行时"，车辆可统一调度和监控；"过去完成时"，车辆轨迹可追溯，这是监督的重要条件，如果有举报违规问题或其他查询需求，可以帮助查核，但要设置权限，经审核批准后方可查询；"将来发生时"，平台可统计分析车辆性能、成本、效益等综合情况，提出处置建议，供主管部门参考。管理平台涵盖公务用车的采购、调度、运行、维护、分析、评估、处置、监督等环节，真正实现了全生命周期的智能化管理，是机关事务运用"数字技术＋人工智能"实现治理体系和治理能力现代化的主要场景和重要途径。我们要积极关注以数字技术为核心的"新基建"业态发展，利用技术为机关运行保障和机关事务管理赋能。

（3）从严自律，防止违规。尽管采取多种措施防范违规使用公务车，但该问题还是不断出现，思想不重视、认识不到位、自律不严格是违规的主要原因；对一些应用场景和界线把握不清，也是造成违规的因素之一。公车改革后取消配车的领导干部，如不搞清楚边界，稍不注意就会碰撞现行的纪律红线。我们结合一些用车场景，展开做下分析和判断。

场景 1：一般公务可不可以用车？哪些公务活动可以申请派车？一般公务出行，如开会、办事、调研、检查等，目的地在中心城区的，一般不派车，应自行前往。黄浦区委、区政府机关办公地多在城市中心区域，区领导鼓励大家积极尝试绿色低碳出行：1 公里以内步行，3 公里以内骑自行车，5 公里左右乘坐公共交通工具。当然重要公务保障，不以距离为衡量标准。通常情况下与领导机关活动和安全保密要求有关，如参加市委、市政府召开的会议，市领导主持的专题会议或调研活动，中央部委和兄弟省市来沪检查、交流，市委、市政府部门召集的会议或活动，送（取）机要件，公务接待，处理突发事件等，为重要公务活动，应派车保障。本机关安排的公务活动，如需去郊区或偏远地区的，或在中心城区需要到多个地方的，可以考虑派车。在制定规章制度时，也要坚持实事求是原则，确实公务需要，该派车就派车，不能把条条框框定得太死或简单机械的“一刀切”处理。有的单位定的规则，以本单位所在地为圆心，多少公里以上才可以申请用车。从里程长短考虑有一定的道理，但只讲里程就有些简单了。还应以保障重要公务为出发点，统筹安排，不机械地“踩刹车”，这才是公务用车使用管理的根本宗旨。

场景2：如何界定集体出行？顺路到居住地接送是否可以？公务用车管理办法和相关制度，经常提到公务活动集体出行可以派车，这里的集体出行不是前面讲的拼单出行，是指多人参加同一公务活动。那如何定义“集体出行”，最少是几人，两人算不算“集体”？单位用车规则对此也很难界定，只能在派车时做权宜处置。纠缠人数多少，不是公务用车管理的本意，还是要根据公务的轻重缓急、路途远近和车辆调度等情况而定。如果一定要讲人数，从机关公务特点看，一般三人出行的情况较多，领导干部除参加上述重要公务活动外，参加本机关组织的调研、检查及其他公务外出时，一般会安排办公室、相关业务处室一同前往，也可以说是“集体出行”，但这不是派车的主要依据，重要公务需要用车保障时，无论多少人，都要及时派车，保障到位。

公务外出时顺路到居住地接送是否可以？公务用车从机关出发、任务结束后再回到机关，不管是否顺路、是否是上下班时间，一般都不能到居住地接送，公私要分明。再说，车辆一旦进入小区，就算违规了，也容易被居民拍照举报；即使没有举报，根据卫星定位的轨迹记录，定期检查时也会被发现。如果顺路到路口或公交站、地铁口，应该没有问题，但如果逆向或专程到路口接送，也是违规。国内出差或国外考察，多人出行的，一般在机关集合出发；考虑时间、行李等因素，经批准可以到居住地接送。要把握好“门口”与“路口”的关系，一字之差，“差”在哪里，自己心里要明白。

场景3：公车改革后，不在配车范围的领导干部都取消了专用车辆，上下班自行解决交通问题，那么公务出行能不能相对固定用车和驾驶员？不可以。车和人必须集中管理，统一调度。相对固定或变相搞“专人专车”，都是违反公务用车使用规定的,必须进行纠正和防止。如果是领导的私家车,驾驶员与领导两家相距不远,开领导的车,和领导一起上下班,算不算违规?这要看驾驶员和车辆的费用谁出。如果驾驶员在单位工作,一起上下班,不发生另外的费用,未尝不可;如驾驶员与本单位没有任何劳动契约关系,却由单位支付相关费用,则不可以。无论什么情况,有规定除外,私家车的任何费用都不能"公了",公私必须分明。换个角度,从保障领导干部重要公务出行外,我们还可以考虑周到些。现在领导干部自己开车上下班或公务出行已成为普遍现象。当领导在途中碰到一些特殊情况时,比如车子抛锚、有碰擦,或者发生事故需要处理,又担心延误公务,车队能不能派人派车第一时间赶到现场,帮助处理,或在保全所有现场信息、状况的前提下,让领导干部先去处理公务?这也是应急保障的问题。由此想到另外场景,后勤企业、汽车服务企业能不能定期对机关干部的私家车进行安全检测,特别是暴冷暴热天气,或宣讲一些保养知识和应急处理方法。后勤企业应该发挥长处和优势,多想一步、早走一步。

场景 4:配备相对固定公务用车的领导干部,如果因私用车,相关费用自己出,是否可以?公务用车作保障公务用,配备公务用车的领导干部也要注意公私分明,不能把公务用车作为自己或家人的生活工具。"一人配车,全家享用",是家风不正的表现。如经常在节假日举家出游或送小孩到外地读书,尽管油费自己出,还是违反规定的。就像我们到外地出差或开会时,专门安排时间到当地景点游览,门票等费用都自理也是不可以的。因为你的飞机或高铁票是公家出的钱。包括出差乘坐飞机、高铁时,使用自己的积分升舱升座,也是违反公务出行规定的。公务用车不能私用,任何时候都不可掉以轻心。

场景 5:租用车辆时要注意哪些问题?可以租用定点汽车服务企业的车辆作为公务保障补充,但不能长期包租,不可以签长租合同。会议或活动结束,租赁自然结束,就是我们通常说的"一差一结"。结算方式可以根据约定,按月或按季度结算,但无论什么方式,都是按实际发生的次数、里程、单价进行结算。所谓长租,是指机关与车辆租赁企业以月度、季度、年度为时间单位签订包租合同,用于机关日常公务出行,并按合同约定的时间支付包租费用。无论经费渠道是什么,都是违规违纪的做法。简单来讲,机关租用社会车辆必须在政府统一采购的定点企业中选择,按"一差一结"方式结付,机关不能与任何定点企业签订租车合同,这是控制长租的措施之一。有的单位发生过这样的情况,因该单位行政执法车辆不够用,就与一家汽车租赁公司签订了租用十几辆车的合同,并在每辆车上粘贴了行政执法标识,用于辖区内行政执法。在市里组织的专项督查中及时纠正了这一错误做法。这个事例中,与汽车租赁公司签订租赁合同,已经违反了公务用车管理规定,用于行政执法,更是不严谨的做法。车辆不仅是执法工具,还是执法单位履行职责和政府规范行政的形象体现,用资产权属与执法单位不一致的车辆做执法用车,也违反了相关规定。

场景6:如何管理离退休干部用车?为离退休干部提供必要的服务保障,是机关、事业、企业配备公务用车的重要依据之一。按规定配备相对固定用车的领导干部离退休后,不再保留固定用车,如需要用车可向所在单位提出申请。这里要把握三点:一是为离退休干部配备的服务保障用车,也要纳入单位统一管理,实行统一调度,不单独设专车,当然首先要保证老同志使用。二是按规定可提供用车保障的对象为离休干部和市管退休干部,这里要注意一个问题,前面说过公车改革时,除机关"一把手"外,其他局级干部全部取消配车,上下班不接送,执行公务时可以用车;退休后,用车与在职时有些差别,参加机关组织的学习、会议、活动等,可以派车接送。不在保障范围的其他退休干部(主要是原处级及处级以下的)碰到紧急情况提出用车要求的,单位应予以关心和帮助。三是离休干部提出用车需求时,首先要保障好、服务好,做到热情、细心、周到;局级退休干部参加单位组织的活动时,可以用车,但不能用于办私事,更不能供家人使用。当然如果因行动不便,需要去医院看病,单位也应该照顾用车。做好离退休干部服务工作,关心照顾老同志,政治待遇、生活待遇按规定落实好,但在操作过程中要有情操作,不能机械照搬,伤了感情。如参加单位组织的活动,有些不在用车保障范围的老同志,年龄大,身体不好,想来见见几十年的老同事和长时间未见面的老朋友,相关部门可以统筹安排,安全接送。老吾老以及人之老,幼吾幼以及人之幼,一老一小,要格外呵护,把工作做细、做好。

四、服务质量监管注意事项

服务质量监管是机关后勤社会化改革深入推进的必然产物,随着机关事务治理体系和治理能力现代化要求的提出,服务质量监管逐步成为治理体系的重要一环。不能说在现有的监管体制建立以前,服务质量监管不存在或没有发挥应有作用。服务质量监管随着服务的开展而开展,它是服务客体对服务主体的反馈和评价。服务主体的不同和服务方式的变化，必然带来服务客体实际体验与评价反馈的变化。我们通常用“满意度”描述和评判服务质量的高低。服务质量监管与服务执行是一体展开、相互影响、相互促进的，其监管的形式也经历了动态变化的过程。在后勤社会化改革前，后勤服务在机关内部封闭运行，后勤服务的事项、供给、价格等按计划经济模式确定，服务主体也是机关工作人员。这个时期的服务质量监管主要是后勤主管部门根据服务对象对服务质量的评判和反馈，调整和完善服务方式或运作机制，健全和强化管理制度，以期获得更高“满意度”的过程。它是服务质量监管的体现，是后勤服务工作中自然而然形成的环节。服务质量监管主要发生在服务“发生、反馈、调整、评价”全流程的“调整”环节中。

改革开放后，机关运行保障向社会敞开了大门。服务业作为第三产业的重要组成部分，其专业化、市场化、标准化发展，为机关后勤保障变革提供了充分的准备和资源。通过政府购买服务，各类服务企业开始为机关提供专业化服务保障。机关事务协会 2019 年 12 月调查显示，为市、区两级机关提供服务保障的 200 多家企业中，国有企业占 45%，股份制、民营、合伙制企业占 55%，主要涉及餐饮服务、物业服务、信息安防、交通保障、节能环保、建筑维护、咨询服务等领域，基本满足机关后勤服务的主要需求，成为机关运行保障的主要力量。这两个“主要”的根本转变，反映了机关运行社会化保障体制的基本确立，也标志着机关后勤服务保障进入了新的历史发展阶段。这些优质企业专业、标准、高效，使机关运行保障更加专业化、精细化、系统化和效能化。

与传统服务格局相比，发生了三大变化：一是分工专业化。餐饮、物业、交通、绿化、保安等机关服务保障，专业化程度越来越高，尤其是随着集中办公、统一保障的推进，规模化保障要求增强，分工专业化很好地切合了这一趋势。随着机关事务管理职能的强化和管理范围的扩大，咨询、法律、审计、评估等资产管理类专业服务，也日益成为机关服务保障的有力支撑。如何将这些市场主体、社会资源统一纳入机关运行保障体系，是后勤社会化改革和机关事务行业建设的新课题，要充分重视进行系统研究。二是主体多元化。机关服务保障不再以机关工作人员为主体，变为各类专业化营运的企业。他们在开展专业服务的同时，为机关服务管理观念和方法的更新提供了有益启示，却又面临观念、文化碰撞与融合的问题。三是管理协同化。这是由上述两点决定的。各类企业参与专业化服务保障时，只有通过组织、协调、管理，有效协同、凝聚各方力量，形成有机统一、高效精准的保障体系和良好生态，才能达到机关运行保障的更好效果，使服务主体变更后的服务质量“满意度”不减反增，也使机关运行保障成本与效益达到最佳比例，真正体现机关后勤服务社会化改革宗旨。新体制、机制产生后，如何保证机关服务的服务质量？服务质量监管应运而生。2008年，上海市机管局正式设立“服务质量监管处（后勤改革指导处）”，负责市级机关服务质量监管和区相关服务合同备案。服务质量监管具有独立的组织形态，专门对服务供给主体的服务质量实施监督管理，是机关事务管理专业化、精细化、标准化发展的重要一步，它从自我监管中脱离开来，代表需求方，并站在需求和供给之间，以裁判者的身份，独立行使服务质量监管职能。如果将服务过程类比为“发生、反馈、调整、评价”四环相扣的链条，以问题为导向，进一步观察服务质量监管在每个环节所起的作用，以“主动引领、促进融合、公正评估”为行为指导，有利于实现有效、精准监管。服务质量监管实施过程中要注意哪些问题呢？

（一）服务发生环节

第一，确定保障需求。机关运行保障需求的实现方式一般有三种：直接服务、委托服务和咨询服务。直接服务主要是餐饮、物业、保洁、保安、交通、绿化等机关运行基本保障方面；委托服务主要是通信、水电气、空调系统等设备设施的专业技术保障方面；咨询服务一般指资产管理、财务管理、合同管理、建设维修管理等专业知识、法律法规方面的智力服务。这三类服务组成目前机关运行保障的主要内容。因此从保障专业化和监管精准化角度讲，首先要确定保障需求的内容、类型和目标，形成需求清单。

第二，确定服务企业。根据需求清单，充分告知具体事项、要求、期限等要素，通过政府采购，确定服务企业（未达到集中采购标的的，自行采购）。政府采购程序体现了公平公正原则，而专家评标或商务谈判时，一定要充分了解企业规模、专业水准、管理方法、服务质量和过往业绩等，以及与机关需求的匹配度。

第三，确定合同要约。向市场购买服务一定要强化合同管理意识，这不仅是市场契约精神的表现，也是实现服务质量监管的前提。机关要把需求清单事项细化，特别是边界模糊的内容，一定要规定清楚，压缩不定事项临时磋商的空间。当然机关运行特点决定了服务需求的特殊性，临时、应急、紧急任务经常发生，必须及时保障到位，合同约定时要注意。合同文本格式要尽量做到统一、标准化，服务类型和要约内容虽有不同，但一定要推行统一标准的合同文本，防止合同约定事项随意增减、缺漏和更改，便于合同履行和监督。这里要特别强调“合同备案”工作。机管局针对市级机关后勤服务项目及定额标准不健全、服务项目细分内容不明确、后勤服务合同待进一步规范等问题，于2018年制定印发了《市级机关后勤服务合同备案管理办法(暂行)》，启动市级机关后勤服务合同备案工作。实现了本市市级机关单位(含基层法院和检察院)包括物业、餐饮、公务用车、总机通信、会务、政务礼仪、文印等7类后勤服务合同全口径应备尽备；详细审核各单位备案的合同要素信息，梳理、分析了合同的签订情况和各类数据，并据此指导监督市级机关单位后勤服务合同的签订和履行；规范机关后勤服务项目购买，促进财政资金使用效益最大化。

2020年起，将“合同备案”模块纳入机管局“一网通办”平台，实现全流程“线上备案”。据机管局监管处(指导处)报告分析，“合同备案”的重要价值和积极意义有以下几个方面：一是为规范机关后勤服务购买行为提供工作基础。纠正备案合同中不合规或超出后勤服务项目支出范围的内容，指导修正合同中权责不明确、内容缺失的条款。机管局先后制定印发了《上海市市级机关购买后勤服务管理办法》《上海市市级机关后勤服务合同备案管理办法》《上海市市级机关后勤服务质量综合考核评价办法》等，不断加大监督指导力度。二是为制定后勤服务项目和费用标准提供科学依据。合同备案中的后勤服务合同数量、服务项目和合同金额，反映了本市机关后勤服务市场购买情况，通过综合分析合同中各机关办公场所类型、单位编制、保障人数、经费支出范围等数据，可有效评估物业、餐饮等服务项目的平均单价，认识掌握成本规律，为服务项目与费用定额管理制度及相关执行标准的制定提供工作基础。机管局监管处(指导处)根据合同备案相关分析，编制了《市级机关物业费核算指南》《市级机关餐饮服务费核算指南》等标准。三是为完善机关后勤服务监管机制提供新思路。一方面，掌握机关后勤服务市场信息。合同备案中的企业信息反映了机关后勤服务市场的开放程度和竞争情况，通过分析后勤服务企业数量、种类、注册地、实力情况等基础信息，可以了解市级机关后勤服务企业的性质和规模，进一步研究机关后勤服务市场的结构情况。另一方面，了解机关后勤服务监管安排。合同是后勤服务项目的采购成果，也是项目履行的依据，合同中购买双方的权利义务、采购方式、合同金额、支付方式、考核评价等信息，可以反映各单位后勤服务监管安排和组织实施情况。

在此基础上，通过沟通、协调、监督、指导等方式，可帮助多元主体协同发力，为构建机关后勤服务四级监管机制提供支持，逐步形成主管部门综合监管、购买主体具体监管、服务主体日常监管、专业机构协同监管的“四位一体、统分结合、各负其责”的服务监管格局，实现整体联动与内部联动相结合，提升机关后勤服务监管能级。从服务“发生”起，以合同备案为抓手，严格规范把关，是整个服务质量监管工作必须扣好的“第一粒扣子”。

（二）服务反馈环节

第一，不同对象的反馈。服务主体作用于服务客体，必然产生一定的反应。社会企业（服务主体）进入机关承担服务保障职责，通过开展具有专业素养的服务活动，为机关干部（服务客体）带来不同的观照和体验，也使习惯于机关传统“手势”的服务客体有一个参照比较的对象，反馈机制自然被唤起。以餐饮为例，吃饭是平常小事，也是人人关心、影响面最大的事，我们要关注不同对象的反映。在抽样调查问卷中，设有身份和年龄等询问档，作为分析不同群体不同识见的依据，是通行的做法。这里讲的“不同对象”，要更关注“面”，即不同群体的“面”和总体受众的“面”。如果能通过数字化手段，变被动表态为主动评判（“点赞”或“吐槽”），寓统计于日常工作生活之中，则更好。

第二，不同时空的反馈。从时间意义上讲，有两层意思：一是早中晚不同时段用餐的感受；二是不同时间节点的反馈，是在某一时间点上进行抽样分析，还是通过数字手段进行日常全覆盖的大数据收集与分析。从空间意义上讲也有两层意思：一是在同一空间、不同区域用餐。机关食堂考虑分流高峰或个性化需要，按不同品类设置供餐窗口或相对集中区域，如套餐、点菜、面食、客饭等（机关集中办公点设置领导干部公务餐厅，主要是为在集中办公点的领导干部提供相对集中的用餐场所，便于用餐时商谈事情，菜肴与大食堂基本相同，小份多样、口味清淡），在这样的空间区域，不同群体、不同选择的感受，是反馈的重要方面；二是同一家餐饮企业运作的不同机关食堂（一家或多家）中不同群体反馈的信息，更有比较鉴别价值。

第三，反馈途径的选择。反馈途径或方式是获取真实信息的重要桥梁，途径不畅通，方式不合理，获取信息不完全、不真实、不充分，都将直接影响对服务质量的评价。现阶段评价主要是在年中或年末，由服务质量监管部门聘请社会调查公司，对机关工作人员，分群体随机进行问卷调查，并辅以在服务场所随机问询调查。这样的反馈形式包含诸多分项，涉及服务内容的方方面面，对某个具体对象来讲，接触的服务样式和感受存在局限性，会影响其判断；另外，可能以近期发生的事件感受为主，尤其是在主观情绪的影响下，会对某一方面的反应比较强烈。因此，调查汇总时，在分项评价和总体评价上，能够反映现存状态的一定真实性。对成绩和不足进行分析总结，有利于今后的改进和提高（特别是同样问题如果反复出现，要找相关主管人员谈话）。但从时间选择和场景设置来看，我们能不能做到全天候、全覆盖的动态实时反馈，在今天互联网、大数据、云计算、人工智能充分发展的背景下，这样的反馈途径和方式应该能够做到。还是以餐饮为例，现在一些机关食堂推出了手机预定点心、半成品的 App 或小程序，受到了普遍的欢迎和好评。服务对象通过手机对品种、口味、卫生、质量、价格、服务等进行“星级”点评，后台即可掌握大量数据，结合食堂相关销售情况，即可实时产生信息反馈和结论。服务对象对各项（米面、菜肴、点心等）的感受和评价，对采购、制作、销售等全过程的质量控制和服务提升起到了促进作用，便于及时发现问题、找准原因、立行立改，特别是在管理体系和制度机制健全完善方面，具有重要意义，使服务主体扬长避短，更有信心做好、做强，也使服务质量监管融于其中、化于无形。长此以往，我们就能获得对服务主体服务质量比较完整、准确和客观的评价。服务质量监管是“有意找茬”，但不是为了“秋后算账”，即知即改、立行立改，把服务做得更好，才是服务方与监管方共同追求的目标。

（三）服务调整环节

它是服务质量监管发挥引领、介入、调节作用的重要方面。监管作为需求方的代表，以第三方的身份实行专门监督，它需要保持主客体之间平衡状态，任何向一方倾斜或关联失衡的情况，都会使系统造成损害。调整服务主客体关系，使之保持均衡、有序、互动的状态，是监管服务要达到的境界。调整不但是立行立改的干预，而且是保持系统平稳运行，贯穿服务监管各环节的重要部分。服务企业进驻机关实施专业服务，出现一些碰撞很正常，主要因为观念、管理、需求、标准、文化等方面的差异。企业根据市场形成的运作特点和它提供产品的对象与党政机关服务保障特点及供给对象并不完全相同，从反馈的问题中可以看出两者间的差异。需要从体制完善、机制调整、法制健全的角度进行微调、精校，使企业服务与机关保障从磨合、融合，到化合，真正完成蜕变过程，实现“强强联手，优优组合”的强有力保障新局面。我们可以从三个方面做工作：

1. 坚持政治引领

承担党政机关运行保障的企业，要牢固确立政治观念。讲政治是讲大局、讲纪律、讲奉献。天下熙熙，皆为利来；天下攘攘，皆为利往，企业逐利而生、趋利而往，是生存本能，有其合理性，但不是全部，企业也受道德伦理和社会责任的约束；在政治性、组织性、保密性、纪律性突出的党政机关中，为其提供服务保障的企业如果不讲这些，是很难适应机关工作特点和规律的，会发生不顺畅、不协调、水土不服的现象。

首先，讲大局。机关经常会有临时的重要活动、重要会议或应急任务，必须及时响应、坚决完成，这就需要服务企业全力以赴，迅速调集人员，做好物资准备，快速保障到位。这些突发、应急任务检验的是企业的政治性、大局观和奉献精神，这不是让企业无条件把运行保障放在第一位，不考虑自身利益。任务完成后，机关会根据合同约定或作特殊情况予以合理的处置（应急保障经费一般在机关预算中有安排）。但若企业把利益放在首位，事事计较得失，是做不好机关服务保障的。

其次，讲纪律。这里讲的纪律除了遵守党政机关相关制度规定、“一切行动听指挥”外，还需要强调的是保密。党政机关涉及文件、信息、人员、项目等保密信息，事关党和国家的安全。保密规定必须严格执行，保密工作必须一丝不苟，不能疏忽大意。服务企业的员工，包括入室保洁、会议服务、公务接待、车辆服务，以及设备设施维护等，都有可能接触涉密信息，即使有些未明确标定保密级别或不属保密范围的信息、场景、活动，也要谨慎对待，不能随意拍照，更不能上网外传。服务企业必须确立以保密为核心的纪律观念，并制定措施、确保落实，千万不能置之度外、漠然处置。在机关服务与市场保障的关系处理上，要始终把机关运行特点放在第一位，在明确保障需求时，保密要求是非常重要的一环。政府采购市场优质资源，不等于降低或削弱机关保密的重要性。核心层级或重要区域，如主要领导办公区域，重要会议、活动场所，机要区域等，服务保障仍由机关事务部门直接负责，由后勤企业组织政治素质高、纪律观念强、服务技能好的骨干队伍具体进行服务保障，并保持人员的相对稳定。培养好、使用好、关心好这支队伍，是机关事务部门的重要职责，也是初心不忘、使命担当的体现。“内外”有别、“收放”有节、“张弛”有度（服务供给不能无限扩张)，要以辩证和创新的思维来研究、处理好这三对关系。

最后，讲奉献。这不是老生常谈，这对从事机关运行保障的服务企业的职工来说是重要的素质要求。企业管理的理念、方法、文化与机关不同，各有所长、可以互补，在机关从事服务保障的企业职工不仅要技能出众、技艺精湛，更要有"主人翁"精神。

一是"荣誉感"。在党政机关这样的重要核心单位工作，要充分发挥自己的才能，将点滴努力汇聚成光荣事业，这份荣誉感应该成为职业追求的内生动力。过去在"200号会务礼仪中心"工作的女员工，都有一份神圣的荣誉感。当别人问道："你在哪里工作?"时，都会骄傲地回答道："在市政府工作。"在市场运作影响至深、价值追求多元化的今天，这份传统的荣誉感淡化了。"人是要有一点精神的"，这需要正面教育、引导，使我们的职工在党政机关这样一个特殊的环境里，能够重新唤起心底神圣的使命感，在责任和荣誉的激励下，历练自己、完善自己、成就自己，相信这一段时光会成为人生、事业值得回味和铭记的经历。一定要重视培养这份荣誉感，这是社会服务企业职工进入机关必须有的素养准备。有了这份荣誉感，"主人翁"精神就有了思想基础。

二是"责任感"。机关运行保障虽然有专业分工，但是服务岗位和管理区域的设置会有缺漏或重叠之处，这个问题在一线服务保障方面比较突出。缺漏之处需要补台，重叠之处可以共治。"察大风于萍末""细微处见精神"，把问题解决在萌芽状态，需要主动作为。这不仅要靠管理人员的"察""见"，还要靠一线员工作为重要的"神经末梢"对系统作出敏捷反馈。举个例子，近年来随着快递量成倍增加，办公楼大门外快递(快件)无序堆放、寻找费力、错发错收现象频发，给物业管理带来了很大困扰，也引起各方不满。上勤高级楼宇管理公司根据一线职工的反映，并没有因为事小而不为，而是积极组织力量，开发了一套快递收发应用系统，包括扫描、登记、上架、领取，形成了完整的管理闭环，使取件速度大幅提升，杜绝了快递收发差错；通过技术赋能，实现规范收发快递，提高了管理效率，得到了普遍认可。从这个案例可以看出，主动发现问题，并及时解决问题，是机关运行保障的首要任务之一，也是机关事务从管理走向治理的标志之一。做到这一点，靠的是职工的主动性、能动性，以及强烈的责任感。机关服务保障严谨细致、一丝不苟，事事做好还不算好、处处做优还不算优，只有在完成全程闭环，结果显示"无差错""无事故"后，才能把心安安稳稳放下。这一点与社会上的一般服务要求不完全一样。机管局提出的"绿叶工匠"精神内涵是“专业、精细、极致、满意”，没有“时时放心不下”的强烈责任感、“主人翁”精神和“才下眉头、又上心头”的忧患意识，是不可能做到这些的。在具体服务保障工作中要注意加强职工责任感的培养和引导，强化责任意识，通过构建平台、畅通渠道，营造大家参与、人人负责、共治共享的良好治理局面。

三是“仪式感”。我们在观看天安门广场三军仪仗队升国旗仪式时，心中会油然而生庄严神圣之感。上海人民大道市政府正门前的国旗广场，每天都有市民早早来到，静静等候观看武警升国旗仪式。仰望鲜艳的国旗与太阳一起升起，心中顿时涌起自豪荣耀之情。仪式感触发的是自然流露的敬重感。我们对天、地、人应有敬重感，对职业也应该有敬重感。据钱学森的儿子钱永刚回忆，有一次家里的炊事员很郑重地对他说：“你父亲是个有学问、有文化的人，你看你父亲每次下来吃饭，都穿得整整齐齐的，从来不穿拖鞋、背心。这是他看得起咱、尊重咱！”钱永刚从此也向父亲学习，保持吃饭穿戴整齐的习惯。在党政机关这个为国理政、为民办事的机构中工作，无论是从事政务性工作还是事务性工作，无论是机关干部还是服务人员，都是为着一个目标走到一起，分工虽有不同，但没有高低之分，没有尊卑之别，都是全心全意为人民服务，这是党政机关与生俱来的生命基因，代代相传的光荣传统。在这样的工作环境中，敬重感就体现在认真负责的态度中。通过一定的行为规范，促使服务人员仪式感的养成，是机关服务保障岗前培训的重要内容。从仪容仪表到举手投足，从语言表达到待人接物，从服务技能到人文素养等方面，通过培训、重塑，使职业行为规范、标准，展现出队伍整齐、精神振奋的良好面貌，不仅反映了机关运行保障高效的组织和执行能力，还凸显了企业先进的管理理念和良好的品牌形象。经过机关服务历练的员工，今后很可能成为企业德才兼备的业务骨干。机关和企业要培养好、使用好、关心好、爱护好他们，也要为他们做好“后勤服务”。充分尊重和爱护每一个人，特别是当他们在服务中受到挫折、委屈、不开心、磕磕碰碰时，要关注、倾听，鼓舞他们的斗志，保护和鼓励他们的积极性和创造性，使每个人都能心情舒畅地做好“事”，并在做好“事”的过程中，提升能力、完善自己。机关事务服务保障的最高境界就是“如影随形”“润物无声”，事事处处“无我”，但又处处事事“有我”。要达到这样的境界，首先要做到“润物无声”地管理和关心员工。这也是由机关一以贯之的优秀传统决定的。

2. 坚持标准引领

机关事务管理的标准化建设正在加快推进，并已取得了令人瞩目的成果。

将标准化建设作为完整的科学体系，是机关事务进入新时代、适应新形势、实现新发展的必然要求，也是赓续传统、推陈出新、继往开来的再一次主动“求新”“求变”。标准化不是凭空产生的，只有在实践中不断创新，总结完善各种管理制度、行为规约、办事流程、作业标准等，才能形成比较完整的管理制度体系，为标准化建设打下坚实基础。

机关事务实行标准化管理又是一次重大制度性改革，是国家治理体系和治理能力现代化的重要组成和体现，必将对机关运行保障从观念、组织、制度、效能等方面产生深刻影响。在推进标准化建设中，我们要关注几个问题：

（1）反映机关的服务特性。企业提供专业服务的同时也带来了专业标准。这些标准有企业创制的、行业规约的、地方制定的、国家颁布的，当然今后也可能与国际标准接轨。在机关这个特殊服务对象面前，企业自行创制并普遍用于市场服务的管理标准与机关保障服务的要求会发生一些碰撞。这些碰撞有观念和方法差异的原因，而缺乏机关服务保障统一标准则是主要原因。在制定机关服务标准时，我们要牢牢把握“机关服务实际”这个主体，处理好两方面的关系：一是主动吸收适配的包括企业标准在内的同类专业标准。这些标准是机关服务融入市场，走向社会的前提，但不能简单地“照单全收”“拿来就用”，要认真、系统地研究，辩证地吸纳。二是主动强化机关服务标准的引领作用。机关服务要严于一般的社会服务，因此，服务质量控制标准也高于一般标准。从机关服务特性出发，研究制定各项分类专业管理标准时，必须坚持“以我为主”“高标准”“严要求”原则，这些高于企业或行业标准的机关事务标准，并不是有意拔高或过分突出机关需求，而是真实反映并切合机关服务保障质量要求的。运用这样的高标准进行服务质量管理并形成价值追求目标，会对企业甚至行业起到引领和提升作用。如公车改革后，为什么没有立马大范围引入社会企业为机关公务出行提供补充保障？因为机关公务出行服务对车容车况、驾驶员仪容仪表、行车规矩（不能随意打开音响设备、参与谈论、嚼东西、残留烟味或迟到、误点等）等方面都有严格规定。所以，必须先制定机关行车服务规范，作为引入社会服务的质量控制标准。这并不是为社会企业设置“门槛”，而是提供一把“尺子”。机关服务保障要走向市场，同时也要引领市场，以高于社会服务的标准影响、带动社会企业的质量提升和行业标准的完善。在这样的标准引领和具体贯彻实施中，服务企业也经受了一次观念和方法上的良性撞击，促使其不断优化组织管理，成为“服务最强、行业最优、品牌最特”的优秀企业。

(2) 构建高质量标准体系。机关事务内容多、范围广、事务杂，随着综合性事务在服务市场上逐步细分，专业化分工和管理也逐渐成形、成熟，这为机关事务分类管理、专业管理、规范管理，提供了有益的启示和准备。机关事务各方面的服务保障都有个标准化过程。不同于市场服务企业或行业面对的是单一化标准，机关事务面临的是标准体系建设问题。可以把这一体系比作塔式结构，呈"向下细化""向上集成"的运动状态。如果把各项专业分类管理标准横向连接作为塔的中间层，那么，每个专业分类管理标准向下延伸的就是具体、细化的标准内容和流程，直接与服务保障结合，及时通过反馈更新内容与流程，保持标准完善与标准约束的平衡统一。无论是国有资产、办公用房、公务用车、公共机构节能管理，还是餐饮、物业、绿化、保安、安全管理，机关事务的各项业务都可以进行标准化管理的探索和实践。条件成熟的，先行一步；部分成熟的，做局部探索。原则是能计量化、流程化、规约化，都应从统一规范的角度，制定、完善专业化管理标准。尽可能扩张标准的管制力度，压缩"非标"存在的空间，这对提升办事透明度、防控腐败也有积极意义。这是"向下细化"要达到的境地。从塔的中间层向上，以各类专业服务管理标准为主要构件，通过有机组合、系统集成，确保"机关运行保障"目标的成功实现，这就是"向上集成"的要义所在。体系化机关事务标准，不仅正确反映了机关运行保障的特性与规律，还是保持机关事务均衡优质发展的重要基础。

(3) 扩大标准的适用范围。高质量的发展必须有一流标准做引领，它不仅是某一机关、部门、区域的适用标准，而且应该成为上海市、区党政机关事务管理的统一标准，同时也应该成为社会企业为机关运行保障提供服务的行为规约和质量标尺。扩大标准的适用范围，也是塔式结构形成的内在动力。这一过程主要分为两个部分。其一，标准升级。机关运行保障分项专业管理标准，不能仅满足于机关、企业或行业内部施行，要争取升级为地方性标准，甚至是全国性标准，最终形成机关事务地方和国家标准体系。餐饮、绿化、物业等机关事务标准成为地方性标准，作为标准领域的全新门类，既丰富了地方或国家标准库，为国家治理体系和治理能力现代化贡献了创新实践，也进一步深化对机关事务管理整体性、系统性、规律性的认识，为精准施策，实现高质量、可持续发展打开了新局面，也为机关运行保障学术理论研究和学科体系建设拓展了新境界。其二，实施贯标，真正让标准落地。标准制定与标准执行，并不是天然的相因相生的关系，中间必须有一个革故鼎新、决然转换的过程，难的不是执行标准，而是破除旧观念、改变老习惯。过去会发生制度标准“写在纸上、贴在墙上、说在嘴上”，没有“落在脚下”的现象。这固然有标准是否切合实际的问题，但更多的是惯性、惰性使然。不能等着观念转变，需要先约束行为。

比如，过去“200号”机关院内地面停车较乱，大家都不愿多走几步停在地下车库，而外来车辆一般不能进地库，这就造成地面停车紧张、困难，解释、劝说、整顿的效果都不明显。后来，机管局保卫处主动做工作，由保安统一指挥，安排院内机关车辆有序停放地库，腾出地面车位为外来开会、办事的同志提供停车便利。时间一长，新习惯养成，想法也转变了。有些同志习惯传统“手势”，不愿意改变现有状态，而标准制定和执行产生的规范性调整与持续性约束，需要有一个从心理到行为的适应过程。从“习惯手势”到“标准操作”，贯标工作除了要做大量的思想动员和业务准备外，还要重点研究制定贯彻和落实标准的具体措施。如“200号”的通信服务，由于标准切合实际，且与日常管理、考核奖惩相结合，标准执行到位，管理水平明显提升，始终保持“市政府总机班”优质服务的良好形象。要想制定管用、实用的标准，促使员工学好、用好标准，既要把贯彻标准与绩效考核结合，也要发挥员工的聪明才智，以提升标准的准确性和先进性，同时以贯标为导向，开展业务梳理、清单管理、流程优化等工作，以信息平台系统为支撑，改变人员的思维方式、工作方式和评价方式，使标准真正落地生根，提升机关运行保障效能。

3. 坚持创新引领

对服务企业，既要帮助他们尽快了解、适应、融入机关服务保障体系，也要鼓励他们在服务与管理中勇于创新，为机关运行保障提质增效。承担机关某方面专业服务的企业以中小微企业为主。政府对中小微企业的关心和支持，不仅体现在政策保障和公开、公平、公正的采购流程中，还体现在实施服务的全过程中。鼓励企业创新，既有利于机关运行保障提质增效，又为企业保持创业激情、探索生存法则、成为行业翘楚提供动力。不能抱着“不出错”“求太平”的想法，阻遏企业创新。近年来，机管局与机关事务协会积极组织工作部门与服务企业开展的“管理创新”和“服务创优”（简称双创）活动，也取得很好的效果。

（1）管理创新。我们从管理“物”和服务“人”两个方面，解析两个案例。

案例一：在场景不变、人员不变的前提下，因为改变了方法和工具，使机关服务产生了很好的治理效果。虹口区政府机关物业管理公司开发了一款物业报修 App,员工安装 App 后,如果在其工作区域发现有物损情况,如漏水、灯不亮、堵塞等,即可拍照上传,平台负责派单,维修工修理完毕后,再拍照上传,报修人员验证结果。整个过程是一个“事件发起、迅速响应、全程追踪、结果反馈”的完整闭环,处处留痕、公开透明,事可溯、责可查,形成了“责任明确、全域监管、处置高效”的管理机制。这个案例也给了我们一些启示。

一是“身兼多角色”。保洁员过去只是负责区域保洁,周边设备设施的运行情况,不在他的职责范围。即使发现物损,也只是顺便告知,修不修?结果如何?他不知道,也不关心。一般物业会安排员工专门巡检,这是设备设施管理人员的分内事。通过 App,员工有了多重身份(当然这也得益于物业管理方法的改变),集保洁员、巡检员、报修员、监督员多重角色于一身。再通过调整、增强奖惩力度,充分激发员工的大局观和能动性。管理者如果只关注岗位设置,其实是把人作为了岗位的附庸。只有关注人的能动性和创造力时,员工才会主动提升跨岗位管理幅度,整个团队的服务效能才会事半功倍,甚至是几何级增长。

二是“时空皆周备”。空间方面。因为员工的角色转变,他们的工作场景由岗位限定的单一场景,转换为多场景,保洁员原来只需要在划定区域完成清扫工作,现在要关注该区域至延伸区域可能发生的所有异常。面上网格化布局与点上随机处置相结合,争取做到空间全覆盖、无遗漏,这也是治理要求的“横向到边,纵向到底”。时间方面。发现问题立马拍照上传,即刻进入处置流程,除较为复杂的情况,一般可以做到“即知即改”“立行立改”。通过反馈验证的留档备查,通过定期的统计分析,可制定相应的措施,防止同类问题反复出现。反应快、处置快,不仅效率提升、资源节约,更重要的是及时发现问题,消除隐患,确保安全。空间上的“全”和时间上的“快”,这是保障党政机关安全平稳、顺畅运行的刚性要求。

三是“工具助能效”。要做到全时空覆盖,离不开数智化赋能。物业管理 App,不仅能做到人机相连,还有物物相连功能,它是由智能识别、监控设备和物联网组成的数智管理系统,填补了人力的不足。物业管理平台是管理能效提升的主要依托,对传统管理方式产生了颠覆性的影响。

案例二:个性化精准服务已成为管理创新追求的目标,机关、事业、企业等单位都做了积极的探索。华东建筑设计研究院有限公司是一家主要从事建筑设计咨询的公司，也是机关事务协会的会员单位，员工众多。因为业务关系，许多员工一日三餐都在公司，为实现错峰就餐、需求满足、评价反馈的服务目标，该院打造了一款“智慧食堂”App。通过 AI 视觉识别检测算法、智慧物联网餐台结算系统和实时客流统计系统，从分流就餐、自助选餐、自动识别计算等环节实现全过程智慧化。员工可以实时查看各窗口菜单和菜价、就餐时段、排队人数、餐卡余额和消费记录，了解餐食营养信息等。疫情期间，为做好防控，推出“线上点单支付，线下核销取餐”功能，大幅缩短了排队时间，避免了人员的聚集。App 还有消费评价、建议交互功能，促进了用餐人员、管理方和经营方之间及时、有效的沟通。该系统可实现员工账户信息、消费数据统一管理，商户菜品数据统一管理，食堂经营数据统一管理，通过“前台”“后台”数据的互联互通，形成了数据驱动下的业务模式创新，实现了数据赋能餐饮服务，真正提升精心、精细、精准的服务水平。

人们接触和处理各种事物时，都想要了解真相。在信息“场”“域”中，每个员工都是平等的主体，将主体发出的源信息化为数据和数据流，经过数字平台的处理（大数据、云计算等），形成数字映像，接近真实的反映了客观现实。为什么说它“接近真实”？主体在当下直接反馈信息的过程中，一般会表达此时此刻的真实感受。当反馈主体达到一定数量后，会在一定程度形成群体性感受，“数字映像”更接近真实，随着数据量的增加，即可实现“数字孪生”管理。会不会有人故意造假？只能说概率很小且占比很低。除非对某一信息约定后，才能实现集体“造假”，但这是不可能发生的。你甚至都不知道信息点是什么，何况数据是留痕的并在数据交汇中被时时校验的。信息数据化、管理数字化是必然趋势。现在不少机关、事业单位在后勤事务管理方面，积极开发运用智能化数字管理平台，以科技为牵引，实现管理方法的创新，提升了服务水平，并向更高的境界攀登。机关事务发展的新方向是达到“核心要务、平台应用、数字底座”的有机统一。这些变革不仅是工具的升级换代，还是理念的更新、重塑，比如机关事务数字管理平台以及巨量涌流交汇的数据，因为具有实体性、真实性、价值性等特点，已成为行政事业单位资产构成的新内容和资产管理的新热点。这也要求我们思考，数字时代，机关事务将如何作为？

（2）服务创优。这是服务企业的品质追求，更是机关运行保障的立身之本。机关事务的初心是服务好“火车头”，使命是保障“火车”安全顺畅的运行。机关事务管理职能比过去有了扩大和增强，做好服务的初心不变，服务品质的要求则更高。服务创优贵在主动和坚持，在不经意间给服务对象带来舒适体验。不少服务企业都在努力追求这一目标，并涌现了许多“创优”好典型。大家对吃饭习以为常，但饭吃得好不好，影响味觉、肠胃，更影响情绪。午饭正对口味，吃得舒服，下午干活情绪就好，积极性高；如果午饭吃得不对胃口，下午干活心情也不好，再受到领导的批评，回家把气出在老公或者老婆头上，很可能搞得鸡飞狗跳，小的、老的都不开心。负面情绪日积月累，不仅影响心情、影响工作，还影响家庭。服务创优并不是搞“高大上”的事，而是在做好、做精服务的基础上，主动提升服务水准和标准。

案例一：机关“美食节”。“200 号”食堂每天用餐人次在 4 000 左右，由上勤集团餐饮公司负责。以前的菜肴品种、饭菜口味、用餐时间等只考虑满足基本的吃饭需求，个性化、精细化、差异化不足。后来借设备设施更新、环境整修时，根据近年来机关工作人员构成与公务量变化情况，做了四个比较大的调整：一是分层、分类，相对集中用餐，如一层主要是面食和客饭，二层以盘菜、套餐、米饭为主。二是来自外省市的机关公务员增多，适当增加其他地方口味的菜肴。三是市人大、市政府办公厅工作人员就餐时间一般比较晚，专设一个窗口供应热菜、热饭。四是提供菜肴成品（半成品）、点心外卖。机关工作人员可以在自动售货柜或 App 上预定付款，第二天扫码取货。“吃不了兜着走”，提倡光盘行动，绝不浪费；“吃好了带着走”，服务个体，方便万家。

这里要提一下，“预制菜”其实就是过去说的“半成品”，现在改头换面、风靡市场，有其合理性，当然争议也不少。但不管是家用、还是饭店或其他场合用，首先是要做到货真价实、真材实料、斤两称足，至于营养价值、堂吃“锅气”、口味口感，是因地、因时、因人而异的事，可以通过标准化实现质量稳定可控。机关食堂一般不提倡多用预制菜。不能因为人员和时间成本，降低就餐人员的获得感。即使提供外卖，满足机关干部家庭的用餐需要，预制菜（半成品）也要做到新鲜、量足、美味。上勤餐饮公司的四项调整，获得一片点赞。他们没有止步，继续创优。2016 年起，上勤餐饮公司携手上海高校、上海 16 个区和江苏省、浙江省、安徽省机管局的服务企业，每年举办“美食节”，让机关干部吃到“学校的味道”“家乡的味道”和“小时候的味道”。每逢美食节，食堂内热闹非凡，市领导揭幕后，大家蜂拥进入，尝遍美食，引来一片赞叹。如今，美食节已成为每年必须打卡的节日，也是机关文化的重要标志之一。上勤餐饮公司还将美食节与厨师比武、行业交流、开发新品进行联动，一边鼓励厨师研发新品，不断积累精品，上美食节擂台一搏；一边筛选机关干部点赞的新品（自创或他创的），再次开发，成为机关日常供餐品种，使美食节与平常有机融合。

奉贤区机管局则注重美食节文化内涵的挖掘与社会影响力的扩展，开发运用当地非遗项目农家土布，创设土布餐巾折花；积极组织对口帮扶地区的产品、优质农产品和“老字号”进机关，发布当地特色网红美食地图等，不仅保护、发扬了非遗文化和“老字号”，使之与机关文化融合，而且与扶贫助农结合，共担乡村振兴责任，并与“奉贤美食”网红品牌一起成为城区一张亮丽的名片。

案例二：“冠名菜点”。市级机关系统的一后勤保障中心自 2021 年起，每年开展“冠名菜点”评选活动，鼓励厨师、点心师拿出看家本领，制作具有创新性、推广性的菜肴和点心，并邀请国家级大师和专业的媒体评委现场选出入围菜品，冠以制作者的名字。创作者每周轮流到系统内各食堂进行试点销售，季度销量累计达标的，给予奖励；不达标的则自动下架。两次遴选共有 32 道“冠名菜点”入围，其中 30 道通过了考验。中心将“冠名菜点”的制作方法编成菜谱，推广到各个食堂，并成立菜品研发小组，每周设计一份大菜单，通过餐饮“三体系”（ISO9001 质量管理认证体系、ISO45001 职业健康安全管理体系、ISO22000 食品安全管理体系）贯标建设，把主要菜肴的食材选择、制作方法、配料表等，建立起标准作业程序。研发小组每天跟踪点评，将结果与绩效考核挂钩，达到了统一菜单、标准菜谱、规范制作、控制成本的目的。研发小组还将适合家庭烹制的标准菜谱贴在食堂门口，供大家分享研发成果。“冠名菜点”评比活动形成了菜点新品“研发—遴选—试点—定标—推广”的良性循环机制。

案例三：“老菜新做”。上海神农氏餐饮有限公司负责部分市、区机关食堂的营运，多年来承担着市委全会和市人大、市政协“两会”的餐饮服务。他们力求通过研发个性化产品强化其核心竞争力，成立了“中烹技师工作室”，秉承老菜新做的研发理念，首选经典川菜“鱼香肉丝”作为菜品创新项目。团队走访了四川省 60 多家餐厅，考察工艺、讨教方法、反复尝试、不断改进，最终掌握了用鲫鱼腌制泡椒汁这一古老工艺，并结合不同口味进行改进，通过多次调试，使批量制作的“鱼香肉丝”与单份的口味接近一致。经过三个多月的努力，确定了配比量和制作工艺标准，才使得这道经典川菜正式进入机关食堂，并获得了诸多好评。

案例四：“吃在同济”。同济大学食堂很重视师生的口味特点，也知道众口难调、喜新厌旧是正常现象，但他们依然探索、尝试各种口味，以传统文化引领健康饮食。食堂设有“每月尝新”窗口，每次推出几个新品，让师生们免费品尝并给出评价。他们还将传统文化融进餐饮中，推出“二十四节气”时令健康食谱。每个节气，都推出切合节令、利于养生的新品，并在窗口旁的信息栏上，介绍节令特点、注意事项及新品特色，倡导饮食养生理念；通过师生的评价反馈，选择受欢迎的品种，加入日常菜单中，形成了“试新—尝新—常新”的创新链和“同济一碗面”等特色饮食。“吃在同济”是上海高校同行的肯定，同济大学的美食节甚至办到了国外。主动加压、善于创新是“同济美食”品牌持久不衰、名扬海外的根本动因。

这四个案例为我们开展“服务创优”提供了很好的启示：一是眼里有“活”。做好服务不易，创优更难。餐饮缺乏刚性标准，受众也是众口难调。餐饮服务即使有标准，也是指从采购到供餐的生产制作流程标准，饭菜是否可口、咸淡是否适宜、烹饪是否精细，不是标准规定能解决的。即使是由机器人掌勺的无人厨房，也应该有口味选择和调整的程序。如果说“标准”是做好服务的流程规约、刚性要求，那么“用心”就是创优服务的核心要素。我们通常说的“眼里有活”，就是用心的最好体现。将职业与事业追求结合起来，成就人生的最大价值，就是“用心”的本源。有需求，就有活。需求了无痕迹，又无处不在，可以靠大数据看出“类”需求的聚集；也可以主动尝试，寻找需求的接口，或创造新的需求。敢于试、用心试，激发需求与供给的活力，推动服务水准不断迈上更高台阶。“眼里有活”是职业敏感的反映，更是生活习惯使然，善于打理家务的同志眼里肯定有“活”，不懂得打理家务，眼里肯定没“活”，机关事务的同志首先学会做家务，“一屋不扫，何以扫天下？”

二是手中有“器”。道载于器，器形于道。同样，服务之道，必载于器。这个“器”是什么呢？不仅是工具，还是企业生存之内核，服务提质之内驱，那就是“研发中心”。只有不断研发新品，保持创新链的活跃度，才能不断抢占市场高地。企业应注意引进人才，组织学习交流，博采众长，发挥专家团队的研发优势，鼓励员工创新，形成新品研发“推出一批，储备一批，研发一批”的良性循环，这才是持续创新的关键因素。

三是脚下有“路”。社会企业承担机关运行保障任务，并不是一开始就“熟门熟路”的。要做好机关服务保障并长期胜任，除了机关事务管理部门的指导、监管、帮助外，更多是靠自己的摸索、探索，一步一步走出来。要踏踏实实地走好服务之路、走宽保障之道，有两条路要始终坚持走实、走稳：①创新成果转化之路。企业要善于总结创新实践，注重认识和把握规律。建立制度、机制鼓励保护员工的创新积极性，该奖励的，该晋级的，要及时兑现；不断修订完善企业标准，争取引领行业标准，努力成为地方标准，真正成为“创新引领标准、标准引领行业”的排头兵。机关事务部门也应该注意吸收企业创新成果，并将其提炼为机关服务标准。②能工巧匠培养之路。企业除了研发新品外，还要整体提高员工的技能水平，让研发成果成为日常产品，不走样、不走味。通过技能培训、比武练兵、平台展示等途径，培养一支既有绿叶工匠精神，又有大国工匠风范的高素质、高技能的员工队伍。机关事务协会会员单位上海珍鼎餐饮服务有限公司在长期为党政机关和重要会议，包括进博会等重大活动提供服务保障中，服务质量始终不走样、不走味，除了有完善的质量体系支撑外，还与注重人才选拔密切相关。他们选拔高级管理人员时，用了两份试卷，一份测试数学、逻辑推理等知识，一份测试心理、性格等要素，通过能力与素养的综合考察，挖掘应试者的特点与亮点，找到人才与企业双向奔赴的最佳结合点。为了能让公司保持活力，制定了未来 5 年员工平均年龄下降 10％的目标，以培育一支更年轻、更具活力、更贴近“90 后”“00 后”消费主力群体的团队。鼓励企业“管理创新，服务创优”，关键在人。管理干部和一线员工始终是机关运行保障的服务主体，要理解、支持、帮助他们努力开展“双创”实践，这同时也是对服务质量监管部门提出的要求。“双创”对服务企业与监管机关来讲，是机关运行保障的共同职责。

（四）服务评价环节

这是服务质量监管闭环的最后一环。评价好坏，直接影响了服务企业的声誉与去留，对企业来说无异于一条生命线，对机关来说就是一条质量控制线，企业要争“利我”的美誉，机关要接近真实的结果。评价机制的设计和运作至关重要，内容设置、方式选用、采样对象、时机选择等都是评价的重要元素。评价是考核的重要内容，考核一般由“工作考核＋满意度测评”构成。

“工作考核”是常态，是机关事务管理必不可少的内容和环节，主要对象有两个：管理部门和服务企业。对象不同，考核内容、方式、重点也不同，如何考准、考实、考好，是永恒的话题和课题。对管理部门考核已有完善的制度和成熟的做法，但由于对体制机制、人员业务较为熟悉，“熟视无睹”“灯下黑”“犹抱琵琶半遮面”等情况时有产生。因此只有抓住问题短板，“咬定青山不放松”，挂墙督办，对号销账，才是不断完善考核机制、保持自励自警的有效做法。考核服务企业是个新课题，本身也是机关事务管理部门服务质量监管实现的主要途径。如何考好，市、区机关事务管理部门都在积极探索，也有不少好做法。如杨浦区机管局制定了区机关社会化服务单位管理办法和考核的实施细则规定，考核采用不发通知、不打招呼、直插现场的方式，并主要以不定时现场检查为主，尽量确保样本数据的真实性，并将考核与满意度测评、等级评定、奖惩措施、"质保金"管理等结合，取得了一定的成果。

"满意度测评"常用的方式是委托社会调查专业机构，以问卷调查的方式，在机关工作人员中选择不同的对象及相应的问卷；在一定时间内，如年末或年中，或年内增加几次随机的小范围抽样调查；调查涵盖机关服务的主要项目；调查对象依据自己的主观感受从给定的选项中选择回答；最后形成分类评价和总体评价结果。这样的评价方法沿用至今，有其存在的合理性，但由于是对过去的追溯，存在不确定因素，可能导致评价结果的偏颇。如何获得真实的评价并真正发挥评价的指引效应？应该考虑把"评价"放在平常做，即收集服务对象在每次服务行为完结后自然产生的体验和感受；另外，现行评价方法得到的是"一时一地一家"的评价结果，在市级机关或市区机关不同层面缺乏统一的评价机制，以及对上海机关运行保障质量水平的总体把握，不利于机关服务保障整体水平均衡稳定地持续提升。

我们尝试换一个思路，希望像空气质量指数、物价指数一样，创建并定期发布机关运行保障服务质量评价指数，尽量做到客观公正地评价单位时间内的服务质量水准，保障服务"发生—反馈—调整—评价"机制的常态化运行，不断引领服务质量上新台阶。那么，如何建立机关运行保障服务质量评价指数？首先，指数是指运用一定的数值表示事物一定程度的状态。服务质量评价指数是指由总体指数、分项指数和各相关数值构成的，用以反映服务质量高低的数字表达。其次，怎么做？在统一评价标准的指引下，依托数字技术，建立服务需求与供给综合管理平台。使各分项专业服务平台与综合管理平台相连，餐饮、物业、车辆、保安、保洁等服务尽可能实现网上运作，确保每次服务行为发生后，相关数据包括评价反映可自动汇入统计。有着多年市级机关后勤服务质量抽样调查经验的上海零点市场调查有限公司在《关于建立机关事务工作标准化评价指数体系初探》中提出"三层数据治理逻辑结构"，即从一个闭环看，从内向外，分核心层、中间层和最外层。核心层为机关服务保障标准化要素（包括服务购买的标准化方式、产品合同的标准化价格、服务形式的标准化条例等)，中间层为服务产品(包括餐饮服务、物业服务、公务用车服务、重大政务服务等)，最外层为满意度反馈(包括产品满意度、服务满意度、体验满意度)，通过基于标准化要素(核心层)从内向外的管理和依据满意度反馈(最外层)从外向内的传递，及时调整需求与供给匹配度、完善提升体验感；综合三层结构的各类数据及数据间标杆比对的结果，通过加权计算产出单一指数。

依托科学构建评价体系，通过平时高频次、大流量数据的自动汇总和统计分析，运用大数据、算法技术、人工智能，由综合管理平台生成各分项和总项的月度或年度服务质量评价指数。市级综合管理总平台与各市级机关和区级机关平台(可作分支平台)相连，就可以导出市、区机关分项与总项的服务指数。市机管局服务质量监管部门可定期发布一定时间内(月度、季度、年度)的市、区机关运行保障服务质量评价指数(取平均值，不公布各机关具体分数)。各机关可对照指数，判断本机关服务质量高低。

制定评价指数管理办法，特别要注意几个方面：一是评价基准的确定。即评价指数对应的等级标准确定，如"优、良、一般、差"的评价表达及依据。二是评价指数的运用。如将月度指数平均值和年度总项指数作为考核、评先进、续签合同等的重要或必要条件。

从流程与结果看，产生的正效应有：一是基于数据集成建模的评价体系，基本能够反映服务的常态，因为作为主体的大数据是由服务常态行为产生的，结果是自动生成的，而不是人为采样的。二是避免了问卷调查的部分偏离因素，问卷调查对象一般通过最近的感受和印象或情感修正作出判断和选择，可能会发生一些偏离，会掺入一些所谓的理解、宽容、照顾等。而评价指数产生的主要数据是即时发生的，哪怕评价带有一定的情绪，也是当下的真实反应。三是统一发布本市机关运行保障评价指数，具有重要指导意义和重大引领作用。各机关通过对照检查，可以查漏补缺，自我加压，好上更好；可以找出差距，对症下药，力争上游；可以不断涌现标杆、典型，形成"比、学、赶、帮、超"的局面，促进机关运行保障水平的整体提升。同时，机关服务质量评价指数对社会服务产业的壮大发展，也提供了积极有益的启示，使其成为社会发展指数体系的新成员，在追求更高、更好、更满意的服务质量目标中，发挥引领作用，产生深远影响。浙江省机管局正在研究建立机关运行保障指数，通过总结提炼衡量机关运行保障工作的核心指标，分解细化具体业务指标，建立科学衡量机关运行保障质量和效率的指数模型。现已从规范、节俭、安全、高效、满意 5 个维度梳理了40多项指标，并形成初步模型。[①]浙江的先行探索具有开创性意义，我们要积极关注，认真学习借鉴。数据资源与技术治理的深度融合也必将给机关运行保障和机关事务管理带来根本性、革命性变革。

机关在与服务企业建立相融相合、相辅相成的有机联系时，除了对服务企业从服务“发生、反馈、调整、评价”全过程进行闭环监管外，还应思考如何对服务机关的企业群体加强引领和指导。首先，要了解企业的所思所想，没有与企业的反馈互动，工作很难产生一拍即合、事半功倍的成效。机关事务协会通过多次座谈了解到企业主要有以下几方面困境：①对于机关运行保障特点缺乏了解，对相关政策规定、标准执行、质量控制、定价机制等方面还需要具体把握；②机关服务标准体系建设尚在初创阶段，既有的标准与企业的相融合在企业推行力度不够，有些标准不全、不一致甚至缺失，难以正确评估服务质量，可能造成绩效评价不一；③服务质量监管提质增效，不仅是机关作为制度设计主体要认真思考的问题，也是企业十分关心的问题，如何从监管内容、方式、机制等方面，体现监管的靶向性、精准性，机关应多与企业进行合作研究；④企业人员流动较大，而机关希望保持一支熟悉机关特点、具有较高素质、相对稳定的管理服务队伍，如何做到事业留人、待遇留人、文化留人，企业责无旁贷，也希望机关能够不断调适并给予队伍建设方面的支持。

如何畅通机关与企业的沟通交流渠道，搭建机关与企业共建、共治、共享的平台，就需要机关事务协会发挥其纽带和桥梁的作用。机关事务协会成立于20世纪90年代末，当时主要是市、区机关事务管理部门业务交流的内部平台，会员主要是市级机关行政管理部门和区县机管局。党的十八大以来，按照社团组织清理要求，市级机关后勤社会化改革基本完成，服务企业希望加入协会的愿望逐渐增强。2019年换届后，协会会员共300多家，其中机关保持在100家左右，企业会员有200多家，“三分天下有其二”。协会从成员构成、组织形式、运作模式、经费来源等方面都发生了根本性变化。协会以服务会员为宗旨，团结和凝聚会员，以实务为重点，以问题为导向，以攻坚为突破，以合力为推进，探索“双创”引领下的服务保障新机制，同时以“交流、培训、研究、创评”为主旨，构建起核心业务的“四梁八柱”。①开展交流活动。组织相关政策规定的宣传、学习、贯彻，开展企业间、行业间、地区间的观摩考察；②开展专题调

---

① 谢小云：《推进机关运行保障现代化先行的浙江探索》，《中国机关后勤》2023年第9期。

研。对企业关注的服务标准、定价机制、质量监管等组织专题调研，探索解决瓶颈问题、完善服务保障机制的思路和方法；③强化综合培训。建立科学合理的培训体系，举办专题讲座、专业培训、专技考评等活动，组织多层级、多行业、多能力的技能比武，探索技能等级授权认证的可行性；④加大创评力度。总结宣传先进典型，提炼优化富有创新成果的“操作法”“工作法”，组织展示企业会员风采和服务成果，评选、表彰标兵团队和个人，形成常态激励和良性竞争机制。结合形势与任务要求，按照市机管局党组的部署，从“四项建设”入手，组织和开展系列专题活动，助推高质量发展。以党的建设为引领，引导企业提升整体政治素养，融入机关服务讲大局、讲责任、讲团结、讲廉洁的工作氛围；以业务建设为驱动，鼓励企业持续开展双创活动，不断追求服务的更高境界；以平台建设为支撑，提供机关与企业、企业间同行业或跨行业交流的机会，使其业界视野和市场机会不断得到扩展；以品牌建设为导向，促进企业强化机关服务品牌建设意识，总结、提炼、推出具有行业领先水平和标杆意义的“作业法”和标准。协会注意听取企业意见和建议，及时向主管部门反映并共同研究、解决问题，既保证机关服务要求落到实处，实现保障目标；又帮助企业解疑释惑、排忧解难，全身心做好服务。经过实践和探索，逐渐形成了市机关事务主管部门总抓、市场主体（企业）承担机关后勤服务保障、市机关事务工作协会发挥平台融合作用的机关事务治理新格局。

五、机关安全管理注意事项

安全是一切工作的前提，没有安全，一切无从谈起。人们谈起健康的重要性时，往往把健康比作“1”，其他的人生成就是后面的“0”，“1”没有了，剩下的也毫无意义。新冠疫情以来，党和国家以“人民至上、生命至上”为宗旨，采取积极措施，适时调整对策，坚决抗击病毒，取得了极其不易的成果。党中央提出“经济要稳住，疫情要防住，发展要安全”战略，就是在以人民生命安全为核心的“大安全观”的前提下推进经济社会发展。新《安全生产法》明确了“三管三必须”责任（管行业必须管安全，管业务必须管安全，管生产经营必须管安全），通过法律实现安全管理责任全覆盖。忽视安全的教训是极其惨痛的。党政机关绝不允许发生重大安全事故，“宁可十防九空，不可万有一失”，要始终保持小心翼翼的警备状态。

党政机关安全风险主要来自两个方面：自然因素；社会因素。自然灾害重在“防”。根据上海地理环境、气候特征、历史记录和防范重点，按照专业部门的意见，做好防范和处置预案，并定期演练检查。社会因素重在“治”。“社会因素”与“自然因素”相比，主要是由人的行为结果带来的风险因素。既然是人为因素居多，就可以提前做预估和预判，追溯本源，发现“萌芽”和“苗头”，早做预防和处置。社会因素与社会影响有关，防范和治理风险也必须充分利用社会资源，与社会建设同步进行，为机关运行提供安全保障。安全风险防范需要多元共治，不仅参与治理的各个主体要加强防范意识，还要依靠以预防为主的精准防控机制。主要关注以下 4 个问题：

一是突出重点，把握规律。党政机关安全风险主要有哪些？反映在哪些方面？有哪些特点和规律等？要全面排摸，仔细分析，列出重点，分类治之。这一环节的重点是排查安全风险点，认识活动的规律性，对于发现隐患，精准施策尤为重要。

二是健全机制，科技赋能。对于容易出现安全风险的方面，除了对过程进行精准剖析，还要对工作流程、制度、规定等进行约束力和执行力的评估，对反复出现的问题，要从机制体制根源上寻找原因、解决问题，运用科技手段，通过数字平台，建立防范网络。如黄浦区机管局的“智慧消防”项目，通过深度物联网技术，将机关设施设备运行数据实时上传至区“云消防”平台，若有情况，会及时通知相关消防管理人员，该系统已接入区消防支队和区大数据中心。人盯人，人防人，不一定能盯死防住，人工智能和人脸识别将大幅提高效率。这个环节是将流程节点运行标准变为数字平台的控制手段。

三是细化预案，平战结合。根据安全风险防范重点和风险等级，分类制定防范处置预案，并定期举行演练，特别是在组织指挥、动员响应、处置方式、物资准备等方面，加强重点演习，也可以分等级、分重点、分范围进行演习，同时充分考虑不确定因素，尽可能设置接近真实的场景或利用“元宇宙”等虚拟手段开展网上演练，模拟随机发生的风险事件。通过反复演练，不断完善预案，把平时当战时，到战时才能快速有序地应对。这一环节组织指挥要有力，人员物资到位迅速，保证遇事紧张而不紊乱。

四是联防联治，着眼长效。机关安全风险涉及方方面面，单靠机关，难以防控，要强调内合外联、协防共治。一方面，无论是集中办公还是分散办公，要强调安全防范无空白、无死角，既要增强责任压力，更要自觉管好“共同防区”，尤其在集中办公区域，除了落实各机关的“责任田”外，还要明确公共区域、部门边界包括角角落落的安全管理责任。在责任分工时宁可交叉重叠、大家“管闲事”，也不能因为“家家自扫门前雪，不管人家瓦上霜”，造成责任“缺位”。这个对机关事务管理部门和各机关来讲都具有同等重要的责任。另一方面，依靠社会资源和专业部门，组成统一领导、分头把关、协同配合、责任明确的联防联治的组织体系十分重要。在“200 号”机关建立由机关、武警、公安、街道等共同参与的安全防范领导与工作组织，围绕核心重地，加强信息、资源互通，人力、物力协同，全地域、全天候、全覆盖地形成平时定期演练、有事快速处置的协防机制。如将机关人脸识别门禁系统与公安部门数据库相连，若有限定人员欲进机关大门，则报警禁入，同时将信息速递给相关责任方，确保机关重地安全。这一环节的核心是领导体制的健全和各方紧密的协同。机关安全防范必须总体布局、总体构成、总体落实，健全完善体制机制，为消除安全隐患、防止重特大事故发生构筑主动防范的屏障。机关安全重点涉及反恐防暴、信息网络、食品卫生、建筑消防以及疫情防控等方面。我们将从这几个方面深化讨论机关运行安全风险防控问题。

（一）反恐防暴

这与国家安全、社会稳定密切相关。在国泰民安、百业昌盛的今天，反恐防暴态势相对平稳。但对党政机关核心要地来说，昭昭前事，惕惕后人，不可掉以轻心。从防范角度讲，必须形成天地一体、内外联动的立体防护架构，不仅考虑地面，还要注意地下；不仅考虑空域飞行物（如无人机等），还要注意无形干扰因素（如电磁传感等）；不仅考虑人车进出安全，还要注意大院内的人员流动；不仅考虑机要重地，还要注意水电气、锅炉、中央空调、新风系统等的使用安全。这些事项中有些是专业领域防护，由专业部门负责，但有时需要机关事务部门的配合；大多是日常防护的事，是机关事务管理部门的分内事。防范的重点方位、部位、点位也不是固定不变的，不仅要顺变应变，甚至要主动求变。为什么这样说？防范重在发现隐患，发现隐患后，必须断然处置，不能有任何的疑虑或延迟，哪怕打破常态，也要全力建立新的预防机制。

举个例子，机管局下属的市级机关第二幼儿园是寄宿制幼儿园，有 200 多名幼儿和几十名老师、保育员，周一至周五在园，周末回家。为了确保安全，从“人防”到“技防”，幼儿园均采取了必要措施。办园几十年来总体安全平稳。

但是在前几年幼儿园安全排查评估，特别是外部安全风险时，发现了过去没有充分注意的隐患：一是大门进出时容易发生拥挤。幼儿园只有北面一个大门可以进出，通过一段不宽的内部路与马路相连，平时教师员工上下班、外出皆从此门走，特别是周五放假、周一来园时，路上车子排队，门前人头簇拥，尽管集聚时间不长，但仍有安全风险。二是园内布局不够合理。随着小朋友生活、活动区域不断扩大，教师员工办公区域没有与小朋友硬隔离，会有不安全因素。三是存在外部侵入的风险，这也是最大的问题。在西南方向与幼儿园一墙之隔有一家社会单位，有一条室内廊道与幼儿园相通。尽管有防盗门隔开，但仍存有外部侵入的可能。经综合评估，感觉存在安全隐患，必须马上着手解决，而且要彻底消除隐患。在市知识产权局和这家单位的全力支持配合下，经各方努力，在较短的时间内完成了房产置换和单位搬迁，将这处房产交由幼儿园使用。幼儿园借此机会做了很大的调整和完善：首先，重新调整功能布局，将原社会单位使用的建筑，稍做改造和装修，作为教职员工集中办公区域，与幼儿区域做明确的分隔，不重叠、不交叉、不混合；其次，重新设置进出通道，北门专作幼儿及家长接送进出用，平时不开放；教职员工上下班、外出或接待、办事及货物进出等，全部安排在原社会单位使用的西门。通过主动排查和消除安全隐患，使幼儿园在集中管理、重点防范、分区把关新机制下，确保安全保障措施的落实。

对安全风险主动管控，需要从实际出发，根据不同情况努力做到精准施策。举个例子，“200 号”机关正门左侧是市信访办接待室，有段时间，每到周三接待日，因候访场地有限，不少人只能在门外等候，造成人群聚集，加上气温、秩序维护等因素，等候群众容易产生情绪波动，有安全隐患。针对此问题，有人提出异地接访方案，将信访接待室搬离“200 号”，还门前的清静。但是市民上访找的是市政府，搬走了信访办，市民还是要到“200 号”找市政府，还是有人群聚集风险。随即，我们调整方案，借用信访办毗邻的一家单位场地，扩建了接待和候访场所，很好地解决了人员聚集问题，把风险发生的可能性降到最低。同样，我们在改建世博村路 300 号机关集中办公点时，把市民办事大厅设在机关大院内，而把信访接待室设在大院外。原因在于“300 号”办公机关有不少直接与民生相关，如人社、民政、医保、卫生、住房、交通等，信访接待量多。“300 号”整体改造时，在与机关百步之遥的院外，独设一处，利用原有建筑设立集中接访点，再配上必要的设备、设施。这样一来，各机关有了相对固定的接待室，也可以按照原来规定的接访时间开展接待工作。集中信访点通过集中管理、制定安全制度、明确管理责任、落实应急措施，多年运转下来，平稳有序。防止人群无序聚集、突发群体事件的发生要充分结合当时、当地的实际情况，制定防范措施，多管齐下、落实坚决，才能取得成效。

（二）信息安全

随着科技发展，网络、信息、数字技术给社会发展和人们的生活带来了革命性变化。数字赋能各行各业，人类社会进入了“数字时代”。党政机关积极适应这一变化，比较早地运用了信息技术进行政务、事务管理。从信息化到数字化，再到与人工智能结合的数智化，数字赋能管理的优势越来越大，效能也越来越高。在信息技术发展的每个阶段、节点，机关事务都没有落下，大胆地试，形成了以“核心业务、管理平台、数字底座”为特征的治理架构，成为新时代国家治理体系与治理能力现代化的重要组成部分。同时，我们要清醒地看到，任何工具都有功利性与安全性并存的特性。数字技术应用给机关信息安全带来的风险也是真实存在的。党政机关的信息安全直接关系国家安全，切不可掉以轻心。机关信息安全是个大概念，涉及网络安全、信息安全、数据安全、平台安全等各方面。

一是网络安全方面，涉及内、外网络区分，信息准确传递，舆情热点应对等。世界万物相连。处处有网，人人在网。这给党政机关网络安全带来了巨大的挑战。机关事务涉及机关运行保障的方方面面，既有日常基本事务，又有重要涉密保障。一方面，其服务保障范围、内容、对象（包括行政审批行政相对人）主要是在机关内部，具有比较独立的“机关属性”；另一方面，机关运行保障的社会化运作主要由市场主体承担，决定了机关事务与市场、社会密不可分的关系。通过网络管理机关事务服务保障事项，网络的安全性自然凸显出来。现在一般通过内、外网分置实现内政务、外事务办理，安全是有保障的。随着城市管理“一张网”建设，机关运行保障开放程度和社会化、市场化程度越来越高，如何处理好内、外网关系，如何设置好“网上办事”的范围和权限，如何把握好信息内容的安全性审核，等等，值得认真研究。特别是信息内容发布安全方面，包括不能在外网、个人邮件、微信群里转发，甚至发布涉及公务的敏感信息，除此之外，还要注意机关事务一般信息中看似平常却含有重要信息的内容，不能随意群发，要谨慎处之。机关网络安全还包括舆情热点应对，涉及机关事务的相关话题，如机关住房改革、公车改革、餐饮“光盘行动”，等等，容易引发各方关注，形成舆情热点，特别是在网上生成评论“热涡”。处理不好，有损机关形象。因此，网络安全情况比较复杂，机关事务管理部门要未雨绸缪，早做预案。一旦碰到这种情况，要积极应对，冷静处置，讲真话、摆实情、释政策，全力维护机关形象。

二是信息安全方面，特别要注意环境要素问题。比如，服务行业有机器人厨师、机器人保洁等，机关也可以用，“200 号”大楼的公共场合，可以用机器人进行清扫消毒。但在机关的一些重要场合，包括领导办公室、文印中心、机要室、档案室、重要机房等，要慎用机器人。它有“眼睛”，会“感知”，有“后台”。看到的、听到的，后台可以收集和处理，一不小心就会造成信息泄露。机关安全管理要尽可能地查漏、堵漏，包括召开重要会议时，手机不能带入会场或屏蔽会场通信讯号；有些设备具有特殊传感和信息收集功能，装有此类设备的载体如车辆等须经审核后才能进入机关大院。还有一个方面，党政机关“依申请公开”相关信息。这是实行政务公开、接受社会监督的制度性安排，要认真对待，规范运作。在公开相关信息时，要严格掌握边界，是一说一，不“欲说还休”说一半，也不“喋喋不休”说二三，更不能把现有的报告、材料经剪辑、复制、粘贴后直接回复；要专题编制，经审核发出，再归档备查。

三是数据安全方面，不论个人的还是机关的数据，都具有私密性与价值属性，特别要重视保护。机关事务智能化管理会产生大量相关数据，有些是“物”的数据采集，如资金资产管理、设备设施管理、物业消防管理、行政事务管理，等等。有些是人的数据汇聚，如大门进出、食堂用餐、网上消费时产生的人脸识别和 App 的数据，这与每一个人直接关联，而且关系重大。比如，智慧食堂为员工提供个性化餐饮服务的同时，还产生了良好“链式反应”。通过对某员工长期餐饮品种、营养热量、消费价格等习惯的数据分析，可以准确掌握其饮食习惯、口味偏好等。将这些数据与该员工的年度体检报告结合，就可以提出有价值的健康饮食建议。再比如，对月度、年度来机关办事人员的登记信息进行统计分析，能反映各机关接待办事人员的总数、平均数和单位数值变化情况，可以作为各机关完善管理方式、改进工作作风、提高办事效率的重要依据。可见，数据的私密属性和价值属性决定了其作为机关重要资产的重要性，要做到采之有界、用之有度、护之有责。防止数据流失，责任重于泰山。

四是平台安全方面，可靠、稳定、防侵入至关重要。机关事务数字管理平台多与设备设施运行相关，包括餐饮、物业、门禁、消防、通信、采购、资产、节能管理，以及行政审批、事务办理。机关后勤服务保障对象和范围决定了平台安全保障对机关运行具有基础性、根本性、全局性作用和影响。智能管理平台安全首先是硬件、软件的安全问题。硬件、软件一定要用国产的，哪怕这些硬件、软件跟国外比，尚处在生长、成熟、完善的过程中，哪怕牺牲一定的管理效益，如公务用车定位系统和通信设备，我们使用的是北斗和华为的产品。其次要注意平台的运行场合和环境，设置分级管理权限。比如以办公用房为主的资产管理平台，通过 3D 影像，反映了办公用房的地理位置、房屋形状、内部结构、面积信息、使用状态等信息数据。地图上的红点，分布在上海的四面八方，一般人看可能不感兴趣，但确实是非常有价值的信息。我们必须谨慎防护。"200 号"机关北车库改造时，在出入口加了一个顶棚，种上紫藤，时间一长，满架葱茏，当时主要考虑美化院子和遮阳防尘。有同志笑言，这是让卫星看不懂是什么东西。机关安全防范固然要敏锐，但也不要过敏。随着科技迅速发展、社会不断进步，党政机关也一定会运用更先进的技术提高治理效能，为人民服务，同时信息网络安全将会遇到更大的挑战。但"道高一尺，魔高一丈"，信息安全是永恒主题。

（三）食品安全

食品安全体现在生产、采购、运输、加工、消费的全过程、全链条中。"民以食为天""食以安为先"，对机关来说尤为重要。食品安全风险来自链条的各个节点，核心是防污染、防残留、防变质，同时也要把好质量关、成本关、时效关。食品生产消费全链条中，机关能主动防控风险的在采购、加工和消费环节上。计划经济时代，机关后勤自给自足，机管局有自己的副食品生产基地或特约供应点，从"田头"到"桌头"，安全可控。现在主要通过市场采购，采购作为食品安全的源头，其重要性就凸显出来了。采购涉及质量、成本，以及廉政等多重因素，直接或间接反映了安全控制问题。上勤集团餐饮公司建立了统一的采购平台，通过招标，将入围的十几家食品供应商统一纳入采购平台，产地、价格、数量、检测、日期等要素一目了然，通过区块链技术，可追溯原产地。除了供货商按规定进行农药残留检测外，在机关食堂专门设立检测点，入库前必须再做检测。平台供货商以国有企业为主，定期评价综合服务质量，以优劣论英雄，续签优质企业、淘汰不达标企业，不断优化配置市场优质资源。统一采购平台带来了三个方面明显效益，一是安全风险可控，二是成本价格可控，三是廉政风险可控。廉洁自律、队伍安全，也是“大安全观”的重要组成部分，尤其是在采购环节存在廉洁风险，拿回扣，贪小便宜，会造成采购货物质量没保障、价格虚高等问题，败坏了规矩和风气。此前有家单位，由于领导很重视食材采购质量和廉政风险防控，开始天天派人跟着采购员外出采购食材，后来感觉不妥，就每次安排两人一起采购，看似互相监督，实则风险更大、更隐蔽，还会造成领导与员工、同事之间的不信任感，影响队伍的凝聚力。统一采购平台的所有项目要素公开透明，为防范廉政风险提供了科技手段和机制保障，很好实现了市纪委提出的运用“制度＋科技”防治腐败的工作要求。

（四）建筑安全

机关办公楼数量多、体量大，除了集中办公点外，还有不少散落在各处，有的使用年限较长，设备设施老旧；有的是改建的，时间越长毛病越多；有的属于历史建筑或文物保护建筑，缺乏建设档案和维修资料，等等。建筑安全除了预防火灾、水灾和地震外，还包括意外发生的电梯失控、外墙玻璃脱落等事故。正如习近平在上海工作时说过的，上海这么多高楼，安全是个大问题，想想真睡不着觉。防范办公建筑安全风险，功夫在平时，特别要注意做好几方面工作：

一是坚持心中有数。机关事务管理部门对管辖范围内所有建筑的“健康情况”要做到心中有数。无论产权是否归机管局所有，都应掌握每一处建筑的基本情况、使用状态、维修记录等方面的相关指标和数据，这也是资产权属统一管理的重要内容，特别是运用数字管理平台，对平时故障报修、部件维修、功能维护、系统运行等数据进行统计分析，并定期进行“体检”，及时掌握建筑安全风险所在及风险等级，确定针对性的解决方案。尤其是确定中、大型维修方案时，要充分运用大数据，找准结构性、系统性的安全风险所在，并结合实际功能，彻底消除隐患。

二是坚持从小处着眼。办公楼一般 5 年进行“中修”，10 年进行“大修”，平时重“小修”。要防止“小洞不补，大洞吃苦”的情况。现在办公楼一般都委托企业管理，财政规定的物业费包含了日常维修的内容，但没有明确的项目与支出标准的规定，有时难免产生利益博弈，特别是在“抽屉式”管理方法下，还会为是否“透明”争个不休。但不管怎样，要防止小修不修，问题积累至需额外申请专项维修或紧急抢修经费时再处理的情况发生。要加强对企业的监管，坚决杜绝此类情况，企业也不能因小失大，酿成大错。不论是小修、中修、大修还是专项维修、紧急抢修，都必须坚持标准、确保质量、严格验收、不留隐患，同时也要考虑材料安全、绿色环保等问题。

三是坚持“慎改”原则。要坚决防止乱搭、乱改、乱建。不少事故就是此类极不规范、极不负责、极具破坏性的行为所致。机管局还没有实行集中统一管理时，一些机关为了解决办公面积不够或使用功能不全等问题，自作主张地做了违章搭建、改建，造成不安全因素，甚至埋下隐患。中央开展党政机关办公用房清理整顿、上海进行违章建筑专项整治时，都做了比较彻底的清理和整改。部分按规定暂时保留使用的办公用房也纳入了监管。办公用房实行集中统一管理后，改建、扩建事项进入了规范管理的轨道，必须向发改委申请立项报批，实行严格审批程序，从源头上杜绝了乱改、乱建现象发生。办公用房改建、扩建不同于中修、大修，有的涉及结构调整，要谨慎为之，非必要，则不为。如在党政机关办公用房专项清理中，市级机关集中办公点有部分领导干部办公用房面积超标，尽管超得不多，但按规定必须整改。“200 号”机关办公主楼是 20 世纪 90 年代建设的，至今已有几十年没有做任何大的改动；“100 号”的大楼和“300 号”的 7 幢小高层，因是购买或置换的，改建必须考虑结构安全和功能布局；三处集中办公点基本是按照有关标准规定，遵循节约原则建设的，但严格按照现行标准，部分领导干部办公室面积略有超标，因此要加以改建。按照中央督查组的要求，机管局作为主管部门，认真研究制定整改方案。首先明确责任。机管局作为统一管理市级机关集中办公点的部门，自然成为整改的责任主体，相关机关履行配合协同职责。其次对不涉及结构、系统的改动，能改尽改。最后涉及结构、系统的改动，则尽量采取置换、调整办公用房的方法，待今后办公用房中修、大修时，再统一整改。分步走，不搞大兴土木，伤筋动骨，既很好地落实了中央督察组的整改要求，又确保了机关的安全顺畅运行。

四是坚持巡检制度。办公用房巡检是指主管部门委托相应机构对房屋的使用或保管状态定期实地检查，并将结果呈报主管部门。巡检包括两个方面：一是“实心房”，即在用的办公及其他用房。除集中办公区域外，还必须对散布在各处的机关办公用房使用状况定期巡检。前面说过办公用房产权与使用权分离，所在办公机关有使用权，负责房屋的使用管理。选择物业公司、服务质量监管与相关经费申请，都由该机关负责办理，并向市机管局报备；涉及房屋中修、大修，改建、扩建事项，须按规定程序报批。了解此类办公建筑具体的使用状况，需要与所在机关加强联系，这也是巡检制度确立的本意；二是“空心房”，即暂时空置的办公用房，包括业务用房、住房和其他房屋，交由房屋所在地的物业负责看护管理。空置房屋处于静态管理，物业看护到位，一般不会发生大的问题。巡检重点是现场查看和台账检查，如遇突发天气情况或周边事故影响，物业要及时报告情况，工作部门要及时到现场察看，不能一“托”了之，高枕无忧。主管部门除了运用管理平台开展线上巡检，还要坚持线下巡检机制，定期到现场察看，与所在机关和物业交流信息，排查和发现隐患，及时帮助解决问题。机管局作为办公用房主管部门，承担起办公用房集中统一管理职责后，着眼点不能仅盯着权属归属，“家大业大，责任更大”，既要通盘考虑资源调配，又要增强安全防范意识；坚持问题导向，坚持“一事一清”，坚决把主动防范风险的责任落实到位。

（五）防疫安全

新冠疫情以来，在党中央总体部署下，全国人民团结一心，众志成城与病毒展开殊死较量。打败病毒，防住疫情，是确保人民群众生命安全和国家各项事业发展安全的前提，更是党政机关需要进一步深化认识、认真应对、不可松懈的大事。应对传染如此迅速的病毒对党政机关来说也是第一次。2003 年发生的“非典型性肺炎”，主要集中在局部区域，对上海的影响不是很大。20 世纪 80 年代末，上海甲型肝炎流行，也及时得到了遏制和阻断。但新冠疫情与前两次情况都不同，病毒未知、变异迅速、传播力强，且前期致病、致死率高，给全球带来了极大的损失。复盘抗疫时期机关事务管理部门工作情况，可以得到哪些启示？2020 年 8 月，机关事务协会召开座谈会，市、区机关事务管理部门负责人围绕“机关事务管理部门如何应对突发重大公共卫生安全事件及建立健全日常防范工作机制”主题开展工作交流和充分讨论，认为在建立和完善“统一指挥的组织领导体系、科学完备的应急响应预案、平战结合的物质保障平台、缜密布防的社会协同机制”等方面应予以充分关注和深入思考。在此基础上，还必须强调三个方面。

一是必须时刻保持一支能征善战的保障队伍。在任何时候、任何事情中，人都是第一位的。有了人，好办事；有队伍，心不慌。防疫工作开展时，刚过完春节，市、区机关服务企业有不少外地员工还未返沪或在隔离观察期间，临时招工还有适岗对象选择和业务培训问题，人手紧缺，陡然成为机关运行保障的第一问题。此后通过动员组织在沪职工“一人多岗”和召集机关干部志愿者的方法，缓解了这个问题。为加强抗疫工作领导，市领导小组在“市疾控中心”设立指挥部并常驻办公，要求上勤集团马上组织队伍，全面做好服务保障。上勤高级楼宇管理公司接到指令后，克服困难，调集骨干，搭班组队，迅速进驻展开服务保障，受到了市领导的表扬。这告诉我们平时要注意培养业务骨干，压担子，练本事。训练一支能坐冷板凳、敢啃硬骨头的核心队伍，这支队伍是种子、是火源，能带动一片、能镇守一方；培养一支由优秀员工组成的服务骨干队伍，人不在多，但要“一岗多能”“多能多技”，平时可交付重大保障任务，战时可担负组织引领责任，发挥“突击队”作用，专攻“堡垒”。如上勤高级楼宇管理公司员工充分发挥聪明才智和主动精神，自制手指消毒器、出入口语音提示指引器；安装电梯声控装置、防火门感应开关装置、自动喷雾消毒通道等，旨在降低感染风险。要爱护、关心、建设好这样的员工队伍，同时还要考虑组建一支预备队，可以由机关事务管理部门和其他机关部门的志愿者组成，明确岗位职责，定期组织演练。

二是落实必需物资与资金准备。疫情初期，口罩、消毒液、防护服等物资紧缺，尽管启动紧急采购程序，但因还在春节假期之中，工厂开工不足，社会面需求又激增，一时难以筹集，给机关运行带来了比较大的影响。平时我们关注重点区域、局部防范较多，如餐饮、公共场所、重要活动安排等，一般物资采购、准备按正常计划进行，不可能大量囤积短期非急需、非消耗大的物资。这次突然的新冠疫情告诉我们，必须结合建立常态化防范机制，做好必需物资和资金准备，以应对突发的公共卫生安全事件。可以储备现货、与企业签订保供合同或者是物资定向、定点供应渠道，多种形式以备应急之需，保证能在事件发生的“黄金时间”内基本满足需求。当然，针对物资的储备、启用、分发、统计，要制定具体的管理办法。对资金保障和应急采购都需要配套措施和规定，在应对大范围突发且持续时间较长的重大公共卫生安全事件时，若无充分准备，则可能付出更多。这个方面成都市的做法值得借鉴。2022 年 3 月，成都市机管局将“通过现代公物仓购买社会服务，有效提高应急物资保障效益”写入《成都市应急物资（救援救助类）保障“十四五”规划》，目前，现代公物仓平台已设置应急物资保障专项纲目并细化物资分类，通过市工商联推荐引入十余家食品类、医疗类保供企业，为应对处置自然灾害、事故灾难等突发事件提供抢险救援保障物资、应急救援力量保障物资和受灾人员生活保障物资。

三是必须建立卫生防疫常态化防范机制。把平时的卫生防疫工作与突发重大公共卫生事件处置相结合，通过建立日常防范机制，以应对突发事件不时挑战。总结机关抗疫的做法，从中可以提炼出今后常态化运作的规则。在保持环境卫生方面，除了搞好清洁卫生，做好定期消杀，还要关注这方面的新技术、新成果、新产品，如机关事务协会有一家专业从事环保技术的会员单位，针对新冠疫情发生以后的公共场所空气消毒问题，研发了一种空气消毒新产品，安装在中央空调新风口、送风口、回风口内，可以通过静电吸附物理消毒的方法杀菌除尘。经检测，可大幅降低室内空气中的细菌、真菌、病毒浓度，使室内空气质量达到国家相关标准，从而解决了中央空调在疫情发生时容易成为传播渠道的难题，也使空调风机年耗电量下降了24.1%。该产品通过国家有关认证，并被评为上海市节能产品，用于本市多家党政机关和企事业单位。除此之外，党政机关其他日常防范如在办公室、会议室、卫生间、食堂、电梯口等常设手部消毒装置(包括门把手类易发生触摸的地方敷贴消毒膜)；在进出机关、会议室、餐厅门口等人员相对集中的地方常设自动测量体温仪，体温有异常情况的，了解原因，及时处置。等等。在信息沟通方面，机关事务管理部门要与市卫生防疫部门建立信息交流和预警机制，有情况早提醒、早安排；平时可根据气候和时令变化，通过平台向机关工作人员提示疾病预防和健康维护的注意事项，包括在食堂提供时令保健菜品、食品、饮品等，即可与中华食疗文化相结合，又可适应节气、调理身体、增强免疫力。类似措施要多用心研究，因地制宜、因时制宜、以人为本，形成切合机关运行特点的卫生防疫机制，并纳入机关安全风险防控体系。

机关安全风险防控虽然防范重点和工作内容不同，但有几条总的保障措施都必须组织、落实到位，那就是“组织领导体系、应急响应预案、物资保障平台、联防联控机制”，这对党政机关安全风险防控具有十分重要的意义。此外，发现了重大安全事故或相关事故苗头，要按照突发重大事件报告制度规定的层级和程序，即时报告，不能犹豫迟报，更不能隐匿不报。即使发现了一般安全事故或可能酿成事故的苗头，作为一级工作部门，也必须立刻向上级部门报告，并按权限职责予以处置。报告突发事件或事故时，要注意两点：速报情况、慎报原因。速报情况是指要第一时间快报事故发生情况；慎报原因指事故发生的原因是什么，绝不能听传言、靠臆断、凭想象，一定要查清原因再如实报告。尤其是面对社会公众和媒体时，一定要速报情况，慎报原因。

六、节能减排工作注意事项

机关事务主管部门负责公共机构节能工作，是国务院 2008 年 10 月颁发的《公共机构节能条例》明确的责任，是法律赋予的职责。这是机关事务管理部门第一次超越机关事务范围而承担起社会公共机构相关专项事务管理的职责。机关节能不仅是机关事务分内事，也能在公共机构节能中发挥榜样示范作用。机关节能作为专项工作提出并展开比较早，从“十二五”至“十四五”规划，都明确提出了总目标和阶段目标。提法也有变化，开始是“节能降耗”，后来是“节能减排”。我国提出“双碳”目标（碳达峰和碳中和）后，现在提得比较多的是“节能降碳”“绿色低碳”，工作重心也由“能耗双控”（能耗总量和强度）逐步转为“碳排放双控”（碳排放总量和强度）。这些提法和做法反映了认识持续深化和工作不断深入的发展进程。

对机关节能来说，首先，要领会党和国家节能减排总体部署和目标任务，把握其核心要义：经济与社会各项事业要保持高质量可持续发展，必须把对环境不利的影响降到最低，走环境友好、生态文明发展之路。其次，能源、资源都是人类生存、社会进步的宝贵财富，不论是化石能源还是可再生能源，都要合理用能，即需求与供给效益最大化。要坚持节约能源、珍惜资源、坚决杜绝浪费。最后，尽量少用化石能源，尽量开发、使用可再生能源，直至完全替代，减少二氧化碳排放对大气的危害，保护地球共同家园，保护人类永续发展，这也是习近平提出的人类命运共同体的要旨之一。节能减排不仅涉及经济、环境、社会、文化、政治等多方面、多层面问题，而且攸关人类存续发展的大问题。21 世纪以来，极端气候状况频繁出现，灾害和次生灾害造成的毁损度不断增强。中国气象局报告显示，2023 年为全球有气象记录以来的最热的年份。这是大自然在一次次警示我们。机关节能工作事关国家大局，是我们应当共同担负的历史责任，切不可轻视、忽视。要做好节能减排工作，首先要搞清楚机关能耗主要发生在哪些方面？如何切实推进节能减排工作？机关日常消耗比较大的是水、电、气、油。水资源消耗，主要由于用量大，以及加工和输送过程中的能耗，节约用水包括节约自然资源和降低能源消耗。汽油、柴油主要用于车辆与锅炉，随着新能源车配置比例不断上升、燃油锅炉改用天然气，油耗在明显下降。天然气主要用于机关餐饮食品加工、锅炉供热、供气等。机关能耗占比较大的是电，设备设施如中央空调、电脑机房、车辆充电、文印机器等动力用电占主要比例，其次是照明及其他用电，稍不注意消耗也大。将机关能耗统一转化为标准煤，用电排在首位，且遥遥领先其他能耗。找到电耗的主要源头，采取配套措施，集中优势兵力攻破核心堡垒，机关节能工作就能取得显著成效。"十二五"规划实施以来，每年有明确的节能指标，如环比下降2%～5%等，且列入综合性考核重要指标之一，目的是以刚性规定促进理念的转变，从而落到实地，每年小步走，五年大跨越。每年都能完成指标，如果不是"做假账""掺水分"，就说明的确有节约的空间，可以不断压缩、压实。但如果只考虑指标，总有触底的时候，且不能因为实现降能目标而"舍本求末"，影响正常工作。2023年3月召开的十四届全国人大一次会议上，《政府工作报告》对节能减排提出的目标是："单位国内生产总值能耗和主要污染物排放量继续下降，重点控制化石能源消费，生态环境质量稳定改善。"机关与公共机构需要把目光转移到实体上，在任何情况下守住"不浪费"这条底线，打好机关节能减排的"组合拳"。"办公建筑"是机关节能面对的主要客体，而"行为规约"和"科学管理"是机关节能的主体。我们从建筑节能、行为节能和管理节能三个方面来讲下机关节能减排问题。

（一）建筑节能

从社会能耗的主要构成看，除生产活动外，建筑和交通占了很大比例。随着城镇化加快、居住面积增加，建筑能耗在社会总能耗中的比重还将持续上升，如美国建筑能耗比例达41%，香港达64%，均已超过工业和交通能耗而跃居第一。2010—2018年上海建筑能耗增幅达36%。建筑节能已成为节能减排工作的重点。对机关来说，办公建筑节能首先要考虑挖掘潜能和改造更新。机关办公用房多为老建筑，还有历史建筑，楼龄一般较长，最短的也有近二十年。建筑老化，能耗增加，给节能带来了新问题。要充分评估建筑能耗现状，在安全的前提下，通过挖掘潜能与改造，使老建筑产生节能新效应。"挖掘潜能"指充分利用现有条件，对办公楼宇进行维护和修缮，如外墙加装保温材料、玻璃幕墙包括窗户改装中空保温玻璃或光伏玻璃、提升中央空调效能、在屋顶及大楼周边安装太阳能、风能发电设备等。上海奉贤区机管局根据老建筑特点，重点关注高能耗用能建筑、用能部位和用能类型，通过不断挖掘潜能，取得了节能减碳的良好进展。2016 年对区各集中办公点普遍使用的直饮水机开展为期 9 年的合同能源管理，效益分享期内节能效率为 87.33%，每台每年平均节约用电 7 160 度、节约资金 6 659 元；2017 年在区会议中心停车场 3 200 平方米的车棚顶上，建成了最大发电功率 360 千瓦的光伏电站，年发电量近 40 万度，所发电量除供会议中心使用外，余量并入国家电网，每年减少二氧化碳排放近 330 吨，节约标煤约 170 吨，产出效益近 50 万元；2018 年对区房地大厦中央空调系统的空调冷源和水泵进行了效能提升，每年节约用电 12.8 万多度，标煤约 37 吨，资金 14.65 万元。通过这些途径，取得了能耗降低和“绿电”部分自给的显著成效。中央空调系统是党政机关建筑节能的重点，具有较大节能空间。据机关事务协会会员单位上海丰调节能技术有限公司统计，国内一线城市的建筑中，针对节能及获得良好舒适度安装的设备中，有超过 60%的设备和系统都处于闲置状态，有的即使在运行，也缺少专业单位的定期调适。所谓“建筑调适”，就是运用技术手段与精细化管理，将原有设备的性能充分发挥出来，通过优化编程、整合建筑系统之间关联，依托物联网和能效管理平台，用最低能耗满足用户的舒适性需求。打个比方，传统节能手段是“头痛医头、脚痛医脚”，而建筑调适是改善大脑和神经系统，帮助原有设备和系统协调工作，达到事半功倍的效果。

“改造更新”主要是对建筑体能源系统设施、设备的更新换代，特别是耗电、耗油量大的动力设备，结合设备使用年限及平时维保，经过科学规划、整体更新、系统再造，大幅提升节能效益。上海财税综合大楼建成较早，使用时间长，设备设施老化、能耗比较大等问题突出，特别是使用的燃油锅炉，俗称“油坦克”，有自备的油库，耗油大，且处在城市中心区域也有安全风险，后由上海东方延华节能技术服务公司实施合同能源管理项目，通过比较彻底、完整的系统改造，消除了安全隐患，实现了节能目标。这也是中央在沪机关和上海本地机关合作联动开展合同能源管理的首次实践。

机关老建筑通过智能化改造实现节能目标是一条综合效益比较高的途径。市公安局办公指挥大楼启用至今近 20 年，基础设备设施老化、系统离散独立、信息技术应用管理水平较低，相关功能布局及运维现状已不适应当前的工作需求。他们在整体提升办公楼信息化、智能化系统应用与管理功能的过程中，重点对各类设备运维与管理实施“联网智控”改造，成效显著。一是实现设备实时监测与异常报警。将消防、电梯、照明、空调、供水、锅炉等全部设施设备接入运维管理平台，可查阅设备所在位置、使用期限、维保周期等，各项数据由后台自动记录并提示，进行实时监控及动态分析。遇设备故障或情况异常马上提示和预警，确保第一时间发现并解决问题。二是实现能耗数字化管控和异常超标预警。运维管理平台通过设定“工作日”“夜间”“周末”等多种模式，自动控制照明、空调等在相应时段运行，实现对大楼用电的全覆盖管理；接入水、电、燃气等设施计量设备，实现资源能源使用实时监控和异常超标预警功能。三是实现环境联动控制和能耗智能管理。通过传感设备，空调可根据季节、气候、空气质量和用户习惯，智能开启、选择送风温度和风量、空气净化等；会议室网上预约系统可提前自动打开空调、灯光等，并根据人员多少、有无占用情况自动调节和启停，节约用能，尽可能杜绝“跑、冒、滴、漏”。市公安局对老楼的智能化升级改造，既充分考虑提升功能、降低用能需求，又十分重视营造绿色办公环境，对市级机关建筑节能提供了许多启示。

进一步探讨机关办公建筑“零碳”或“近零碳”目标实现的路径。建筑节能是机关节能减排主体部分，现在国内外普遍提出建筑“零碳”“零排放”要求，并以此作为绿色建筑的主要指标，已成为发展的主流趋势，全球都在积极探索和实践。欧盟2022年修订的《建筑能源绩效指令》提出，2030年起所有新建建筑应为“零排放建筑”，现有建筑到2050年也应该改造成“零排放建筑”(历史建筑、礼拜场所或用于国防目的的建筑除外)。所谓“零排放建筑”是指建筑物能源绩效水平极高、能耗极低，且全部来自可再生能源，没有化石燃料产生的碳排放。国家和上海已发布相关实施意见，从顶层设计层面推动节能降碳建筑落地，如建立健全各类建筑设计能耗和碳排放限额体系，加快推进超低能耗、近零能耗、低碳建筑规模化发展；深入开展建筑能耗限额管理和能效对标管理，推行建筑能效测评标识，加快推进既有建筑和市政基础设施节能改造，全面推广绿色低碳建材和先进节能低碳技术，推动建筑废弃物循环利用。目前建筑节能标准也比较完备，上海也制定了一系列建筑用能标准，包括《机关办公建筑合理用能指南》。“零碳”或“近零碳”建筑不是不消耗能源，而是通过新技术、新材料、新工艺让建筑自身产生及使用的可再生能源大于或等于其所消耗的能源(对于新建建筑来说，还包括建材、建造等符合绿色低碳标准)。

以近两年上海创新实践成果为例，选取新建楼宇、江南庭园和老旧办公楼三种建筑类型，对“零碳”或“近零碳”目标实现路径进行研究。先看位于浦东顾唐路的本市首个零能耗试点建筑——上海璀璨城市综合楼。这座新建的五层办公楼使用的技术包括外墙屋面保温、三玻两腔断热铝合金节能门窗、可调节遮阳设施等。不同于传统的空调用电模式，它使用光伏直驱多联机空调系统，将光伏产生的直流电直接供应给空调系统，降低因转换而带来的能源损耗。通过这些技术先降低自身用能需求（能耗水平比国家节能设计标准降低至少 60%），再依靠光伏屋顶和光伏幕墙的可再生能源，减少使用能耗。根据测算，该楼用电约为 26 度/平方米（同类型传统建筑约为 70～80 度/平方米），发电量约 33 度/平方米，可实现电能自给自足。该项目获中国建筑节能协会颁发的“零能耗建筑证书”。①

位于上海青浦区金商公路的长三角可持续发展研究院，是一座江南园林式庭院。同济大学环境、建设等专业的多支团队将这里打造成了绿色低碳科研成果展示区：会议室墙面褐色的饰面板是咖啡渣制成的可循环利用的生态板材；屋顶一片片黑瓦是高效率的太阳能光伏板；厕所创造性地应用了全球首个零排放生态公厕技术，利用先进的雾化分离技术实现水质、污物净化处理和循环使用，节水率超 90%，全程无废物排放；花园水景和绿地汇聚、收纳来自屋顶及地面的雨水，利用植物、沙土、微生物的综合特性，对雨水进行绿色净化；院子角落还有一台制氢装置，白天使用光伏发电，把水制成氢储存起来，需要时再将氢能转化为电能、热能。②

老旧办公楼如何通过改造实现广义上的“零碳”建筑，我们来看杨浦区江浦路街道办事处办公楼改造。该楼建筑面积 3 000 平方米，已建成使用 21 年，房屋、设施老旧，每年耗电 26 万度。经外墙加装节能板、窗户改为双层玻璃、使用高能效中央空调和空气源热泵等一系列改造，总用电量减少 50%以上，并在楼顶加装年发电 8 万度的光伏设备，满足办公楼至少三分之一的电力需求，达到了 2015 版的公共建筑节能设计标准，将申请超低能耗建筑标识，后续将通过采购“绿电”填补能源缺口，成为杨浦区首个零碳改造建筑。③

这三个案例均指出了机关办公建筑“零碳”目标实现的路径。第一步，降低建筑本身的能耗。对新建办公楼来讲，通过运用绿色技术、使用绿色材料、

---

① 戚颖璞：《上海首个“零能耗建筑”本月底建成，全新试点和传统建筑有哪些不同?》，《上观新闻》，https://www.shobserver.com/staticsg/res/html/web/newsDetail.html?id=515839&v=1.3&sid=67。

② 张炯强：《零排放“样板房”离百姓家还有多远?》，《新民晚报》2022 年 10 月 22 日第 12 版。

③ 孙云：《年节能超 50%办公楼焕然一新》，《新民晚报》2023 年 3 月 29 日第 5 版。

开展绿色施工(上海璀璨城市综合楼建造时就采用新型钢结构集成模块技术,比传统建筑工期节省50%,减少现场人工70%,垃圾排放降低80%)等组合措施,降低建筑本身能耗;对大量既有建筑来说,可结合合同能源管理。前一年(或近三年)能耗总量及均值(包括管理费用)即为合同能源管理标的,也是"碳达峰"(能耗峰值锁定)的实现形式。在此基础上对建筑进行节能技术潜能挖掘和改造,并通过物联感知的智能化管理平台和流程再造,实现能源的高效优化管理,降低建筑本身能耗。第二步,充分利用机关办公建筑和院落空间,安装太阳能光伏发电装置,不仅考虑屋面发电,还要利用新材料实现建筑立面幕墙光伏集成,自发自用,满足机关部分能源需求。对机关来说,如何在日常用能中提高甚至完全使用可再生能源是问题的关键。除尽可能利用建筑空间安装光伏发电设备外,还可以考虑氢能的运用。氢气的能量密度是汽油的3倍,是21世纪人类最理想的能源之一。氢不仅是能源,也是一种储能方式。如何将氢能源用在机关运行中?据专家意见,现在制氢、用氢的安全性不低于石油天然气。当然有两个问题要关注,一个是制氢用的能源是不是可再生能源,另外对水的纯净度也有一定的要求;另一个是成本问题,制氢以电解为主,需要大量的电力和水,成本比较高。国内外不少企业都在积极探索制氢新技术、新工艺,如西班牙一家公司研发出以太阳能电池、催化剂(一种半导体与金属粒子的混合物)和不太纯净的水为原料的制氢新技术,耗水量少、转化率高,成本明显降低。相信随着国内新技术、新工艺的开发和市场化、产业化的发展,以及配套政策的实施,制氢、用氢成本一定会迅速下降。第三步,购买电网绿电。在降低建筑自身能耗、自发自用可再生能源的措施下,如果机关日常运行所需能源还有部分缺口,可以通过购买电网绿电进行补充。通过这样的组合拳,机关办公建筑能源消费都将是绿色、无排放的。当然这需要财政、发展改革等部门以及电力企业的协同运作。如果机关大量的老建筑,均能通过这样的路径实现"零碳"或者"近零碳"目标,对开创公共机构节能新局面、引领社会绿色低碳风尚,将产生积极的示范效应。"千里之行,始于足下","道虽迩,不行不至;事虽小,不为不成"。现在更需要的是走起来和干起来。当然,从目前市场看,绿电占比还不高。截至2023年6月,我国非化石能源发电装机容量占比达到50.9%,超过了化石能源发电装机总量,但是燃煤发电仍然是我国电力的最主要来源。2022年,煤电站发电量约占总量的60%,可再生能源占30%左右。随着中国每年新增的可再生能源设施数量超过世界其他国家的总和,以及水力太阳能、太阳能风电和其他混合发电方式组合的混合动力的发展，绿电的占比会越来越高，机关购买使用绿电的前景也越来越好。尽管目前“零碳”或“近零碳”建筑对购买使用电网绿电有具体的规定，但在机关先行的使命下，不能囿于现行试验性标准而放弃上下求索。我们要从实际出发，不能“等待戈多”，只要有条件，就要敢干快上，给环境尽早带来洁净与安宁。

（二）行为节能

这是软环境营造的重要内容。它的涉及范围更广，是行为、理念，甚至是品格重塑的过程，是“知行合一”的再提出和再倡导。现阶段最重要的是树立起人们对节能减排的危机感和紧迫感。全球气温升高带来的气候异常，暴雨、洪涝、干旱、飓风、高温等极端灾害频发，对人类的生存已经造成了严重的危害。但是这一切对我们并没有形成压迫，什么地方灾害严重了，大家就捐款；持续不断的高温有空调帮我们挡住热浪。但情况并不容乐观，比如喜欢喝咖啡的人要注意了，按照现在全球气候的走向，专家估计到 2050 年咖啡豆生产面积将减少一半，所以保护环境刻不容缓。行为节能就是规范、约束、纠正不良习惯，确立正确认知，培养节约意识，改变行为方式。群众就是防止“跑、冒、滴、漏”，杜绝浪费的最坚固的堤坝。据《联合国气候变化框架公约》统计，平均每人每年排放二氧化碳约 9.34 吨，主要是使用交通工具、能源消耗和各种消费习惯。减少碳足迹的个人行为、倡导绿色生活方式、改变消费习惯就会影响地球环境。专家提出的减少个人碳足迹的 5 个关键是节约用电、环保出行、资源回收、减少废弃、本地消费。排在首位的“节约用电”是减少能源消耗，降低个人碳足迹最有效的方法之一。据统计，73%的全球温室气体排放来自发电，随手关灯、拔下不使用的插头、使用 LED 灯等不起眼的行为都意义非凡。通过“行为规约”转变观念，养成良好的习惯是行为节能的要义所在。其可行性体现在人们的良知和善意中，同时需要严格的规矩和纪律。

“行为规约”有主动与被动之分。主动性体现在节能自觉意识和平时养成的良好习惯中，是“致良知”的表现。一个在家里不浪费水、电、气的人，一般也会把这一习惯带到机关或其他公共场所。秉性的先天养成和品格的后天淬炼是在正确的方向完成的里外一致的塑造。即使有些行为家里、家外不一，通过教育引导和纪律约束也是会发生改变的。被动性表现为通过限制客体的部分使用功能，阻断过剩需求的发生，如安装节水龙头、设置空调温度、公共空间使用感应照明、严禁使用自带电器、鼓励双面使用打印纸、提倡“光盘”行动、严格实行垃圾分类等。随着节能减排的持续推进，“行为规约”主动性的不断增强，机关工作人员的积极性通过工具和机制被进一步激发，如发现卫生间漏水，过去会不关心、不上心，最多是告知相关人员或部门，结果如何，并不在意；现在会拍照上传照片与信息，物业修理后，及时反馈结果。如果再采取一定的奖励措施，如积分制，鼓励人人参与、人人谋策、人人监督，则更好。同时我们也要考虑行为节能的质量，不能徘徊在初级水平，需要不断总结经验、自我加压、提高标准，整体提升机关工作人员行为节能的质量。

比如垃圾分类。我们把垃圾分类分成源头、分类、处理三个阶段。开始实行垃圾分类时，在源头总量不变的情况下，将重点放在分类投放上。规定必须按照垃圾分类导引分类投放，装车运输前工作人员会再次检查、分拣，然后统一外运到定点处置，这是刚开始实施垃圾分类时的基本要求。随着机关事务管理部门主动提升工作标准和机关工作人员认知和自觉的不断增强，垃圾分类进入第二阶段，即源头减量、分类净化、无害处置。

从垃圾源头减量讲，机关日常产生的生活垃圾主要是餐厨垃圾，厨余垃圾相对可控，如食材原料尽量提升净菜比例，减少分拣处理产生的垃圾；餐饮垃圾往往量大且浪费严重(据中央农办有关专家研究，目前粮食从田间到餐桌，浪费率达 20%，今后要争取降到 10%；虽然不是全部发生在餐桌上，但控制末端浪费，却是最重要的工作)。如何做到物尽其用、变废为宝，是源头减量的重要方法。举个例子，大家都喜欢吃的小龙虾，已形成年产值 4 200 亿元的规模产业，其中肉只占 10%不到，90%是它的壳，过去当垃圾扔掉，现在把它加工成甲壳素，每斤价格 5 000—10 000 元。

我们去浙江学习考察时，浙江省机管局服务中心的同志介绍了食堂职工从日常工作、生活中找创新点，开发出物尽其用、美味可口的“糖醋萝卜皮”“豆渣馒头”等菜品。处理萝卜时调整刀架，削得薄些、少些，削下来的皮洗净以后，做成“糖醋萝卜皮”，当作开胃佐餐，大受欢迎；将做豆浆剩下的豆渣按 1∶1 比例与面粉搅拌，做成豆渣馒头，松软香甜，又有营养，供不应求。通过一定的经济激励措施，使食堂员工主动参与减少厨余废弃物中，形成了良好的绿色循环工作机制。长宁、虹口、奉贤等区机管局的同志也积极尝试做黄豆渣、黑豆渣馒头，用芹菜叶、花菜梗做开胃泡菜。看见同志们“满口豆香”“胃口大开”时，机管局的同志体会到满满的惊喜与感动。

源头减量的另一个工作是“光盘行动”。食堂推出小份菜饭、灵活取食、打包等措施，加强宣传和监督，使餐厨垃圾总量大幅下降。如杨浦区机管局建成集“智能化就餐、精细化服务、标准化管理”为一体的机关“智慧餐厅”，采用“智盘”系统，对用餐人数、选择品种、取餐分量、消耗总量等实时统计分析，使定量采购和品种选配、加工更智能、精准；增加受欢迎菜肴和点心的供应次数；每周推出一款地方特色菜，部分菜肴还可半份售卖；采用环保可降解包装，既控制源头总量，又做到精细服务。

从垃圾分类净化讲，不仅要分得清、放得准，而且要搞干净，如用过的牛奶盒、饮料瓶、食品袋等，冲洗的水可以浇花，又方便回收和洁净环境。

从垃圾无害处置讲，餐厨垃圾减量后，有不少机关改垃圾清运为就地处置。如宝山、长宁等区机管局很早就提出“垃圾不出门”的要求，引进设备和技术，通过生物降解或物理方式产生可供植物使用的肥料和符合环保要求的水，这不仅使机关垃圾处理形成闭环，也带动了有条件的居民小区的垃圾就地处置，为社会垃圾减量、处理减负、环境保洁作了贡献，起到了榜样示范的作用。实际工作中不少机关从一开始就“三管”齐下，环环相扣，从被动到主动、从不习惯到适应、从随手扔到认真放、从源头不断减量到末端处置不再加班运作，很好地体现了个人与组织在行为节能方面的执行力和创造力。

迄今为止，全球生产的100亿吨塑料中，只有大约10%被回收，剩余的则被焚烧、填埋和丢弃在自然环境中。塑料用途极广，与我们的生产、生活关系极为密切。但不规范生产、使用、处置，不仅会造成资源能源浪费，还会给环境带来严重的污染，尤其是无处不在的塑料“微颗粒”严重影响了人类的健康和安全。因此加快塑料污染治理十分必要与迫切。一方面通过科技手段处理废弃塑料。中国科学院理化技术研究所研发的电催化法，可以变废塑料为高附加值的乙醇和高纯氢气，十分值得关注；另一方面推广应用替代产品。我国已出台一系列政策，争取到2025年，塑料制品生产、流通、消费和回收处置等环节的管理制度基本建立，多元共治体系基本形成，替代产品开发应用水平进一步提升，重点城市塑料垃圾填埋量大幅降低，塑料污染得到有效控制。

竹子是绿色低碳可降解的生物质材料，我国竹资源、竹林面积等均居世界首位，资源可观，前景美好。2022年11月，我国政府与国际竹藤组织共同发起“以竹代塑”倡议；2023年11月7日，在北京召开的首届“以竹代塑”国际研讨会上，我国政府联合国际竹藤组织发布了《“以竹代塑”全球行动计划（2023—

2030)》,深化全球合作,增加绿色竹产品的使用比例,减少塑料使用,促进人类的可持续发展。在这个方面,机关要带头,自觉减少用塑强度和数量,并与单位和个人碳账户、碳积分制结合,真正养成好习惯,把保护环境的责任落到实际生活中来。

碳账户与个人行为节能关系十分密切,是落实"双碳"目标的具体途径之一。碳管理、碳普惠的推广普及不仅拓展了节能减排的新空间,还是社会治理的新形态。上海各领域均加快推进碳管理。2023 年 7 月,确定了首批工业、通信业碳管理试点项目 35 个,涵盖碳足迹评价与碳标签、数字化碳管理平台、碳管理体系、供应链碳管理、碳标准建设及应用、碳金融产品创新等领域;2023 年 9 月,上海市场监管部门编制了《绿色餐饮服务认证要求》,从环境、资源、能源和服务品质 4 个方面细化了各服务点绿色餐饮的行动目标和可量化指标,将食品安全、低碳环保和健康餐饮的理念贯穿其中,全国首创中式正餐绿色餐饮服务认证,首批有 2 家企业获得绿色餐饮服务证书。

对个人来讲,2022 年出台的《上海市碳普惠体系建设工作方案》按照"先易后难、逐步扩大"的原则,将生活中有效的低碳行为逐步开发为标准化的个人减排行为;探索建立面向公众的个人碳账户体系和普惠积分交换使用方式,实现个人碳普惠减排量的消纳;在部分区域先行开展个人减排项目的可行性评估和申报评估试点工作。日常生活中的步行、乘坐公共交通、不用一次性产品、使用可再生能源、交投可回收物品等行为,都能获得碳积分,可用于兑换相应权益。2023 年,全国低碳日上海主题宣传活动中,有市民上半年通过绿色低碳的出行方式,用碳减排量兑换了可三个月免费乘坐市内公共交通的"绿色畅行卡"。碳积分也可捐给公益项目,如有的平台设有守护崇明东滩等地迁徙鸟类及其赖以生存的栖息地项目,用户每捐出 500 积分,平台就投入 1 元用于项目保护,并发给捐献者电子证书。公众参与的消费低碳减排是绿色低碳发展的重要驱动力。碳账户是对公众绿色消费行为的量化、识别与激励,是促进自愿减排、实现资源节约、推动服务创新的有效模式,由此形成的商业模式,将助推社会生产、生活的绿色转型。但现阶段碳账户运行机制还有待完善。现在个人碳积分还不可直接用于市场交易或个人交易,多数领域碳普惠的公众激励成本主要由企业、平台承担(将其视作营销推广手段),而真正有效的商业模式还未建立起来。有专家建议,在碳账户的建设过程中,各方应对碳核算制度形成共识,建立健全碳交易与碳普惠机制,以及碳资产与金融市场、商品市场、要素市场的流通路径，为碳账户联通提供完善的市场条件，并强调要充分认识碳资产的货币化属性，以金融基础设施的标准建设碳账户体系。

对机关事务部门来说，碳管理、碳普惠、碳账户是一个全新的课题，但是作为鼓励社会公众积极参与的节能减排重大行动，机关不能置之度外、视若无睹，要“敏于行”，应该从两个方面思考和作为：一是从机关层面考虑。应从机关运行规律出发，引入碳管理、碳普惠的理念和方法，化繁于简、化大为小，确定碳管理项目并开展试点工作，摸索出符合绿色发展标准、具有机关运行特点、反映综合绩效成果的新模式。成都市机管局试点“零碳会议”的做法值得借鉴。他们以机关与公共机构最常见的会议为切入口，对会议相关的碳排量、消除量进行核算，通过能源资源节约、无纸化办公、新能源利用、信息化建设、生活垃圾分类等组合措施，中和会议所产生的二氧化碳排放量，包括会议服务保障相关的电力和水等能源资源消耗带来的直接排放，和会议期间食、住、行等行为带来的间接排放，从而实现确定时间、限定空间的碳中和。并将碳中和范围逐步拓展至生活保障、会议保障、公务用车等机关事务工作领域。日常工作、生活中，事事都可碳管理，处处皆能降能耗，节能减排更多需要的是行动。二是从社会层面考虑。鼓励机关工作人员积极响应、积极投身碳普惠实践，找到与社会结合的碳足迹、碳管理的项目或载体，这并不只是把注意力放在机关工作人员碳账户积分与权益使用上，而是鼓励机关工作人员在生活与工作等各方面从小事做起，如减少塑料和一次性用品使用频次，迈开腿到超市、菜场、饭店，减少些网购和外卖（据报道，我国现在每天有 3.6 亿件的快件被揽收；2022 年我国网上外卖用户达 5 亿多，市场规模超 1 万亿元。在为经济发展欣喜的同时，我们也对大量包装材料是否环保与能否再利用感到担忧），注意身边的循环利用，养成绿色生活模式等，逐渐强固节能意识，自觉参与减排实践，并带动身边人尤其是下一代共同行动。

（三）管理节能

这是机关节能降碳工作的重心，是建筑节能和行为节能的统一组织和运行者。通过科学组织、合理配置资源，建立健全机制，使机关节能向标准化、制度化、信息化、系统化方向发展，保证节能降碳的可持续、高质量发展。管理节能需要注意以下几个问题。

1. 综合规划节能工作

机关节能要按照国家“五年规划”总体安排，确定五年能耗下降总目标及年均下降指标。随着节能工作持续深入推进，能耗下降空间越来越小。指标作为刚性约束，是检验节能成效的重要保证，不切合实际、过高或过低或唯指标论，都可能偏离节能工作的初心，产生负面效应。因此，节能工作不能单纯以数字指标作为唯一考核手段，要从原来的能耗减量转变为能耗定额管理，这就需要认真研究指标设置的问题。首先要严格按照国家和上海关于节能降碳的总体要求和具体目标，结合机关节能实际，找准问题症结，确定目标并制定方案。在设置合理指标前提下，要把“不浪费即节约”的价值观确立及解决一两个“老大难”问题列入工作指标。其次，要把节能指标的实现与常态化管理相结合。随着标准体系的建立和完善，逐步以“贯标”替代“指标”，走上一条可持续、高质量、绿色发展的大道。最后，要主动创造条件，加大能源替代力度，逐步增加绿色可再生能源占比，真正实现减排目标。如机关公务用车原来以燃油车为主，按照联合国减排和绿色发展要求，化石能源使用今后将大幅下降并被可再生能源替代。欧盟提出到 2035 年将停止生产、销售燃油汽车。我国《新能源汽车产业发展规划(2021—2035 年)》提出，到 2025 年新能源汽车新车销售量将达到汽车新车销售总量的 20%。据商务部介绍，2022 年这个比例就已经达到 25.6%。也就是说，每销售 4 辆新车就有 1 辆是新能源车，提前三年完成了目标。按照党和国家总体部署，机关新能源车占 80%以上。但这只是“万里长征走完了第一步”。机关目前使用的新能源车大多数是油电混动，少部分为纯电动车。从趋势上看，油电混动的实际占比在下降。随着“三电”(电机、电池、电控)技术的成熟和完善，充电时间缩短(包括换电技术的普及使用)和续航里程的增加，机关一般公务用车包括领导配车也多用纯电动车，且比例还在不断上升，今后成为机关公务用车主要力量也是毫无疑义的，这是减排走出的重要一步。从全局上看，电力的来源(包括新动力氢能)决定了电动车是否真正做到了“减排”或“零排”，若使用化石能源，则没有完全实现减排；若使用可再生能源，才是“零排”，真正在全局意义上实现了“减排”。机关要关心“充电”背后的故事，当涉及使用倡导和价格支持等问题时，机关要以大局为重，主动作为。节能指标的制定，实际是对节能工作系统集成的再认识，不能“唯指标论”，要把注意力集中在切合实际的节能措施落地和系统集成效应提升上。

2. 探索能耗定额管理

要科学制定能耗标准，能耗是机关运行成本的主要构成。能耗统计不仅是掌握实际发生的成本和成因，也是制定措施、有效控制成本的重要前提和依据。统计能耗是按照建筑单位面积、人均水平，还是人均单位面积？理论值、实际值和标准值分别是多少？这就涉及标准制定的问题。能耗标准是能耗统计分析的基本参照，是节能绩效考核的主要依据，也是党政机关综合运行成本控制的重要抓手。可以通过大数据和模型对单位时间内积累的数据、特殊事件（如极端气候，紧急、突发事件等）、建筑及设备设施等进行专业分析；参考周边商用办公楼宇和国内外同类建筑、相关政府机关的能耗情况，提出参照标准值；确定单位建筑面积能耗值、人均能耗值、人均办公面积能耗值等具体标准线，并设置上下波动区间的方法，来确定考核机关能耗分量与总量的标准值。标准值应是相对稳定的，不能朝三暮四、朝令夕改，但从中长期看，可以提出一个目标值，鼓励各机关创造条件，充分挖掘潜能，努力向目标值靠拢。标准值的引入不仅迫使我们从能源消耗方面查漏补缺，还要对机关能耗正本清源。除此之外，严格执行办公用房标准也是成本控制的重要方面，占有面积越多，能耗就越大，行政总成本也会增加。

3. 做实合同能源管理

合同能源管理是通过市场购买引入专业团队，对机关和公共机构能耗进行科学管理，以期实现合理用能与取得节能效益双赢的做法，也是目前机关和公共机构比较常见的做法。“专业事，专家做”，这也符合机关后勤的社会化改革理念。近年来，本市党政机关通过积极引进合同能源管理、不断创新绿色发展方法，也取得了实实在在的成效。

案例一，嘉定区机管局“批量打包”做法。机关与公共机构的单位体制、经费渠道不同，合同能源管理也呈现“多点分散”的状态。嘉定区机管局根据国管局《关于开展县（区）集中统一组织合同能源管理项目试点的通知》的精神，打破条块分割、本位圈圈，“串点成线”，实施批量合同能源管理，相比“多点分散”的推进方式，具有显著的集约增效优点。他们把机关、学校、医院等公共机构分为一期 16 个、二期 14 个试点项目进行“批量打包”，通过统一招投标确定合同能源管理企业。根据初步测算，两期项目每年能够节约 1 300 吨标准煤，节省财政资金 2 400 万元，具有较好的经济效益、社会效益和推广意义。另外，区机管局加强与同济大学及行业、企业等专业力量的合作，做了以下探索：

①建设区级公共机构能源信息管理平台，实施智慧管控。平台接入能源审计、节能技改及合同能源管理项目共 120 个，解决了传统的“线下流转、纸质归档、人工跟进”方式在批量推进时的不足，使项目进度管理、效益管理、档案管理、预警管理更智慧、精细。②融入绿色金融新体系，加强银行和政府、企业的合作。区机管局主动对接上海银行、农商银行等，为节能服务公司和金融机构牵线搭桥，签订银行和政府、企业的合作协议，以公共机构节能名义帮助企业争取“绿色金融”项目支持及低息贷款，使企业在先期业务和资金的保证下，能够统筹考虑和优化更适应整个地区的能源管理方案，并在不同单位产生的不同节能成效中取得比较均衡的效益，达到共赢局面。③拓展合同能源管理新模式。建立健全节能核定机制、未达标惩罚机制以及资源循环利用机制，编制《节能运行管理手册》，开展建筑能效管理培训等，旨在提升管理人员技术应用与专业管理能力。

案例二，市公安局宝山分局的“能源托管”模式。2022 年 9 月，国管局、国家发改委、财政部联合印发《关于鼓励和支持公共机构采用能源费用托管服务的意见》，明确鼓励和支持公共机构采用能源费用托管服务，旨在通过市场化机制激发市场主体活力，引入社会资本开展节能改造和运维管理。“能源托管”是合同能源管理模式再创新。宝山公安分局办公楼建成使用至今近 20 年，设备故障频繁，运行效率降低，能耗和碳排放总量逐年攀升，能效对标值超出现行《机关办公建筑合理用能指南》标准。分局引入节能科技公司，采用能源托管型合同能源管理模式，重点对空调和照明系统进行改造，对空调风机、管道的全面优化改造，提高了空气过滤、流通效率，也为常态化的疫情防控提供了安全保障。建立能耗监测平台和能耗、能效管控系统，实时监测系统运行状态，并由该公司提供后期专业的运维服务。更新改造后，办公楼综合能效提高 40%，每年节约标准煤近 700 吨、减排二氧化碳 1 000 多吨。

这两个案例告诉我们，针对机关和公共机构老建筑共有的能耗短板，通过市场化运作，引入社会专业服务公司，实行合同能源管理的做法，对节能减排、控制成本、引领社会等产生了多重良好效应，要坚持做下去，同时把握好几个关系：

一是既要考虑机关运行安全，又要考虑节能工作的整体性。要从机关运行“大安全观”出发，充分把握办公建筑特点，制定切合实际的方案，不能强求、不能一蹴而就；综合考虑安全、资金与成效，既要有具体实施方案，又要有中长期规划。比如机关用电安全，不仅是机关事务部门重点确保的事项，而且是节能企业必须履行的职责，不能因为节能出现限电、拉电、跳电等不正常情况（这一要求应是合同能源管理协议约定的要件之一）；同时要从公共机构节能、全社会节能大局出发，使机关用电融入地区智能电网，统一调配，实现能效最大化。2023 年 9 月，我们到常州市机管局学习考察时，了解到机关大院内的新能源车充电桩具有充、放电功能，可以通过智能控制，为车充电，或将车电放入电网。这是国家电网为节约、集约、均衡地用好电力资源，在一些城市开展的车网互动试点。机关公务用车因集中统一管理，所以首选在机关开展试点工作。20 点到 24 点，车辆放电送入电网；24 点到 8 点给车辆充电。合同能源管理是主要形式，但不是全部，机关与企业应相互配合，无论是硬件改造还是软件完善，机关都要有“一盘棋”思想，把握工作的整体节奏；不能一“托”了事，全部交与合同能源管理企业。

二是既要考虑节能成效，又要兼顾效益回报。引入专业公司进行合同能源管理，既是机关节能举措，又是企业经济行为，有机关成本问题，也有企业收益问题。企业投入以节能成效产生收益为回报，前期投入大，成本收回和收益取得周期较长。因此，实施合同能源管理的机构数量和企业资金的筹措与投入，是影响企业业务展开的重要因素。

三是既要考虑争取相关部门、单位协同支持，又要不断扩大市场开放程度。要“集中力量办大事”，发挥制度优势，打好“组合拳”，如协调机制、经费保障、政府采购、奖惩措施等；还要真正走向市场，发挥市场融资功能，加强政府与社会资本的合作，通过多种途径让社会资本参与公共机构节能改造。要大胆探索合同能源管理、能源费用托管、设施设备租赁、绿色金融相结合的创新服务模式，为机关和公共机构节能提供系统解决方案。此外，在机关运行保障中，要确立绿色发展理念，顺应绿色循环经济发展趋势。如带头采购和运用绿色低碳新产品、新技术，促进循环经济发展，也促使机关运行保障向绿色服务产业方向转型升级。

四是既要考虑过程调节，又要坚持目标考核。合同能源管理周期较长，实施过程中会有变化，其中既有机关需求、管理要求变化调整的因素，也有技术迭代带来的影响，因此在合同相关约定中要有一定开口，以便于及时作出切合实际的调整。在过程调整中，机关既要有研判和决策机制，根据工作重点、阶段成效和形象进度，坚持从实际出发，该调整就调整，并与企业协同处置，鼓励企业大胆探索、勇于创新；同时也要严格考核标准、规范考核程序、坚持考核目标,促使合同能源管理成为达到机关能耗标准的有效路径,不断提升和完善机关能耗标准的推手,实现机关和公共机构节能降碳目标的源动力之一。

4. 用好能耗统计平台

既有建筑应当按照相关标准安装能耗监测装置,并与能耗监管信息系统联网,实时上传数据。现在不少单位建立了节能管理平台,运用大数据、云计算、物联网、人工智能等技术,与建筑智能化改造结合,通过能耗远程分量统计、设备设施运行状态实时监控、数据汇总与分析等数字化管理功能,对掌握能耗情况,制定节能方案,找准问题症结和快速处置事故等起到了不可替代的作用。关于平台的建设及使用,要注意几个方面:

一是平台标准化建设问题。首先,明确机关和公共机构能耗计量管理平台的"四梁八柱",其框架、架构、板块、功能等是什么;其次,紧紧围绕机关和公共机构节能的重点、难点、痛点,总体设计、分项把关、系统集成,使之真正成为管理助手;最后,明确建设范围、内容、要求,形成统一标准,实行标准化运行和管理,不能各为所好、互不相容,变成信息"孤岛",不容于今后统一集成的大数据中心平台。

二是平台互联互通问题。要以建设市级节能管理中心平台为重点,联通市级机关、区级机关、公共机构节能管理平台,既可按所辖系统实现纵向数据管理,又可按所辖区域实现横向节能管理,形成全市机关和公共机构联通管理平台,并逐步向具备统计、分析、优化、监管、可再生能源使用与共享等功能的综合性节能管理中枢迈进。本市已建成的"1+17+1"平台(市级平台+16 个区平台和虹桥商务区平台+市级机关平台),不仅发挥了实时监测、数据统计的作用,还要从加强联动、提升功能上有所突破。

三是强化平台监管问题。平台首先要发挥统计与监管作用。浦东新区机管局在"上海市公共机构能源资源消费网上直报系统"的管理、使用中,做了很多工作,首先,定期梳理、维护直报平台名录库,尤其是在新一轮机构改革后,摸清机构设置及隶属关系,与直报平台开户信息一一对应,确保应入尽入、不漏一家、不错一户;其次,对各公共机构上报的统计数据进行复核,确保数据真实、及时和完整,并根据各公共机构建筑面积、在岗人数、设备运行等情况,定期对燃气、燃油、电和水等能源资源消费情况进行分析,每季度公示公共机构能耗数据,并形成报告报送区政府和市机管局;最后,利用平台对公共机构节能工作开展检查、考核。每年抽取一定数量的单位,将能源利用、指标完成、能效对标及考核结果综合排名情况予以公开通报,做实监督,强化各单位的节能责任意识。市级机关最初开展节能降耗工作时，曾考虑通过排名促进各机关重视和落实节能工作，当时选择了数据确定且操作简便的公务用车油耗情况，后因一些因素没有实施。此后尝试过水、电、油换算成标准煤，在机关内部公示。此举引起不少机关领导的关注，有的当即要求相关部门查找原因，即知即改。定期公布能耗情况，促使各机关主动做实节能降耗，对整体推进节能工作产生了积极效应。要合理、科学、机制化的强化这方面的监管，把节约能源、用好资源、减少排放、杜绝浪费时时处处落实落细。

5. 实施标准体系管理

"工作标准化，标准工作化"，机关及公共机构节能工作做什么、怎么做、谁来做，既要有目标、任务和要求，又要有规范、准则和机制。节能管理标准化体系就是要构筑这样的工作基石，以工作规范、行为准则、保障机制为主要支撑，架起节能管理的"四梁八柱"。

上海"资源节约管理标准化"中的"公共机构节能管理标准化体系构建"的分项试点任务交给了闵行区。闵行区机管局与上海建筑科学研究所合作，经过基础调研、体系构建、标准编制、验收论证 4 个阶段，完成了闵行区公共机构节能管理标准化体系构建工作。主要由管理指引与标准制定两大部分组成。节能管理体系由四个部分组成：一是管理体系总要求、总依据，包括方针目标、法律法规、通用标准等，是节能管理标准化建设的根本遵循和工作指南，是标准体系建立、运行、监督、评价、改进的主要依据；二是区公共机构节能管理规范，如能耗统计、能源审计、能耗公示、节能考核等；三是区公共机构实施节能管理的具体规定；四是财政、建设、改革发展、绿化市容等部门的相关政策规定。根据这 4 个方面的节能管理内容，按标准化要求将具体工作内容、运作、程序、规范等进行了专业细化和流程再造，形成了以基础管理、保障管理、业务管理、工作管理四类标准子体系为有机组成的节能管理标准体系。"基础管理标准体系"主要包括标准化工作指南、能效对标标准等；"保障管理标准体系"主要包括节能专项资金管理、知识管理和信息化建设管理等标准子体系；"业务管理标准体系"主要包括数据统计、能源审计、节能改造、能耗监测、能耗公示、节能考核、节能培训、示范创建、生活垃圾分类等 9 方面工作，并对每项管理工作流程逐级分解和规范；"工作管理标准体系"主要包括节能岗位、生活垃圾分类、节水管理、设备经济运行管理等。在建立工作管理标准前，需要对节能工作岗位进行识别、分析、设计，确定岗位职责与权限、任职条件、作业标准、考核标准等内容。工作标准和管理标准具有相互对应、相互联动的逻辑关系。管理标准侧重于过程即“线”上要求，工作标准侧重于岗位即“点”上要求。从“点”出发，连“点”成“线”、连“线”成“面”，件件事项规范、层层标准连接、总体机制保障，构建覆盖全领域、全流程的标准体系。

节能管理标准化体系初步形成后，闵行区选取机关、学校、医院等单位开展试点工作。闵行区公办中小学多达 177 所，迫切需要加强用能指导，在 85 所中小学能源审计结果的基础上，闵行区研究制定了中小学综合能耗指标和节能措施，编制了《闵行区中小学学校建筑合理用能指南》，既实现了区中小学节能标准化管理目标，也为全市中小学合理用能提供了研究基础。经过试点和完善，闵行区节能管理标准化体系中，已有多项重要标准通过专家评审，经区政府审批予以发布。工作在继续深入推进，也为全市节能管理标准体系构建作了很大贡献。“公共机构节能管理标准化体系构建”的试点任务交给闵行区做，不是偶然的，该区在公共机构节能和管理中，形成了完整的组织体系、坚实的工作基础和实用的运行机制，为各区和市级公共机构节能管理工作起了引导、启示作用。

具体有“四个落实”：一是组织落实。首先，建立由区政府分管区长任总召集人，区机管局、发改委、经委、财政、统计、水务、教育、卫生等部门为成员的公共机构节能工作联席会议制度，区机管局负责协调推进节能管理工作、监督落实节能任务，每年召开公共机构节能工作会议；其次，成立区公共机构节能管理中心，承担公共机构节能管理日常工作，有 16 个编制；最后，组建公共机构节能专管员队伍，426 个公共机构均设有 1 名专管员，每月报送相关数据。二是有一套切实可行的管理制度，包括能源统计、能源审计、年度考核、日常考核等。每年下发节能管理考核办法和细则。三是区财政每年安排 300 万元节能减排专项经费。四是平台落实。2007 年，区机管局与区统计局联合开发网上报送系统，率先开展能耗统计直报工作，直报率达 100%；2020 年，上线“能源消耗实时监控管理系统”，先在区机关大院试点，后逐步纳入各机关和公共机构，既可实时监控各单位能耗情况，又可通过手机 App 和政务网让区领导和各单位领导实时了解本区和本单位的能耗情况，这也是在一定范围内公示节能管理成果，对各方面重视、关心、支持节能工作起了很好的鞭策和促进作用。

通过对闵行区案例的分析，我们对管理在节能中的作用有了更具体、更直观的感受。没有管理实践的系统化，就没有标准建设的体系化。管理实践是标准体系形成的基础，标准体系是管理实践升华的牵引。同时，我们要把眼光放在人的身上。如何为机关运行营造绿色生态环境，是节能工作“以人为本”最终目的的体现。

（四）机关绿色生态建设

机关“绿色生态”主要指机关运行的综合环境，其中又以机关工作人员办公环境为重点。节能减排是生态文明的重要组成，以人为本是生态文明的终极目标。为讨论方便，我们把机关办公环境也统称为“人居环境”。抓住人居环境友好建设，促进人的行为与环境的融合，形成绿色办公生态系统，不仅是对节能减排的实践，更是服务、保障、管理，以及人文弘扬、文化传承等要素的重组、重构。它超越了机关事务一般意义的“节能”“减排”“降耗”，提出机关事务应投身生态文明建设，构建“绿色低碳”“环境友好”“健康适宜”的有机统一、科学先进的机关办公生态理念。这不仅是党政机关推进中国式现代化、构建人类“新文明形态”的职责所在，也是机关事务新时代实现全面跨越的发展路径，以及对“以人为本”初心的践行。这对机关事务来说是新课题、新挑战，更是新机遇。

环境作为人的存在空间且直接与自然发生不可分割的联系，而成为生态营建的枢纽。环境友好，实际是以人为主体，对客体（自然环境、生活环境、工作环境等）提出的友好需求。人的活动过度消费了自然，破坏了环境，甚至影响了自身的生存。面对生态环境的持续恶化，如果人们依然是气定神闲、泰然处之，反而倒令人骇然、忧惧。我国遵循“绿水青山就是金山银山”理念，在生态文明建设上取得了巨大成就，为地球生息和大气降碳作出了突出贡献。同时我们要更深入、细微地关注和调整人与自然、人与环境的关系。

举个例子，城市夜景包括机关大楼点亮工程，体现了城市的活力和魅力，但在树上缠绕密密匝匝的彩灯，在树下和草坪上安装反射灯，是否合理，值得商榷。灯光通亮、炫目，美不胜收，但是动物、植物也跟人一样，需要日出而作，日落而息。上海交通大学资源与环境系和国家林草局上海城市森林生态系统国家定位观测研究站的专家说，通过微米级的监测记录仪器发现，树木就像人类一样会在晚上的睡梦中悄悄生长。灯光不间断地照射，会影响其健康和生长。美国华盛顿州立大学的专家指出，受城市光污染影响，某些鸟类的眼睛越来越小。长期在“城市之光”的照耀下，鸟类为避免失眠、失明，眼睛变小，也可能是无奈的“进化之举”。这些都是对动植物、环境不友好的表现。据说 2004

年，意大利某地的城管委通过了《关于在室内饲养动物的规定》，禁止市民用圆形鱼缸饲养金鱼，原因是圆形鱼缸会让金鱼眼中的“现实”变得扭曲，使鱼儿感到痛苦和不安。鱼类专家也指出使用圆形鱼缸会发生因缸内氧气不足致使金鱼失明的情况。无孔不入的电视广告，繁复花哨、找不着节目的电视界面，无用的、标题党信息就是我们身边的环境不友好。我们试从“环境友好”出发，从建筑友好、生态友好、共享友好三个角度探寻机关运行绿色生态建设的行进路线。

1. 建筑友好

近年来提出和推行的“绿色建筑”理念和方案，是建筑友好的本质体现，是生态文明发展的必然要求和重要构成。“绿色建筑”指通过节约资源、保护环境、减少污染，为人们提供健康、适用和高效的使用空间，最大限度实现人与自然和谐共生的高质量建筑。绿色建筑包括“安全耐久、健康舒适、生活便利、资源节约、环境宜居”五大指标体系，分四个等级（基本级、一星级、二星级、三星级）。党政机关办公建筑和大型公共建筑，应当按照二星级及以上标准建设和运行（五大指标综合得分大于 70 分）。建筑健康性能评价标准有中国的《健康建筑评价标准》和美国 WELL 建筑标准等，其共同特征都是从“以物为中心”转向“以人为中心”对建筑性能进行评价，以空气、水、光、营养、健身、精神、舒适等要素为重点，打造符合健康人居理念的建筑空间。

上海建科集团股份有限公司做了很好的探索。他们在闵行莘庄科技发展园区 10 号楼示范项目中，向行业展示了第三代绿色健康办公建筑的创新实践。该绿色健康建筑融合了六大要素的理念和功能，分别是：空气（PM2.5 控制、甲醛等装饰及装修污染控制、空气质量智能监控系统等）、水（饮用水质量等）、舒适（声、光、热、湿环境等）、健身（健身场所及配套设施、健康讲座、兴趣活动等）、人文（生态景观、人文交流空间、无障碍、便民设施等）、服务（物业管理、食品安全、垃圾处理等）。通过数字平台智能控制，有机组合优化这些要素，打造绿色生态办公环境，既实现了人居环境友好目标，又使节能降碳工作达到新境界。项目应用了装配式建筑及全过程 BIM（建筑信息模型）技术，由公司自主研发的绿色健康科技系统做支撑。该项目获全国首批“超低能耗建筑”“中国绿色建筑”“健康建筑”等“双三星级”标识和美国 WELL 建筑金级认证。

宝山区机关大院按海绵城市建设标准对停车场地进行了改造。区机管局联合区发改委和上海中冶环境工程科技有限公司，采用钢渣透水材料（从宝钢炼钢产生的固体废弃物中提炼而成的），对机关大院 3 400 平方米的停车场地进行整体改造。据专业部门评估和检测，使用钢渣约820吨，减少煤耗14.49吨，减少二氧化碳排放89.22吨；铺装后的钢渣路面温度较常规路面环境温度平均低3—5度，对缓解城市热岛效应有积极意义；同时，为充分利用水资源，利用钢渣的高透水性（透水率是国家标准的2.5倍），新建容量为20立方米的雨水收集池，雨水经由透水路面就地下渗，减少了路面径流，通过管网系统收集并经中水净化，达到了国家规定标准，可用于绿化浇灌和洗车服务。这一改造既缓解了原先停车场车位紧张（新增停车位50个）、高温炎热、雨天积水的困扰，美化了机关大院的整体环境，更重要的是体现了本地固废资源回收综合利用、海绵城市循环利用雨水的多重价值，对发展循环经济，促进环境友好，具有典型示范意义。这对机关事务管理部门提出了新的要求，不仅要熟练掌握新的标准规范，并在今后规划和新建办公建筑时予以落实，而且要在老建筑节能改造中，结合城市更新，协同有关部门完善政策法规，走出既有公共建筑绿色改造的新路。特别要重视健康舒适的要求，积极创造条件，营造绿色生态办公环境，这比“单纯改造”更体现人文价值，比“等待新建”更具有进取精神。

2. 生态友好

这里的“生态”主要指机关办公环境。人居环境绿色友好建设更多关注的是与人的需求直接相关的要素，如空气是否清新？PM值是否过高？阳光是否充足？灯光是否柔和？声音是否平和？温度、湿度是否适宜？饮用水是否新鲜？甚至是办公桌摆放的位置、桌面大小、座位高低，小憩、聊天、健身的角落，适时飘来的音乐，等等。要关注这些由客观条件变化或主动改善带来的个体体验，同时也要关注制度与行为约束造成的环境感受冲突，如持续推进的节能减排刚性措施和要求，与机关环境再造，机关工作人员观念转变、习惯养成的相互适应过程。行为节能也好、管理节能也好，对机关工作人员来说，总有点“硬”、不舒服，如空调限温、用车调整，不能任性、随意；当然合理的要求必须及时调整、满足，如节假日在机关值班，因中央空调关闭造成的“大汗淋漓”或“瑟瑟发抖”都不合理，必须及时调整和解决。环境改造时既要考虑每个要素的合理与和谐，又要考虑人们的体验；既要坚守能源、资源不浪费底线，又要考虑人居环境友好，产生最佳综合效应。环境因素很多，机关事务工作要从细节上考虑，时时处处上心，做个有心人。

比如，不少市、区机关设置了“智慧书吧”图书借阅机柜。该系统运用新一代物联网技术，实现了书籍（包括电子书）的无人值守自助借阅，为机关干部提供了“随身书柜”，为机关营造书香沁人的氛围作了有益尝试。这也是文化生态营造的重要方面。有人说现在是“人人看屏，机器看书”的时代，但不管怎样，读书思考是任何时候、任何情况下都不能缺失的。

再比如，机关大院绿化怎么搞，种些什么植物，除了交给专业部门去设计、建设外，机关事务管理部门也要了解、掌握相关的知识。新冠疫情后，常态化防范包括季节性流感防治成为机关运行保障的重要内容，如何保证室内空气质量，除了硬措施外，也可以考虑摆放植物和雾化、净化的方式。但植物具有什么作用，我们多少是要了解一些的。预防冬季感冒和流感的室内植物有桉树、紫锥菊、常春藤、天竺葵等。除了可以直接摆放，还可以将这类植物提取的精油，喷在空气中，减少室内的毒素、霉菌、病毒和细菌，改善空气质量，抗击感冒和其他呼吸道疾病。在炎热的夏季进行室外活动时，怎样才能降低燥热感、提高舒适度？西北农林科技大学研究团队建议在景观园林设计中加入适宜的气味景观。他们选取了典型的室外开放空间，以常见的香味作为嗅觉刺激，在气象测量的同时监测受访者的脑电波变化，并通过问卷调查受访者的主观感知与情绪变化，研究不同生理等效温度范围和香味类型下脑电波变化的作用特征。研究表明，香味的舒适度显著影响热感觉，提升香味舒适度可以缓解夏季高温引起的不适。研究人员建议可以种植薄荷、留兰香、鼠尾草、茉莉花、神香果、秦岭冷杉、刺槐、红松、四季桂、云杉、香花槐和油松等植物，以提升室外炎热环境下人的舒适度。当然，地区气候不同，适宜种植的植物也不同，要因地制宜。此外，科学家们还一直在研究记忆与嗅觉之间的关系。据美国加利福尼亚大学研究表明，香味刺激有助于增强人们的记忆力和语言能力，大幅提高认知能力、缓解抑郁等症状。这对医学来说是重要的一步。60 岁以后，人类的嗅觉和认知能力开始急剧下滑。丧失嗅觉是近 70 种神经和精神疾病发病的指标之一。这项研究为采用一种简便的、非侵入性治疗方法对抗神经退行性疾病包括预防阿尔茨海默病找到了路径。[①]生态是一个有机系统，全面、科学地营造优良、适宜、和谐的绿色生态环境，已成为机关事务需要认真研究、积极探索的新课题。

3. 共享友好

机关事业单位在探索向社会有序开放附属空间和公共设施，打开大门或

---

① 《研究显示浓郁香味可提高人类认知能力》，《参考消息》2023 年 9 月 10 日第 7 版。

拆去院墙，让市民共享美好空间，也是绿色发展、环境友好的重要方面。机关事业单位的良好环境、绿色生态也是社会公共资源，不少机关事业单位所在地本身也是人文胜地。对社会公众开放，既是对城市景观、地区风貌整体构成的展示，也是对文明、文化形象的展示和交流，使之成为建筑可阅读、历史可感受的打卡地；使公众在资源共享中获得和谐、自由和平等。当然，机关事业单位同时也要处理好对外开放和政务保障的关系。

上海展览中心（简称上展中心）前身是中苏友好大厦，建于 1954 年。建馆 70 年来，一直承担着重要政务保障和会展经营服务工作。作为上海的著名地标之一，上展中心在市民心中有着一份特殊的情感。为落实习近平提出的“人民城市人民建、人民城市为人民”重要理念，上展中心于 2021 年 9 月起正式向公众加大开放力度，成为“可阅读、可漫步、可休憩、有温度”的城市公共空间。他们对建筑物、构筑物外立面、百米钢塔和红五星、主题雕塑、绿化环境等进行修缮维护。第一次将全过程数字化控制技术应用在上海历史保护建筑中，最大程度地还原了老建筑的历史风貌和文化底蕴。通过四条措施妥善处理了开放共享与政务保障、展会活动的关系。

一是“能开尽开”。拆除大门围栏和院内所有道闸、无功能围栏，在各主要出入口安装隐蔽式机械伸缩移动门，最大程度地展现出上展中心的主体建筑正面及南面喷水池广场的整体风貌，实现“南北贯通”，公共空间畅行无阻。二是“有开有关”。平时正常开放，重大政务活动时，切换至“闭环”管理模式；有会展经营活动时，则以会展举办中心为重心，视具体情况调整开放区域；重大气象、气候灾害预警或疫情防控时，按要求暂停开放。三是“该管要管”。加强综合管控，加大安保、保洁、养护力量的投入，在各建筑物出入口设置证件查验和数字哨兵，强化对施工、人流密集、车辆进出高频次等重点区域实时监测和动态管理；四是“能好更好”。与静安区政府紧密合作，实行上展中心周边各项公共配套服务设施，如市民服务中心、市民步道、厕卫设施、垃圾房的改造以及上展中心整体灯光的提升；杜绝乱停车和私自设摊，以减少对周边居民的影响，降低与上展中心建筑风貌与市民活动的违和感。通过官方网站、微信公众号、视频号、抖音、微博等媒介宣传，上展中心的参观游览人数明显增加，网红打卡地潜质凸显，受到市民游客和社会各方的认可，主流媒体也予以关注和报道。从全市范围看，到 2025 年，可实现 100 个以上的机关、企事业单位附属空间的开放共享，开放绿地面积 100 万平方米以上（2021 年市、区两级共 60 余家机关、事业单位和所属国有企业共提供近 2 400 个错峰共享停车位），实现了机关、企事业单位资源的开放共享。

综合来讲，建设绿色生态、和谐友好的机关办公环境，首先需要改变的是人，营造的不是适宜人生活与工作的小环境，而是恢复或者说是修复人类生存的自然大环境。古人讲“天人合一”“道法自然”“天地与我并生，万物与我为一”。“天人感应”用在人与自然的关系上，有跨越时空的价值。“天命”可以理解为客观世界存在和运行的规律，也是老子讲的“道”，逆天而行，坏了“天命”，也就违背了人类赖以生存的客观存在的运动规律，损害了人类生存发展的根本利益。“子钓而不纲，弋不射宿”，敬畏自然，善待万物。人只有对环境珍视和保护，才能有环境的友好和睦，才能保证人类的“生生不息”和文明的“绵绵不绝”。“小草依依，大家珍惜”不只是插在绿茵如毯的草地上的小牌子，其中也蕴含着人类社会永续发展的深刻内涵。

习近平主席赴美出席亚太经合组织（APEC）会议期间，在美国旧金山美国友好团体联合欢迎宴会上讲到了绿色发展，他说：“我们致力于永续发展，让人与自然和谐共生。‘天人合一’‘道法自然’是中华优秀传统文化的重要理念。我们身处同一个地球村，在我们有生之年可能找不到另一个星球供人类生存了。英语里也有一句话：‘地球不是我们从祖辈那里继承的，而是向我们的子孙借来的。’2002 年我在福建担任省长时就提出福建要建成中国第一个生态省。到浙江工作后，2005 年我又提出‘绿水青山就是金山银山’，如今这已成为中国人民的共识。现在，全球光伏发电装机容量接近一半在中国，全球新能源汽车一半以上行驶在中国，全球四分之一的新增绿化面积来自中国。我们力争 2030 年前实现碳达峰，2060 年前实现碳中和。我们说到做到。”这生动、深刻、坚定地阐明了人类命运共同体的重要意义、中国节能减排取得的重要成就和引领世界落实绿色发展的大国担当。我们要领悟其中的丰富内涵，在更高的起点上推进机关和公共机构节能减排工作，为实现“双碳”目标，促进绿色发展，保护人类家园，作出应有的贡献。

七、政府采购管理注意事项

机关运行离不开物质保障，物质（服务）采购包括建设工程、服务项目、日常办公等方面。政府采购指各级国家机关、事业单位和团体组织，使用财政性资金采购依法制定的集中采购目录以内的或者采购限额标准以上的货物、工程和服务的行为。采购费用占了财政资金的很大比例，是机关运行成本的主要构成，其公正、适宜、效率、风险等特性受到普遍关注。政府采购分集中采购和自行采购。

集中采购的金额标准一般由财政部门制定，超过规定金额标准的，采购人委托代理机构(如政府采购中心)，通过公开招投标方式，确定产品供应商，并由国库直拨付款；自行采购是指未达到集中采购标准、在限额以下由采购人自行采购产品。两种采购方式不同，但都通过程序性规定，目的是用好财政资金，优选性价比最高的产品，防止浪费和防范廉政风险。政府采购相关的法规政策、采购运作和业务流程都很明确，在具体操作中需要注意以下几个问题。

(一) 集中采购

1. 分清职责界限

在具体操作中经常会出现采购人(机关)抱怨采购时间长、价格高、不好用等问题，而供应商反映的问题有时间紧、价格低、不好做等，夹在中间的代理机构，一时成为“众矢之的”。加上上有单子急催，下有投诉处理，上下受压。要改变或避免这样的情况发生，关键是各自要端正角色，先把自家“门前雪”扫干净，明确职责。采购人是采购主体，首先要明确自己的采购需求，即使不熟悉市场、不了解产品的具体情况，也一定要把要什么、用什么想明白，一味强调全权委托是极不严肃甚至是推诿责任，也是集中采购从开始就可能陷入困境的直接原因。采购过程要先明确每个步骤的要求。首先，采购人在正式进入招投标程序前，需在网上公开明示采购需求，并在规定期限内进行问询答疑；其次，采购人全程负责标书的撰写、定稿、审核，采购代理机构协助进行相关工作；然后，由代理机构依据政府采购目录、组织供应商投标和专家(专家库随机产生)评标，按规定程序完成采购流程；最后，在专家评审的基础上，由采购人确定供应商。在整个流程中，有两点应该引起重视，一是在商务谈判时，采购人要详细了解供应商的相关情况，尤其是技术特点和业务经历(前面讲服务质量监管时，讲到企业品牌，曾有机关运行服务保障经历且口碑良好的，应是考虑方面)，这对最终选准供应商十分重要。二是经专家评审，一般是最低价中标，如《招标投标法》第 41 条规定，中标人的投标应当符合下列条件之一：(1)能够最大限度地满足招标文件中规定的各项综合评价标准；(2)能够满足招标文件的实质性要求，并且经评审的投标价格最低，但投标价格低于成本的除外。但投标结果的产生少了采购人的最终选择权，专家的意见也是“仅供参考”。“两个条件取其一”，且是“一锤定音”。如果稍微调整一下做法，在专家评分后取前三名供应商，由采购人分别进行考察和谈判后，择其一为中标者。中标者可能不是最低价，但综合比较下来是最合适的。这样既体现了采购人的自主权，也给了入围企业多一次机会，是可以尝试的方向。这样一来，采购流程主体明确、责任清晰、程序公正，可以进一步提高政府采购的质量和效率。采购主体的地位、作用、责任也凸显出来，政府采购中心履行采购代理职责，完成规定程序和流程。购买的产品与需求有偏差，大多是因为采购人在需求明示、商务谈判、最终定标等环节发生疏漏或失误；采购流程或程序出现问题，则是政府采购中心的责任。当然采购中心也要精修业务内功、了解市场动态、熟悉产品特点、关心行业发展，以更加精准的眼光和高效的服务为采购人提供更优质的代理服务。

2. 加强“统购”人才培养

集中采购有专业分类要求，市、区政府采购中心一般按采购类型分设部门（尽管部门设置名称为“一科”“二科”“三科”等，没有突出专业涵义，但实际有专业分工，实行专业采购管理）。虽然，长期从事某一专业采购，熟悉行业、行情，了解产品特点，掌握前沿进展，有利于提高采购质量和效率，特别是在完成一些时间紧、困难多、影响大的重要项目时，专业化的优势十分明显；但是，长期从事某一专业采购，可能会成为不良供应商的围猎对象。为避免怠政和廉政风险，采购中心打破专业采购限制，按照“一人多技”“一岗多能”的要求，进行组织形态、运行机制、工作流程重塑；改专业采购单元为综合采购单元，人员定期轮岗作业，各类采购清单按照工作量总价值平衡分配原则，由中心统一分配给各部门，改变了过去部门按专业设置、业务按专业分配、人员按专业管理的做法，可称为“统购”。这样做既可以实现总量均衡控制，又可以优化各类资源的配置和使用。

黄浦区政府采购中心在这个方面做了很好的尝试。他们通过全面排查集中采购风险点和薄弱环节，优化工作流程，加大监管力度，创新“双随机、一公开”的做法，打造全能队伍，形成了依法合规、运转高效、风险可控的良好局面。“双随机”是指采购项目随机派单，经办人员随机选定。原先的项目分派模式虽然在对外联系上有一定的便捷性，但个人业务量存在不平衡现象，时间长了难免受“情面”因素影响，产生岗位责任风险。通过“双随机”分派，项目直接到经办人，减少了中间流转环节，不仅缩短了时间，还在最大程度上实现了经办人的随机性和个人业务量的均衡。除此之外，公开采购结果，主动接受监督。在具体落实上，注重“三个优化”。一是优化岗位设置。单独设立“计划受理”岗，负责统一受理项目、对外沟通联络，并做好需求完善、计划合并、政策解释等前期工作，然后再由系统随机分配到采购岗（经办人员）实施采购。这样既解决了采购人“不知道找谁办”“不知晓采购流程”“采购需求不规范”等问题，提升了满意度，又实现了业务流程节点的必要制衡，改变了“一人干到底”状况，降低了廉政风险。二是优化工作机制。建立标准化的评审流程，加强评审现场管理；规范对外文本和用语，制订标准化招标文件模板和部分项目评分办法（设备和物业管理类）；改变原来“一事一审”的单人审核监管模式，实行主任室集体会审、集体决策、集体监管，减少部分中间审核环节，缩短采购周期，提高采购效能。三是优化人员素质。通过例会共同讨论问题的方式，增强采购人员解决问题能力，逐步从专业型向复合型转变，不仅要做好“专科医生”，更要当好“全科医生”，培养“全能型”人才。

黄浦区政府采购中心这一系列创新做法，引起了行业的关注，得到了社会的好评。这就对领导能力建设、统购人才培养和团队整体业务水平提升提出了更高的标准和要求。目前市、区级采购中心作为指定服务对象的采购代理机构，分别负责市、区级机关集中采购任务。机构的唯一性，虽然有管理的便利，但是也可能因缺乏市场竞争和危机感而影响能效、绩效的提升。资源市场统一配置平台的建设和理念完善使得市场选择代理机构的因素不断增加，“指定”和“唯一”的格局很可能被打破。采购主体可以依据代理机构的业务能力、管理水平、过往业绩和业内口碑，择优选择；此外，代理机构间的跨区域分工协作也会逐步加强，形成从区到市，甚至到“长三角”、华东片区，乃至全国政府集中采购业务的一体化发展，为今后超大城市集群形成、长江经济带发展和政府治理优化，发挥积极助推作用。

3. 加强采购目录、专家库和供应商管理

政府采购目录应适应经济、科技、社会迅速发展的态势，尽量纳入新产品、新科技转化成果，包括新兴业态如服务业细分领域等。党政机关带头使用创新产品的示范效应很大。但要坚持三个方面的正确导向：一是坚持用国货，特别是计算机的硬件和软件；二是坚持绿色环保节能优先原则，只要安全性达标，即使是性能数据需要积累的新产品，也要提供支持、大胆用；三是鼓励使用中、小、微民营企业的产品，这样既体现了市场主体的公平公正原则，又响应了党政机关倡导的“大众创业、万众创新”。此外，要做好产品使用情况的回访。产品回访的深度和广度决定了市场选择的切合度，尤其是和机关运行保障特性的匹配度。要科学设计回访方案，重视用户反馈，把每一次采购的事前、事中、事后分析透彻，以便于提升采购质量，而不是走形式、要点赞。专家评标是政府集中采购的核心环节，是产品选择、成本控制和资源节约的关键。专家在前期需求认证、中期争议答复、后期项目评审中发挥了重要作用，对最终结果影响很大。专家库管理要注重机会公平、结构合理和运作透明，这是结果公正的前提；要保持专家库的更新率，及时吸纳补充新产业、新业态方面的专业人士；注意专家库专业与区域构成的合理性，同时预防专家成为围猎对象。政府集中采购涉及方方面面，需要各方面专家的参与，专家库的储备、充实、调整和更新十分重要。我们应从更大范围和区域考虑，突破城池所限，放眼长三角，全中国甚至是全球。随机产生专家名单，通过互联网，进行远程评标，努力实现“机会公平、结构合理、运作透明、结果公正”目标。

供应商管理也是政府集采的一个重要议题。产品质量、供给保障、营销方式和售后服务是关系供应商信誉的重要因素。管理不能简单地加码行政措施，要依据市场、法律法规（包括《政府采购法》）对供应商进行正面引导。随着法规体系的健全和市场治理的完善，企业反不正当竞争的自觉性逐步加强，促进了“诚实、干净、清正”的营销生态目标的实现。市检察院、市财政局和市政府采购中心共同建立了“供应商诚信度预检”机制，将参与经济犯罪案件的相关企业或法人代表列入数据库，一定时间内不能参与政府集中采购投标。采购中心在开标前，会先在数据库中进行检索，对此类企业取消投标资格，这对供应商起到了强警示效应，对政府集采起到了很好的“环境保护”作用。当然，现阶段主要针对上海的供应商（包括部分涉案的外地企业），若要全国推广，则需要统一规制、互联互通，做到“一网查天下”。

4. 创新采购服务机制

对采购人来说，大规模、大项目采购不是经常发生的，对采购效能、效率、效益可能造成影响的因素难以把握，也会使采购人对每次集中采购产生“能不能做好”的顾虑。这就需要政府采购中心从专业的角度，创新服务机制，把复杂的事情简单化、机制化，运用科技工具，调集市场资源，方便买家、卖家，为机关采购提供坚强高能的保障。

多年来各地和上海市政府的采购中心做了诸多尝试,为维护财政预算的严肃性、提高政府采购绩效、降低制度性成本、规范市场主体发展,积累了许多好经验、好做法。国家机关政府采购中心(以下简称国采中心)在这方面的创新做法,值得我们学习,也体现了很强的专业性、服务性和超前性。①

一是为需求编制提供专业化咨询。编制部分品目(家具类、物业类、印刷类、食材配送类等)采购需求的标准导引,提供专业、可操作的采购需求参考,协助采购人科学编制采购需求,节省采购人编制采购需求及实施采购时所需的时间和人力、财力成本,并对采购需求中的证明材料使用建议、检测报告使用要求、常用资质应用操作指南、产品分类及指标推荐等文件的编制,提供全方位、专业化服务。同时,打造文件编制系统,实现招标文件制作的电子化、模块化,系统自动按照流程生成投标文件,降低了采购人的文件编制负担,节省了与采购人论证、确定采购需求的时间成本,明确了文件交互过程产生纠纷后的各方责任,也大大节省了供应商和采购中心标书的制作费用(以国采中心年均完成约 2 000 个单独项目为例,每个项目平均 5 家供应商投标,若以纸质投标书 1 份正本 3 份副本计算,仅供应商的标书印制费用就可节省 110 万元)。

二是为政策功能落地提供专业化支持。《政府采购促进中小企业发展管理办法》印发后,经常出现投标供应商被拒绝甚至项目废标的情形,为此国采中心及时制定具体实施方案,通过调整小微企业价格扣除比例,加强政策解释和培训,在项目委托、文件编制、项目评审等环节设置提示功能,在中标公告中详细说明被拒绝的原因,耐心讲解《中小企业声明函》填写注意事项等方式、方法,废标率持续下降。

三是全面推行远程开标、评标。通过网上开标大厅、现场直播开标流程等方式,彻底改变了供应商现场参加开标的传统模式。2019 年以来,国采中心共完成远程开标项目 4 100 余个,京外供应商远程参加开标近 3 万次,也为供应商节约了差旅费。同时,集中解密的方式将平均开标时间缩短至 5 分钟以内,极大提升了开标效率和公信力;远程评标旨在“让数据多跑路”、让京外地区采购人和异地评审专家“评标不跑腿”。国采中心“远程评标”独特的组网模式和灵活的应用场景,均为业内首创。他们先后与 7 家京外单位签订了《远程评标

① 王伟、鞠业强:《持续降低政府采购制度性交易成本路径探析》,《中国机关后勤》,2023 年第 7 期。

合作协议》,异地评审专家和采购人可以去合作单位的"固定场所"或"机动场所"参加远程评标,并通过便捷组网方式,将"机动场所"开通远程评标的时间从5天缩短至半小时内,服务覆盖到新疆伊宁、西藏日喀则、海南海口等边远地区。2020年以来,共完成远程评标项目730余个,为180多家中央预算单位的780名采购人提供远程评标服务,累计采购额约28亿元。

四是规范评审组织工作。推行资格审查材料承诺制,省去供应商到相关部门开具资信证明等环节,缩短了资格审查环节的时长;进一步缩小并明确投标文件中加盖公章、电子签章的范围,减少了因资格审查漏盖公章导致的废标,降低了供应商参与政府采购的门槛和交易成本。制定和修订开标及评标管理办法、项目评审组织操作手册等内部制度,编印单独委托项目组织流程的业务指南,将评审经办人从"流水线"操作中解脱出来,向学习型、专业型、研究型方向发展。

五是推动采购数字资源向数字资产转化。通过梳理采购人库,为采购人、供应商提供优质服务,采购规模和评审承载力逐年扩大,集中采购目录外的项目数量日益增加。2022年,公开招标的目录外项目共150多个,金额近50亿元。经估算,相比委托社会代理机构采购,仅项目委托费一项即可节约上千万元。采购规模的扩大积累了丰富的供应商数据、中标产品数据和服务数据等,为开展采购需求指标统计分析,探索采购需求数据体系化、结构化,提高采购需求指标结构化比例,以及开展智能化评审奠定了基础,使采购产品的结构化配置指标成为资产管理的数据入口。

5. 实现"一体化"发展

随着国家资源管理体制改革不断深化和全国统一市场、统一平台的建设,以及更加成熟完备的大市场、大区域、大循环运作,要素资源集聚加速,也涌现出更多的优质公共产品,为机关运行保障与市场深度融入、走向"一体化"协同发展、机关运行保障绩效最大化和机关事务集约管理现代化,开辟了新道路。上海、浙江在政府采购领域率先发力,编制完成《推进沪浙政府采购一体化发展三年行动计划》,明确提出:共建一体化制度体系,推动区域政府采购"规则统一、标准一致";共创一体化采购新模式,构建政府采购"区域一张网";共享一体化信息,打造区域最优政府采购营商环境。目前沪、浙两地政府采用的均是"云平台",两者有较好的合并基础。2021年上半年,上海完成了首个跨行政级次的政府采购项目,即嘉定区集中统一组织实施合同能源管理服务项目。

这是首次跨区域、跨行政级次的政府采购项目，为探索更高层级、更大范围、更多事务的区域资源共享提供了有益借鉴。为“长三角区域合作办公室”提供服务保障的青浦区机管局，在《长三角一体化背景下政府采购资源共享的探索》报告中指出，要从采购资源共享入手，通过数据共享、人才共享、设施共享，突破“信息封锁”，串联“信息孤岛”，打破区域间的行政壁垒，实现跨越式、高质量、一体化协同发展。报告提出：一是构建“一张网”。同一平台采用统一的标准与规则，将在选择采购代理机构、促进供应商良性竞争、增强政府采购透明度方面，随着局部突破、全域开放产生积极效应。二是提质“专家库”。精熟专业领域知识、掌握相关法律法规的复合性评审专家是政府采购的宝贵资源，应将长三角甚至全国的优秀专家学者纳入“智库”，实现人才共享。设计激励机制，如在评审专家抽取环节中按比例增加就近城市名额，将异地评审的综合表现纳入专家考评，调动专家参加其他城市项目评审的积极性，解决专家资源不足或评审水准不均衡问题。三是打造“移动端”。依托互联网，政府采购实现了全流程电子化。考虑到政府采购活动的保密性，移动端使用场景有一定的局限性，但从长三角区域一体化发展要求出发，可以从两个方面进行探索：一是“项目＋加密”，使用移动端参与采购活动的，应通过密码认证，加密传送，实现便捷高效的“移动采购”；二是“移动＋场所”，如评审当天抽取的专家需回避，临时替换的专家可以使用“项目＋加密”的做法及时参与，也可在收到通知后，按照指引前往就近采购代理机构进行远程评标。这些建议和设想有些正在实施，如上述的国采中心和本市的采购中心都有很好的做法。从以人才、技术、资金为主要构成的市场资源看，其流向必然是以效能为导向。政府采购乃至整个机关运行保障，同样面临市场的抉择和考验，优胜劣汰不仅是机关事务选择市场主体的主要规则，也是市场机制对机关运行绩效的最后态度。资源集约、成本节约、区域联动、共同发展，是“一体化”的优势所在。因此，在更大空间、更多资源、更高标准、更优绩效的选择与要求下，“一体化”发展是必然趋势。

政府集中采购的主体责任、采购目录、专家库、供应商维护和管理、采购方式创新以及队伍管理等，涉及体制、机制、法制建设的方方面面。随着政策与市场的调整，政府采购体制、机制也会有相应的变化。作为降低行政成本、节约有限资源、体现市场公平的保障性功能机构，政府采购中心的职能只会加强，不会削弱。无论是财政局负责政府采购中心主体业务和专家库管理，还是市机管局负责人、财、物和队伍建设，不管是谁主管、谁分管，对政府采购中心的提质增效和健康发展，都需要高度重视、加强领导、主动关心；对采购队伍要严格要求、多加培养、热情呵护，使政府采购成为营造市场运作良好环境、实现资源节约最大绩效、匡扶社会清正廉洁风气的一面高扬的旗帜。

（二）自行采购

未达到政府集中采购金额标准的，则由机关自行组织采购，有专项采购，也有日常采购，与机关运行保障关系密切。与集中采购相比，自行采购虽然单次金额不大，但批量多、频次高，累计总量和金额巨大，如果对采购物品的目的、用途、过程疏于监管，极易发生物质浪费、不良采购和人物俱损的廉政风险。“千里大地溃于蚁穴”，是风险累积造成严重后果的形象写照。因此，必须高度重视，落实到位对经常发生、累计数额巨大的自行采购的规范和约束。随着政府集中采购限额标准不断提高，自行采购的占比也不断增大，加强管理和控制，不仅是一般经济意义上的成本问题，而且是对机关整体形象和作风建设直接产生影响的重要方面，必须成为机关内部控制的重要内容。

从机管局的实践来看，通过以下几方面的分类施策，取得了较好的效果。首先，建立由机管局领导牵头的采购工作小组，负责自行采购重大事项研究、决定和监督；其次，根据机关自行采购的主要内容、范围和特点，确定“零星采购”“批量采购”“服务采购”“涉密采购”四大类，对每类采购规定审批和执行程序，纪检监察部门全程监督。这四类采购的具体操作是：①零星采购。一般为办公用的易耗品，在规定限额内，经财务部门同意，由部门自行采购，无论是线下实体店，还是网上电商平台，尽量选择性价比高的产品，用公务卡支付，并出具含物品种类、名称、单价、数量、税费等详细信息的纸质或电子发票，完成审核报销后，列入部门物品领用台账，进出有记录。②批量采购。指总金额高于零星采购限额、低于集中采购标准的采购，一般先由主办部门将采购项目报采购工作小组，经会议研究同意并形成会议纪要后，由主办部门负责市场比选，或在早先建立的“供应商库”中随机抽取比选，一般选三家，确定报价和采购方案后，再报采购工作小组审核同意，完成采购。③服务采购。指审计、法律及其他专业技术等方面咨询类智力服务的采购，程序与批量采购基本相同，考虑咨询类服务的特点，确保服务与需求的对接和品质相对稳定，因此在服务期限的约定上，一般比其他采购项目要长一些，体制定考核办法。依据考核结果，由采购工作小组确定是否续签。④涉密采购。这一项与上述三类不同，它不是以采购总金额为标准来决定采购方式的，而是以保密性为第一需求。凡党政机关硬件建设或软件采购涉及保密事项的，经安全保密审核，符合保密立项的，经批准由申请机关按保密规定的相关程序自行采购，实行邀标采购。邀标采购是向具有涉密资质企业定向招投标，但不等于可随意指定供应商。机管局坚持“两个一”原则，即“一个不能少”“一步不能少”。一是“一个不能少”。邀标采购中，邀请对象、是否定向，也要体现市场公平原则。机管局需要向本地所有具有保密资质的供应商发出邀标通知，做到“一个不能少”（供应商是否投标，则由他们自主决定）。二是“一步不能少”。整个采购程序要严格按照政府集采规定程序和步骤进行，项目邀标、投标、开标、评标、定标等，环环相扣，“一步不能少”。坚持这两个“不能少”，机管局的涉密采购项目没有出现不安全、不健康、不廉政的现象。自行采购，总体没有发生过铺张浪费和违纪违法行为，这与坚持目的明确、要求严格、方法得当的针对性管理是分不开的。

此外，要说说“供应商库”的问题。从自行采购情况看，除零星采购（当然对供应商的选择也有具体要求，如必须是正规店铺、有正规发票等）外，批量采购、服务采购、涉密采购都要经过供应商比选，花费时间，影响效率，特别是紧急任务时，时间的紧迫性更加突出。为保障需求与程序公正，机管局尝试建立供应商库。在采购工作小组的主持下，由局国资处或办公室汇总各处、室采购需求，根据以往经验，确定了九类服务保障采购项目，基本涵盖机关运行服务保障的方方面面；然后委托第三方进行公开招投标，提出服务项目、权利义务、合同年限、结算方式等要求；供应商投标后，由招投标公司和相关处室一起，与供应商沟通交流，经多方考察，确定供应商名单，经采购工作小组审核同意，正式建库，与供应商签年度服务合同（每类服务项目一般确定三家供应商，合同年限一般为三年），并向局长办公会议作专题报告。机管局下属的国资管理中心负责供应商库的管理维护。每次采购进入供应商比选环节时，由业务部门向国资中心提出申请，国资中心从供应商库中随机选出一家供应商提供给业务部门；项目服务结束后，由业务部门对供应商作出综合评价，累计评分作为年度考核的依据。采购工作小组将年度考核情况反馈给供应商，并听取他们的意见建议，互相改进工作；合同到期后，再进行新一轮的招投标。供应商库也有短板，如果不保持一定的流动性，“生人”变“熟人”，又会产生“熟人好办事”的潜在风险；业务量较大的项目，会出现库中供应商过少的情况，不利于合理竞争、效能提升；业务难易程度不同，会造成供应商业务上的差异，对业务量小的供应商积极性会受影响等。经过公开招投标建立的供应商信息库省去了每次服务都要进行市场比选环节,机会前置、一次选择、契约服务、响应及时、办事高效、监管到位,这是建库的最大好处。如何兼顾效率与公平,既使优质供应商保持相对稳定,又不违背市场法则,确保机关高质量运行,是值得进一步研究和探索的。有些省市在探索构建现代公物仓新模式时,除了资产配置功能外,还扩大和增加了服务保障内容,即通过一定程序选择供应商进仓,努力做到全方位满足机关运行保障需求,这也是富有启示的创新实践。

(三)政府采购风险防控

不论集中采购还是自行采购,由于与产品、市场、资金关系密切,且工作环节多、情况变化多、操作程序多,采购过程中也会面临各种风险,而且各种风险因素之间的内在关系错综复杂。了解掌握政府采购风险特点对采取有效防控措施具有实际指导意义。

《上海高院政府采购风险分析与防控》阐述了单位政府采购具有“计划风险”“进度风险”“质量风险”“廉政风险”4 个风险。

① 计划风险,即实施采购计划前,因采购人自身管理原因,导致项目取消、计划推迟或变动而造成的风险。形成原因:一是项目前期立项论证不充分,需求部门在申报项目时没有结合自身工作实际进行详细分析,或经过充分的市场调查,项目实施缺乏必要性、可行性、科学性,导致后期无法实施,如对费用评估和预测过低,或提出资金需求依据不充足,导致预算申报时被财政部门大幅核减资金,最终由于采购标的批复预算金额与市场实际价格相差较大,造成公开招标时因报名供应商不足而流标。二是相关部门工作衔接不够紧密,需求部门与采购部门相互之间的职责不够明晰,个别项目在设计技术参数确定、合同签订、经费申请和审批等环节需反复协调,影响了采购计划按期实施。风险防控:加强项目认证、市场调查和预算编报,可采用项目管理模式,成立采购小组,理顺相关部门的职能与协同机制。

② 进度风险。政策、规定调整或本身工作不到位等因素造成的采购延迟完成风险。形成原因:一是采购周期较长。按照政府采购有关规定,一个项目的完整采购周期通常经过需求确定、项目立项、方式选择、具体实施、合同履行、资金结算 6 个阶段,每个阶段包含多个环节,就采购具体实施来说,包括发布信息、招标评标或磋商谈判,解决质疑投诉,确定中标供应商等。一般情况

下一个公开招标的采购项目，从选定代理机构到签订合同50天左右，如果期间处理质疑投诉，或需要澄清修改已公告的采购文件的，则耗时更长；二是前置预审不准确、不严谨。主要是采购人在实施采购前未按规定程序落实相关手续，造成过程中不得不“补漏”，影响采购进度，如工程项目涉及多个环节，如果哪个环节出问题，如工程量清单或图纸审核没做，就会导致整个项目延误。风险防控：加强节点控制、环节衔接、阶段清查、流程制约，强化执行到位。

③ 质量风险。采购的产品质量、服务质量是否达到招标时设定的标准，存在一定风险。形成原因：一是采购需求确定不合理，降低对供应商资质要求或降低需求产品服务的技术指标；二是评标、议标机制不完善，对投标人采用综合评分进行评标、议标时，重商务评分，不重视技术评分，造成一些技术能力强、产品性能优、服务质量好的供应商落选；三是重采购、轻管理，如履约验收不规范，考评机制缺失；四是绝对低价中标，因担心引起质疑投诉，简单地把价格高低作为中标与否的主要条件，致使一些投标人不以诚信履约为目的的低价抢标，中标以后偷工减料，降低标准和服务，严重影响了项目质量。风险防控：落实履约验收责任，把好验收关，实行采购与验收分离，加强全过程监督；实行项目绩效管理，制定项目质量指标及标准值，加强质量效益综合考核评价；严格按照财政预算执行，防范不正常低价抢标。

④ 廉政风险。政府采购项目一般经费需求较大，涉及采购人、代理机构、评审专家、供应商等多方当事人利益，自然成为廉政风险较多、较集中的领域，主要表现为采购过程中相关方可能发生利益输送风险，采购人成为围猎目标等问题。例如，将本该公开招标的项目化整为零，规避公开招标，擅自变更采购方式；长期委托一家采购代理机构组织实施采购、泄露项目招标信息、干扰招标采购评选结果、收受供应商好处等。风险防控：实行管采分离，强化监督约束机制；不断完善集中采购品目和采购项目标准，进一步优化电子商城定点采购、批量采购和框架协议采购等采购方式；建立采购代理机构评价体系，营造公平竞争和诚信经营环境；中标供应商应作出廉政承诺，并加大对其监督力度，对任何违背诚信和合法经营原则的行为，予以必要而适当惩戒，形成“一处受罚、处处受制”机制；加强政府采购工作人员的职业教育、法制教育和廉政教育。我们各级机关在实施政府采购时，必须结合工作实际，综合考虑上述各种风险因素及其相互影响，分类施策，系统防控。

以上主要讲集中采购过程中可能发生的风险表现及应对，对于自行采购也要注意风险的聚集和防控。除了机制健全完善,篱笆扎紧、扎密外,要研究将各机关通用项目采购统一纳入集中采购的做法,一次采购,分批使用,按实结账,既节省各机关人、财、物和时间成本,又减少采购风险发生可能。市采购中心以前曾经设想在市级机关试行通用办公用品进行批量集中采购,因当时条件尚不具备,只能"束之高阁",待机而动。现在在一些省市地区如苏州市试行机关事业单位通用办公用品批量集中采购,取得了一定的成效,既节约财政资金,降低行政成本,又强化集中统一,主动防控风险,为落实"勤俭办一切事业"及机关事务创新发展提供了多方面启示。

八、员工队伍建设注意事项

制度优越、资源优裕、组织优异固然是机关事务得以顺利展开的基础和条件,但关键在人,要靠政治过硬、技艺精湛、意志顽强、无私奉献的干部职工队伍。机关事务的职能特性,决定了队伍的多样性和管理的复杂性。机关事务工作队伍主要由"四方面军"组成:一是行政管理人员(主要是机关公务员),二是经营管理人员(主要是局属企业集团的管理人员),三是专业技术人员(主要是事业编制或参公人员),四是服务保障人员(主要是一线从事具体服务保障的人员)。这四支队伍是指主要由机关事务管理局系统所属机关本部、事业单位及企业集团人员组成,承担了机关事务管理、保障、服务的全部责任,是基本力量和核心主力。随着机关后勤社会化改革的不断深化,市场的参与度、融入度不断加强,并逐步成为机关运行保障主体和中坚力量,具体履行机关运行保障职责的经营管理人员、专业技术人员、一线服务人员等,也成为机关事务队伍建设不可忽视的重要力量。如何通过组织引领,使之成为相对稳定、业务精进、堪当大任的"生力军""突击队",是机关事务管理部门必须思考、研究和落实的重要课题。队伍建设首先要把党的建设放在第一位。党的"六大建设"(政治、思想、组织、作风、纪律、制度)具有鲜明先进性、坚定政治性和强大引领性,是党组织成为核心领导力量的战斗堡垒、党员发挥先锋模范作用的不竭动能。以党建统领机关事务队伍的各项建设,对队伍意志力、凝聚力、战斗力的养成和保持,具有根本影响和决定性作用。抓好基层党组织建设,通过党员发挥榜样示范作用,动员、组织、带领干部职工团结奋斗、无私奉献,淬火铸就一支作风优良、纪律严明、能打胜仗的高素质坚强队伍。机关事务队伍建设,要重点关注思想建设、职能建设、能力建设、文化建设、作风建设等几个方面。

（一）思想建设

思想建设与政治分不开。政治统领方向、道路、战略，思想讲认识、接受、觉悟。政治方向和思想方法是否正确，与能否认识掌握真理，确立正确的“三观”（世界观、人生观、价值观），成为理想远大、信念坚定、对人民有益的人密切相关。人们通过实践了解世界、认识规律、掌握真理；正确的“三观”指引人们确立人生理想；为了实现理想矢志不渝的奋斗，就有了“信念”。“千磨万击还劲节，任尔东西南北风”。这样的理想，一定是向上、向善的，使其内生驱动、永不言弃。《共产党宣言》指出：“过去的一切运动都是少数人的，或者为少数人谋利益的运动。无产阶级的运动是绝大多数人的，为绝大多数人谋利益的独立的运动。”这两个“绝大多数”深刻阐明了我党的价值观和奋斗目标的本质内涵。而当一个人的价值观和理想追求与人民、祖国、正义，以及“为绝大多数人谋利益”相结合时，就打开了更高、更新的境界，融入了“为人民谋幸福”“为中华谋复兴”的伟大理想之中；把个人理想升华为对党的初心和使命的坚守与担当，以及对人类社会美好愿景的关切与追求。树立和完善正确的“三观”，保持政治坚定与清醒，是思想建设的主要目的。思想建设要坚持正确的方向并探索有效途径，不说空话、套话，通过理论学习与队伍的思想相契合。树立理想信念、确立正确“三观”，首先要筑牢共同的思想基础，包括基本思想方法和基本人文素养两个部分，缺失任一方面，就会看不清正确的前进方向，弱化顽强奋斗的意志品质。

“云横秦岭家何在，雪拥蓝关马不前”。有了两方面的坚实基础，就能在任何情况下坚持正确的行进方向，找到解决问题的思路办法。这两个方面是：马克思主义基本原理和中华优秀传统文化。我党将马克思主义基本原理与中国革命实际相结合，创造性地发展马克思主义，使得中国社会主义革命、建设、改革取得了人类历史上从未有过的辉煌成就，中国式现代化成为人类文明的新形态。学习马克思主义基本原理，毛泽东思想、邓小平理论、“三个代表”重要思想、科学发展观，以及习近平新时代中国特色社会主义思想，运用蕴含其中的“基本内核”即立场、观点、方法，是从唯物辩证法出发，正确认识世界、改造世界的思想武器和科学工具。唯物辩证法从总体上解释与把握整个世界的联系性，是关于外部世界和人类思维运动一般规律的科学。能否掌握、运用这一科学的世界观和方法论，与“三观”确立和作风养成，以及认识事物、掌握规律和探索实践密切相关。

机关事务的复杂性在于许多事情并不能“一眼明了”其因果关系，事物处在变化发展阶段，有时更多反映的是每个节点与周边的相关关系，所以人的思想认识和事务处理也有一个逐渐深入、不断完善的过程。学习毛泽东的《实践论》《矛盾论》，运用“实践—认识—再实践—再认识”的认识规律；理解主要矛盾与次要矛盾、矛盾的主要方面与次要方面关系，以及矛盾在一定条件下的转换；把握矛盾的对立统一、量变质变、否定之否定规律等，特别注重“具体情况具体分析”这个被毛泽东认为是“马克思主义的最本质的东西、马克思主义的活的灵魂”，就能在纷繁复杂的事务中，保持头脑清醒、坚持正确方向，实事求是、直面问题、删繁就简、化难为易。任凭风浪起，稳坐钓鱼船。

另外，我们还可以从优秀传统文化中汲取智慧和力量，不断完善自己。“日暮乡关何处是”“西望长安不见家”，骨子里对生于斯、长于斯的故土的绵绵眷恋和明月夜、秋雨时萦绕心怀的幽幽乡愁，是中国人潜意识里特有的族群认同与文化认同。学习了解优秀传统文化，实际上是唤醒本已存于心中的文化认同。中华文明浩如烟海、灿若星辰、博大精深、绵密不绝，形成中华民族从古到今、一以贯之的宝贵文化传统。基层工作中，对传统文化的了解、吸收、宣传，都是远远不够，需要在“以文化人”方面主动探索。传统文化中精华与糟粕同在，我们要科学对待，去伪存真。比如，孔子提出的许多思想理念、价值观和道德规范，经过不断完善和发展，成为中华传统思想文化的重要组成部分，对民族品行养成、品格铸造产生了非常大的影响。如孔子提出“仁礼义”，后经孟子、董仲舒的发展，形成了“仁义礼智信”“五常”价值观。“仁”要爱人，“礼”讲秩序，“义”是适宜，“智”辨是非，“信”立忠诚，与社会主义核心价值观融合，成为广大人民日用而不觉的价值观念。孔子的思想核心之一“礼”，讲上下有位、长幼有序，对家庭、家族、社会维系与治理十分必要。礼仪是“礼”的外在形式，是对其涵义的形象表征。礼仪也是机关事务工作同志的“基本功”。正容、端行、仪安，不能有一点马虎。接待外国来宾时，这是礼仪之邦、泱泱大国的风范；接待国内客人时，这是大气谦和、开明睿智的气度。礼仪形象是机关事务队伍的整体形象，是上海城市精神的形象，是中华民族优秀传统文化的形象。“腹有诗书气自华。”汲取优秀传统文化的营养，对队伍建设具有“强基固元”效能，特别是在品德、智慧、境界、情怀等方面能唤醒我们内心文化的自觉，保持持续进击的内生动力。

习近平总书记在党的二十大报告中指出:“中华优秀传统文化源远流长、博大精深,是中华文明的智慧结晶,其中蕴含的天下为公、民为邦本、为政以德、革故鼎新、任人唯贤、天人合一、自强不息、厚德载物、讲信修睦、亲仁善邻等,是中国人民在长期生产生活中积累的宇宙观、天下观、社会观、道德观的重要体现,同科学社会主义价值观主张具有高度契合性。”运用马克思主义立场观点方法,学习发扬中华优秀传统文化,也是提升机关事务队伍素养和能力、做好队伍思想建设的切入口。要科学设计开展政治教育、理论学习、品德修养的有效途径与方法,通过对道理、学理、哲理的递进阐述,夯实共同思想基础,使队伍具有坚定的政治理想,保持良好的精神状态,养成朴实的工作作风。

在开展思想建设过程中,要注意把工作特性与个人追求相结合,要让同志们认识到机关事务工作的特殊性和重要性,把自己职业规划与事业发展相结合,把个人的成长、成才与团队的成功、成就相结合。组织要特别注意引导、发挥不同人员的长处,鼓励他们进步,使其在取得成就感的同时提高对工作特性的认识,夯实思想基础,并对周边的同志产生带动效应。思想建设也包括思想政治工作,党委要管,行政也要抓,既不是简单的搞大动员,说大道理;也不是一次暴风骤雨,更不是“处处口号”“满目标语”,要根据人的思维特点和认知规律,持之以恒,久久为功。思想主体的主动性是起决定性作用的。接触、了解、选择、接受、决定也是思想自主进阶的过程,人从客观世界中获取的思想原料越丰富、真实,思维方向也越来越正确,越来越接近真理,最终使之成为自己的思想明灯和信念支柱。提供“思想原料”是思想建设的关键一环。我们可以从平等交流、共享信息站位出发,向从事机关事务工作的同志提供历史与现实、传统与发展、经验与教训的真实材料,引导他们进行机关事务“是什么”“为什么”“怎么办”的思考,在思维加工的过程中,形成“机关事务”的整体形象,并通过对形象的理性认知,正确把握机关事务的意义与价值,使之成为指导自己工作的行动准则。这就是思想的力量和思想建设应该到达的境界。

(二)职能建设

这里讲的职能建设,只是根据行政管理权限和部门职责来梳理和研究工作效率问题,不涉及其他方面。职能建设很重要的一条,是对职责的全面认识和精准把握,这也反映了人们在职责设定过程中,对职责的界定、作用和实现的认识水平与把握程度。单位、部门职责的主体性、特殊性和独立性是不可替代的。而职责弱化是影响绩效的最大隐患。弱化的原因有很多种，其中，弱化、轻视职责实现过程中对每个节点的清晰认识和有效控制是重要原因之一。“不识庐山真面目，只缘身在此山中。”通过对行政管理过程或行政审批流程的梳理，可以厘清单位或部门的职责，找到发挥职能的最佳作用点。从纵向看，行政管理或审批反映的是单位、部门和岗位之间的联系，单位职能、部门职责、岗位责任应该是处在科学合理的系统运行之中；从横向看，岗位、部门的分工与协同直至单位职能的实现（单位分工与协同则出现在更高层级的运行之中），反映的是节点连接、运转啮合和组织精密的水准。岗位是单位组织的“细胞”，其行为规范与生命活力决定了单位机能的强弱；从这个角度讲，职能建设不仅仅是对既定职责的再认识、再实践，更重要的是将职责实现过程中负效应产生的可能与概率降到最低。因此，找到更敏捷的反应方式、更合理的运行路径、更高效的组织架构，是职能建设永恒的话题。

机管局承担着行政管理和部分行政审批职责，可以从三个方面探索如何强化整体职能意识和岗位职责认识。

一是尽量简化办事流程。实施行政管理或行政审批时，要重视权力施行的充分必要性与办事流程的简化，随着政策变化和职能调整，要及时清理原有的办事项目，根据“非必要不审批”的原则，形成新的权力清单；要定期进行信息与数据分析，找出冗余点，通过调整或再造流程，尽量简化办事程序。通过梳理权力清单或行政管理程序，可以发现程序冗余、环节较多、手续繁琐等问题，这是由旧的制度及流程造成的，要化繁为简，做到事项公开、程序简洁、办事快捷。

二是尽量采取网上办事。随着“一网通办”线上审批办事的推进，有些流程可以同时进行，大大压缩流程和时间。这也需要打破传统思维，如涉及有关办事、审批事项的材料没有实体留存，心中总不踏实，这里既有相关法律法规健全完善的问题，也有长期养成的心理定式的影响。要真正做到“数据跑路”，还有一段路要走。机关事务行政审批主要面对的是机关法人（即使公务员住房改革补贴审办，也一般由所在机关汇总审核，统一交机管局审批），行政审批完全可以早走一步，走全一步，对绩效和廉政产生正效应。

三是眼里有活更要有人。无论是职能实现还是事业推进、网上审批还是线下办事，都是人的主动性和创造性的体现。精密机器运转中，评估和关注的都是机器而不是零部件，同样在行政机关运行中，关注较多的是部门工作效能。要注意了解每个同志的长处、短处，既能通过人员最优组合发挥最大的工作效能，又能突出骨干核心的作用价值，营造协同配合、创优争先的良好氛围。什么样的岗位需要什么样的员工，什么样的员工适合什么样的岗位，这是职能建设必须面对的问题。应从研究制定岗位职责入手，尝试标准化管理。人事管理部门在制定岗位职责时，除了职责、权利、义务、能力等要素外，应进一步关注性格、情绪、社交能力等心理、情感要素，这既是在岗人员融合、互补的需要，也可以为岗位匹配性提供参考。

（三）能力建设方面

机关保障工作可以分两类：一是服务保障类，二是行政管理类。这两类业务的核心能力包括服务保障能力和领导管理能力，它们相互联系，又各自独立。下面讲的能力建设主要也是针对这两点。

1. 服务保障能力建设

从事服务保障的同志都需要具备较高水准的专业技能，无论是会务礼仪、餐饮厨艺、车辆驾驶、物业维护等日常服务，还是设备设施维护、消防安全管理、人防设施管护等技术保障。只有以此为前提，并以较高标准作衡量，才能高水平保障机关运行。机管局创设的“绿叶工匠”培塑体系，切合了机关事务队伍建设的特性。“绿叶工匠”是将“绿叶精神”与“工匠技能”相结合的机关事务服务保障战线上的骨干力量，平常发挥排头兵作用，关键时刻能攻坚克难。如何建立队伍培养体系，主要有 3 点：一是建立市区一体式“绿叶工匠”工作站，加强全市机关事务系统服务保障队伍技能培训，通过观摩、交流、实训、比武等途径，选拔高质量人才。二是师傅带徒弟，手把手地言传身教。技能的传承有时很难诉诸文字，是在长期探索实践中练就的。三是建立劳模、名师工作室，鼓励个性化创新模式，在高起点上引领专业技能的发展方向和境界提升。

2019 年 1 月，机管局人防中心挂牌成立以市劳模、高级技师顾红命名的“顾红(技师)创新工作室”。在绩效考核、职称评级等激励机制下，工作室不仅在技术层面成为破解难题、推进建设、完善管理的创新枢纽，而且通过“以工代训”、“五小”发明、“金点子”活动等途径，在培育专业技术带头人、抓好青年突击队建设、提升职工技能水平、提升单位整体保障水平等方面，发挥了“主心骨”作用。工作室成立以来，一批“金点子”项目实施落地 15 个，其中有数个项目成功申报实用新型专利，一批员工取得中级以上专业技术职称。命名设立一批劳动模范、能工巧匠“工作室”，目的与价值就在于通过“名师带高徒”“高徒带学徒”，把“独门绝技”传承光大，把服务保障做得更好。工作室以研发新品为主，为机关事务技能服务提供创新源动力。机关鼓励并提供技术能手参与冠名创新和平台展示，扶助他们向“工匠—大师—名师”进阶，形成“培养一批（基础）、命名一批（工匠）、创设一批（工作室）”良性循环机制，使之成为机关运行保障可持续、高质量发展的人才动能。“绿叶工匠”培训是一项系统工程，它需要培养、使用、奖励等制度化保障，也需要关心、爱护、理解等人文化激励。要先有“人”，再视“事”，这一点非常重要。

2. 领导管理能力建设

在机关事务工作系统，无论是行政管理还是经营管理、是具体服务管理还是专业保障管理，领导干部、管理干部都需要具备专业知识和业务能力，发挥动员组织作用，承担起领导管理的职责。领导力就是出色的业务能力加优秀的管理水平。但领导能力与领导力并不完全相同。当领导能力只是干部考察时应具备的能力之一时，它只是一种可能性；而领导力是领导能力作用于工作实际而被实践证明了的、产生改变实际结果的作用力。领导能力是理论意义上的认可，领导力是实践检验的结果。明末清初的思想家王夫之提出品格修养的“六然四看”，其中“四看”是：大事难事看担当，逆境顺境看襟怀，临喜临怒看涵养，群行群止看识见，这可以作为对领导力的诠释。

那么，在领导能力转化为领导力的过程中发生了什么？为什么有些具备领导能力且大家看好的干部却没有在领导岗位上发挥出应有的领导力？领导力不只是“业务能力＋管理能力＋N能力”的简单叠加，它是一种品格、学识、智慧综合作用的结果，我们必须跳开“能力圈子”或固化思维看这个问题。机关事务工作系统各级领导干部、管理干部的领导力养成和表现涉及很多，我们讲三个主要的方面。

首先是担当。大事、难事看担当。领导干部能否担起职责、负起责任，是做好带头人的关键。服务保障工作涉及服务对象的直接感受，群体中的个性差异和个体的特殊需求，可能因为条件不同，或处置不当，无法完全被满足，使服务对象对服务工作产生误解、不满；如果补救不到位、调整不及时，往往会造成一定的影响。这时就看带头人的担当了。在领导面前，讲问题时，用第一人称“我”，强调“是我的原因”“由我负责”；讲成绩时，用第三人称“他”或“他们”，强调“是同志们努力工作的结果”“是他们废寝忘食完成了任务”。如果在领导面前可以脱口而出地如此回应，就是心口如一、敢于担当的干部。这是把职工群体放在主要位置的一种本能反应，从心底尊重、爱护每个职工的辛勤付出，没有这样的“直指人心”，就不可能“见性成佛”。当然也有反用人称代词的干部，表扬用“我”，追究责任用“他”，这样可能让领导一时“不明就里”，但职工却“心中有数”。当然这并不是要无原则庇护、袒护有过错的职工。

当面对职工时，也要正确处理“人”和“事”的问题。有成绩，要及时表扬奖励；有问题，要慎重待之处之。处理问题时，可以先私下核实问题，分析原因，严肃批评，然后再在全体员工面前，讲清问题与原因，大家引以为戒。轻微的过错可以不点名批评，这样既不分散注意力，也给这位同志一个改正错误机会，当然犯错的同志主动站起来，做自我检查和自我批评，应该要给予鼓励。严重过错要严肃处理，既要处罚得当，也要程序公正，但不能把一般错误与严重错误混合，轻重不分、处理过当。这是一个干部敢于担当的应有表现。

其次是方法。关于领导方法，有许多学问之道和经验之谈，我们化繁为简，结合机关事务管理特点，围绕“三句话”进行探讨：带着同志们干，干给同志们看，看同志们怎么干。“带”“干”“看”就是干部的本色和底色。带着同志们干。作为带头人要对团队、事业负责，要带领他们踔厉奋发、勇毅拼搏。一个人单干，而团队涣散，成就再辉煌，也是失职。如何“带着干”，就要考验你的动员力、组织力和吸引力，以及你的人格魅力。而人格魅力的养成与第二句话相关：干给同志们看。第一，冲在前、干在先，业务精湛、水平一流，是专家，是名将，令人佩服；第二，勤于思考、善于总结、敏于驾驭规律、敢于突破瓶颈，不断优化作业标准和方法，有实实在在的成果，令人信服；第三，把握大势、与时俱进、领悟现实、洞察未来，想早一步、走早一步，有做“排头兵”“先行者”的勇气，敢为天下先，不怕“木秀于林风必摧之”，群行群止看识见，令人心服。技能、睿智、胆略，再加上高情商，能不令人心悦诚服吗？

常说“强将手下无弱兵”。在这种干部的带领示教下，“弱兵”也能够变成“真正的猛士”，这就是第三句话的意义了：看同志们怎么干。要让事业有成，必须靠团队的奋斗，要让团队劲力迸发，必须靠成员的勠力同心。领导在“看”之前，要先做功课：一是营造大家想干事、力争干成事的氛围。关键是尊重、关心、爱护每一位同志，尊重他们的劳作、珍惜他们的付出、鼓励他们的创造、关心他们的生活，士为知己者死，每个成员没有理由不为团队目标的实现砥足用劲。二是善取各人所长，放在合适处、用在需要时。好钢用在刀刃上，完成重要任务、解决难题时，要选好队长、配好队伍、用好工具，这样才能事半功倍。和羹之美在于合异。要以团队为整体，注意调动每个成员的主动性和积极性，在岗位配置和工作展开时善用其长、巧补其短，尽量减少无意义的内耗，实现岗位协同互补，优化团队整体效能，使之精密啮合、高效运转。三是发现、培养好苗子，交任务、压担子，淬火锤炼。人才是第一资源，是事业接续发展的最大保证。要重视青年后备力量的培养和锻炼，搭建平台，展示他们的潜能，锤炼他们的品格。平台要打破现行管理体制，跨单位、跨部门、跨业务搭建，打破层级、职级的限制，从机关事务的难点、堵点、痛点问题入手，组织项目专攻团队，攻克棘手的问题。机管局也以这样的方式组织开展“重大课题研究”“行政权力清理”和设立党支部“党建联络员”等，培养、锻炼了青年人才，并取得了很好的效果。因此“看”的是同志们成长、成熟、成才过程，使同志们在事业取得成功的同时，获得成就感。这是最值得珍惜的。

最后是襟怀。襟怀是讲处事待人的态度。我们从古至今都十分注重家国情怀，“以天下为己任”“穷则独善其身，达则兼济天下”“己欲立而立人，己欲达而达人”。机关事务工作遇到的“处事”待人的问题较多，如涉及机关运行保障的“三资”管理，最大的矛盾就是保障需求增长与资源供给不足；实行集中统一和标准化管理后，矛盾有所缓解，虽然，我们也正在尝试通过系统控制、成本控制，找到合理解决的途径，但是难免会有不理解、抱怨、责怪等情绪出现。从一线员工到管理干部，再到机关部门负责人，有情绪传导，也有压力，即使这样也要细心耐心地做好解释。时间一长，压力集聚，如果没有正确的自我认识、坦荡襟怀、深厚涵养，没有单位组织及时做思想工作和朋友间的疏导，就容易出问题。

我们要重视工作中的情感波动，做好思想引导、职业指导、心理疏导和涵养倡导工作。不仅要了解关心他人，更要清醒认识自己，重视这几个方面：一是提升能级。有些同志被提拔后，管理范围及职责加大了，需要在新职位上形成新的领导力。如果适应期过长，则会产生焦虑情绪，应该找准原因，及时化解。二是学会欣赏。应该真心真意的欣赏身边的每一个人。一线员工和基层干部用自己的专业技能和工作水平，在机关服务保障一线辛勤付出，令人肃然起敬，我们应该欣赏这种平凡和谐的美。领导干部要调整自己的位置或身段，和同志们在一起说、一起干、一起乐，先做同事，再做朋友，后做领导，欣赏身边每一个人，包括对你有意见的人。只有心有共鸣，才能凝聚人心，才能齐心协力“移山填海”。三是乐观处事。机关事务的琐碎事、麻烦事、烦心事不少，碰到这种情况可能产生负面情绪；相对于一线部门，晋升、提拔的机会较少，常有“逆境顺境看襟怀”“临喜临怒看涵养”的感叹。作为领导，自己权限内的事，要尽量想得缜密、做到极致；对与自己意见相左的同志也要如此，比如晋升、提级、给奖励，向组织举荐、推荐。作为组织要发挥自身优势，既要为同志们排忧解难，努力争取资源，在工作上、生活上多办实事，又要为同志们提供成长空间，在思想上、政治上多给予职业荣耀，使之把个人职业的成就感升华为伟大事业的使命感。不气馁、不放弃、宠辱不惊，靠的是平日的磨砺。

（四）文化建设方面

带队伍、干事业，需要凝聚人心，以及坚强的斗志和高昂的士气。一个单位、团队、系统，总有自己的价值观念、精神特征和传统基因，以及思维方式和行为范式，这种职业习惯或业态特性也是文化的本色反映。当团队产生了对一致目标追求的动力时，精神的鼓舞作用是不可限量的。确立共同的理想追求，并培养向上、向善、团结奋斗的精神，是机关事务文化建设的首要任务和工作目标。机关事务的“绿叶精神”如革命精神、工匠精神和企业家精神等，熔铸了机关事务特有的价值追求与理想实践，我们要发扬这种精神和树立典型代表，培养自己的“英雄”、发现自己的“神话”、弘扬自己的“精神”，使之成为机关事务工作的文化印记。如果我们从中萃取优秀精华结合民族的、世界的优秀先进文化，形成机关事务特有的文化特质、文化追求、文化境界，以“文”化人，以“文”化俗，锻造一支高素质、高水平、高士气的机关事务队伍，必定能不断提升机关运行保障工作的效率和质量。

1. 搭建交流展示平台

同事之间的交流不能仅限于业务与指令，更多地应该是朋友层面的多维交流，信息交流和才艺展示平台是实现人的全面发展的途径之一，也是人有尊严生活的具体体现，各级领导要关注和重视。可以依托党委、工会、妇联、团委等，平时多组织学习参观、读书交流、专题研讨、讲座报告、论坛演讲、才艺展示、竞技比赛、季节出游、亲子活动等，并通过组织各类“兴趣小组”“绿叶艺术团”，举办主题活动等，使机关事务文化活动保持活跃度。

“市政府通信班”创作的小品《接电话》，在上海市会演中广获好评；上海市孙中山宋庆龄文物管理委员会与高校师生编演了孙中山、宋庆龄事迹的情景剧，并开发了“孙宋”系列的文创产品，体现出较高的专业水准，提升了整个队伍的文化素养。1994 年 9 月 28 日举行了市机管局首届文化艺术节，时任市委常委、副市长致辞，市政府、市委宣传部、市级机关工作党委等出席活动。此后，“国庆”“建党”“红军长征胜利”等重大纪念日和重要活动时，都会由机管局工会牵头，组织举办高水准、大规模的职工文艺汇演活动，市、区机关事务系统的同志都会倾情投入，节目精彩纷呈。

文化、文艺活动不是简单的写写画画、唱唱跳跳，更反映了职工心理调适和情感抒发的需求。“诗者，志之所之也。在心为志，发言为诗。情动于中而形于言，言之不足故嗟叹之，嗟叹之不足故咏歌之，咏歌之不足，不知手之舞之，足之蹈之也。”(《毛诗序》)“情动于中而形于言”，嗟之叹之，舞之蹈之，是人的真性情流露。“人生而静，天之性也。感于物而动，性之欲也。”(《乐记》)职工文化文艺活动以团队为单位，通过对理想和美的追求提升了队伍的价值观、意志力和境界。职工也在活动中调整了状态，不仅在审美过程中，激发了新的精神关注点，在纯净愉悦的世界里放飞自我，重新认识了自我价值，而且增强了团队的向心力、凝聚力，使每个同志都能以健康、饱满、良好的精神状态投入工作中去。真心支持、真情投入、真正办好职工文化、文艺活动，功莫大焉！

2. 注重提升人文素养

尊重人、关心人、理解人、爱护人，是人道精神和人文传统的主要内涵，是革命队伍“大家庭”的好家风，是中华民族优秀传统文化的精髓之一。孔子遇马厩失火，不问马，只问“伤人乎”。人是最宝贵的财富。无论是一线服务还是供给保障，都依靠工作人员的辛勤劳动和付出，在管理工作中要特别注意只见物、不见人，只理事、不问情的现象发生。作为个人，要有“穷则独善其身，达则兼济天下”的思想准备，不管身处顺境或逆境，面对成功困厄，都要不改本色、矢志于道；作为组织，要始终把干部、职工的主体性、积极性和创造性放在第一，只有在其乐融融、温暖如春的“大家庭”中，人们才能更好地团结奋斗。我们可以从民族精神、价值取向和审美伦理中汲取营养，培养和提升职工的人文素养，从品格、素养、境界、襟怀等视角，营造精彩纷呈的精神天地，使大家有真实的获得感。机管局、机关事务协会、复旦大学上海机关事务研究中心(机管局与复旦大学联合组建，成立于 2019 年，简称复旦研究中心)共同举办了“机关事务管理人文素养与领导力提升”系列讲座，包括中国共产党的先驱精神、宏观经济形势与热点问题、构建韧性安全城市、生态上海与长三角绿色生态一体化、人文上海、庄子的智慧、数字时代领导干部的数据思维与数据素养等主题，观点鲜明、资料翔实、视野广阔、内容深刻，受到了大家的欢迎。

3. 开展重大课题研究

机关运行保障具有全局性、方向性、根本性重要特征，必须对服务管理经常出现的难点、堵点、痛点进行条分缕析的研究，总结经验、掌握规律、破解难题，形成指导理论。机管局坚持每年针对重点调研课题，组织专项课题组，与市政府发展研究中心、复旦研究中心、市委党校等开展联合调研工作，同时将调研成果转化为机管局重点工作。近年来机管局在法治建设、标准建设、效能建设，以及国有资产管理、办公用房管理、节能减排、服务监管、安全管理、“一网通办”等方面取得了创新性突破和引领性发展。这与高质量的调查研究、课题研究和注重成果运用是分不开的。特别是机管局领导班子审时度势、见微知著，善于提出和把握全局性、根本性、关键性问题，这对推动整体工作的过程至关重要。比如，机管局主要领导十分关注机关事务软实力建设，提出 4 个思考方向，对思想磨砺和创新突破，具有突出的“头雁”效应：一是在国家治理体系下，从宏观与微观视角阐述机关事务人文建设与法治建设的关系；二是从上海软实力建设要求与机关事务价值体系相契合，探索反映上海机关事务价值体系的逻辑表述；三是注重历史研究与现实表达相结合，探索文化建设的新模式；四是注重科学与哲学思考，探索实现机关事务治理体系与治理能力现代化的具体路径。这些观点从思考方向、对象涵义及其联系辨析、运动规律及实践效应等方面，对课题研究及成果转化具有指引作用。只有在理论上保持清醒，并以不断发展的理论指导实践，才能办成事、才能有发展。事业成功的要素之一在于视野阔大，视野阔大在于思想始终行进在攀登高峰的路上。

4. 探索学科体系建设

机关事务文化建设不仅要有群众喜闻乐见、生动活泼的文化活动，也要有专业拓展与思想洞察，更要有科学阐述机关运行保障规律、知识理论体系完备的专门学科。机关事务保障管理中的资源配置、分工协同、成本控制、绩效管理等综合性事务就是行政管理的主要研究对象。建立机关事务学科体系，不仅有利于完善中国特色行政管理学体系，而且对机关事务高质量、可持续发展提供了学科支撑和学理指引。复旦研究中心始终积极推动机关事务学科建设工作。2022 年，复旦大学正式设立政府运行保障管理硕士研究生学位二级学科。在建设学科体系的同时，机管局、机关事务协会、复旦研究中心联合编制了“机关事务管理培训大纲”，积极探索机关事务理论研究与实践探索的结合点。

2023年下半年，机管局、机关事务协会、复旦研究中心联合举办了机关事务管理研修班，参加对象主要是市、区机关事务管理系统近两年新提拔的处级干部。研修班一改传统的学习培训模式，从新时代对机关事务管理干部综合素质的新要求出发，扩大视野、拓展思维、提升格局，培训的创新性主要体现在学术性、专业性、开放性3个特点上。(1)学术性。教授、专家围绕资产经营与管理、房地产经济、绿色低碳等机关事务相关方面，介绍各领域最新的理论研究成果与前沿视点，帮助学员们增强理性思辨的能力。(2)专业性。由机管局各业务处、室的负责人，介绍业务推进重点、瓶颈和对策，帮助学员们增强把握规律、破解难题的能力。(3)开放性。请本市各业务主管部门介绍社会治理过程中的创新实践，如请上海市人民代表大会法制委员会谈全过程人民民主建设的理念与实践、请上海市市场监督管理局谈市场的管理与治理、请上海市标准化研究院谈标准的创制与管理、请上海市公安局谈交通安全风险与管控，等等。通过这些看似与机关事务没有直接联系的单位分享其在参与社会治理中碰到的问题和应对措施，可以帮助学员们举一反三，更全面地认识新时代机关事务创新发展的重要意义，探索机关事务治理体系、治理能力现代化的有效途径。研修班着眼拓展、提升新任领导干部的"大视野、大思维、大格局"，着力探索学术性、专业性、开放性交融互鉴，学科、学术、学理密切结合的教学与培训新模式，为更好地服务机关事务队伍建设，做了有益的尝试，并得到了各方面尤其是学员的认可。

（五）作风建设方面

把作风建设放在最后一条，也说明了作风建设的重要性。一般认为作风建设是领导干部的事，"八项规定"和反"四风"等都是针对领导干部尤其是中高级领导干部提出的纪律与作风要求，职工群众要做到理解支持并主动参与监督落实。但是从历史和现实看，机关事务系统从上到下、从一线到机关、从职工到干部，整个队伍都有作风建设的现实必要性。其一，机关事务具有政治性与服务性的高度统一，其职责履行和责任担当，与机关是否能正常平稳运行直接相关，因此它的管理必须是系统控制、服务要整体到位，这体现了一个"严"字。其二，无论是一线服务，还是"三资"管理，都是直面人和事，必须实实在在的，搞不得半点"花架子"，这自然就提出了"实"的要求。其三，机关事务事多、量大，不能有疏漏、随意放过，在处理事务的过程中，既要心细又要周全，要仔细、精细，体现了一个“细”字。其四，服务保障过程中，用钱用物是经常发生的，要厉行节约，反对浪费，勤俭持家，这是机关事务的工作准则，也是管住自己的“紧箍咒”。有些“做派”造成了一定思维定势和习惯手势，虽然在落实“八项规定”、实行纪法严管后，“手势”端正了、规范了，但思维定势不破、习惯成痼疾，就有回潮的可能，必须常抓不懈，久久为功，“坚持勤俭办一切事业”，突出一个“俭”字。其五，机关事务涉及的工程建设、项目招标、“三资”管理、资产处置、物资调配，以及大量的日常采购等，涉及权力和金额较大，被“围猎”“寻租”的风险也大，从领导干部到业务员甚至是办事员，岗位廉政风险不可轻视。在“把权力关进制度笼子”同时，必须把清正廉洁放在作风建设的重心位置。管好“三资”，首先要管好队伍，拒腐防变就是保护干部，就是保护最大的资产。做实基层廉政风险防控，同样需要发扬抓铁有痕、踏石留印的精神，从具体抓手入手，逐步形成系统有效的机制，因此，机关事务作风建设要突出一个“廉”字。

“严、实、细、俭、廉”是机关事务作风建设的五个重要方面。通过抓住作风建设这个“牛鼻子”，带动其他方面，真正建成一支“忠诚、干净、有担当”的队伍。作风不仅是行事风格，也是品格情操的体现，既带有行业的印记，又具有传统承续的脉动，只有始终坚守初心和使命，不走偏、不走样，才能保持机关事务的作风底色和本色。抓作风就是抓问题，“发现问题—分析问题—解决问题—预防问题”，循环往复，既体现了作风建设的问题导向，也决定了作风建设必须常抓不懈。而领导班子、领导干部是作风建设的核心与重点。领导班子在人、财、物管理上有决定权，如果风气不正，不仅坏了一个单位，更毁了一支队伍。可以从几个方面探讨领导班子作风建设的途径。

1. 严格遵守“三重一大”议事规则

领导班子的正风肃纪，首先是要坚持和完善民主集中制。遵守“三重一大”议事规则（1996 年，中共中央纪律检查委员会十四届六次全会明确，重大事项决策、重要干部任免、重大项目投资决策和大额资金的使用必须经集体讨论作出决策），特别是要重视“三重一大事项”议决过程的纪实。“纪实”是原原本本记录，再现真实场景。特别是议题确定（是否临时动议）、讨论发言（原始记录）、决议表态（不能以“一致通过”替代每个班子成员的表态，包括无记名票决，必须票票唱到）环节；涉及干部选拔任用、人员录用、薪酬分配方案（按管理权限）的按规定报备。每年局党组成员带队检查“两个责任制”（党的建设责任制和廉政建设责任制）落实情况，单位领导班子会议记录是必查项目。

2. 开展落实“八项规定”精神情况专项审计

局审计室负责，定期报告与驻点审计相结合。各单位每月将上月发生的公务接待、公务出差、业务培训等项目事由与经费使用情况并附详细清单，一式三份，报局审计室、财务处、机关纪委。若无，则零报告；如发现异常，则及时查清、处置。一般在下半年9—10月，局审计室到各单位驻点看账，对落实“八项规定”精神情况进行专项审计，有问题，则查原因、找漏洞，属管理不到位或政策把握不准的，约谈领导，限期整改；若明知故犯，触碰红线的，则严肃处理。每年的专项审计情况都要向局党组作专题汇报。

3. 定期巡察基层单位

按照党的巡视工作规定，巡察是局级单位党组织负责对所属基层单位定期开展的检查，重点是执行党的决议、遵守党的“三重一大”议事规则等制度规定和各项纪律、加强党风廉政建设等情况，不是工作检查，是政治巡察。巡察组一般由机关党委、纪检、财务、审计等部门人员构成，驻点检查，重点围绕领导班子和领导干部在政治纪律、思想建设、工作作风、廉洁自律等方面情况，抓住在人、财、物管理方面反映的突出问题，进行个别谈话、座谈了解、查阅档案、核实举报。实践证明巡察是去除基层工作痼疾的利剑，对及时发现和解决问题、做强党组织建设、营造风清气正的政治生态发挥了重要作用。

4. 公示“问题清单”及整改结果

党内开展主题教育实践活动时，要梳理“问题清单”并对号整改。机管局在局域网上建立“转作风、促整改、助发展——即知即改工作平台”，通过项目化管理，把局党组和所属企事业单位的所有整改工作，一并纳入网上平台，公开问题清单，公示整改结果。每年将通过检查、考核、审计、听取意见、民主生活会等查找和反映的问题，梳理、编号、入列，明确责任人、“销号”时点、进度状态、结果评价，全程公开透明。这给领导干部实实在在压实了整改责任，为什么“不给面子”？一是过去每到年底总结，讲成绩，精彩纷呈；讲问题，不痛不痒，同样的问题反复出现。二是整改不到位，出现走过场的现象。好机制要坚持，列出“问题清单”，开出“治病药方”，要让“药效”持续，不能淡化。

5. 以项目为导向落细“一岗双责”

在岗领导干部不仅要履行好岗位职责，还要担负起党风廉政建设责任，这是“一岗双责”的本义，一般在开年工作时签署“领导干部党风廉政责任书”（简称责任书）。如果责任书的内容泛泛，没有岗位个性和工作靶向，可能会滑向形式主义。责任书由三部分组成，一是廉政自律承诺，二是分管部门责任落实的承诺，三是提出当年责任落实的具体项目。责任项目以补短板为具体目标，一般有 1—2 个，着眼瓶颈问题解决和制度、机制完善，如梳理关键岗位与岗位风险，制定联防联控措施等。在领导班子民主生活会和年终考核时对责任书的落实情况进行自查和检查。局属企业集团则重在人事、财务会计、销售、工程和服务保障等方面，梳理关键岗位、关键人员，强化制度、教育、考核措施，落实风险防控，守牢“底线”、不越“红线”、敬畏“高压线”。

6. 用好行政审批权力清单、责任清单

参照上海自贸区的改革经验，全市大力推进行政审批制度改革，产生了三张清单（“负面清单”“权力清单”“责任清单”），取得了简政放权、高效透明的显著成效。机管局按照市政府部署，认真梳理国有资产、办公用房、公务用车、公务员住房管理的行政审批事项，制定权力清单，明确权力边界，再造审批流程，并实施网上审批。通过这些工作，发生了两个“改变”：一是改变过去“抽屉式审批”的做法，让行政审批及其他行政管理事项尽量公开。在内容公开、流程透明、时限规定、责任可溯的全方位监督下运用行政审批权力，提升管理效能，防止不作为、乱作为的现象发生；二是改变公务员对公权力的认知，增强行政责任意识。对公权力认识是否端正，直接影响到公权力运用的偏正。行政审批公开化，最主要的是对权力实施的对象、范围、内容，做清晰界定，保证流程公开透明，这就颠覆了过去把“权力说明”放在抽屉里的做法。因此，要改变认知、重塑理念，同时通过行政责任体系建设，确保行政审批改革的完整性和公正性。岗位是职能建设的基础，“毫厘之差”都可能影响全局。因此需要从适应体制改革、机制转换出发，根据权力清单、责任清单，结合部门职责、公务员岗位，细化权力与责任，提出履职规范，研究岗位适配素质，制定行政过错责任追究办法，逐步形成较为系统的公务员行政行为规约与行政责任管理办法和制度。

7. 健全完善组织领导体系

落细、落小、落实廉政风险防控，不仅要有“顶层设计”以统筹具体方法、路径的选择，而且要讲“顶层责任”以确保机制、措施取得实效，因此构建有效控制、高效运行的组织领导体系，十分关键。机管局按照纪检工作体制机制转换要求，及时调整了局党风廉政建设组织领导体系，进一步明确职责，完善制度，加强协同。局党组负责总体工作，直属机关党委负责具体的组织实施工作，包括开展宣传、教育、检查、考核工作；直属机关纪委负责监督、执纪、问责和查信办案；相关职能部门各司其职，加强对基层单位的日常监督，如人事处负责干部人事重大事项监督，重点是干部选拔任用、人员录用、薪酬分配等；财务处负责内控制度的制定与实施，监控大额资金流动、财政预算执行情况等；审计室负责所有单位（包括局机关本部）领导干部经济责任审计及专项审计。因审计室不能单独建制，设置在财务处，即财务处（审计室），但财务处长不兼审计室职务，审计室设一副主任主持工作，财务处、审计室分别由两位局领导分管。这一组织领导体系的每个环节都与纪检组保持沟通和协同工作。这些工作是基层努力扎紧制度笼子、加强作风建设的组成部分，是为了在作风建设的路上走得更加踏实和坚定。以"落细、落小、落实"要求作指引，坚持不懈，必有大成。

在探索队伍建设和整个机关事务相关工作讨论后，最后，讲一个在《人民政协报》上看到的故事。经典油画《开国大典》（董希文作）中，毛泽东身后站着笑吟吟的朱德等领导人，一起见证"中国人民从此站起来了"这一改天换地、创造历史的伟大时刻。这幅画的原版是《东北画报》的摄影记者陈正青拍摄的传世经典照片《毛主席在天安门城楼上向全世界庄严宣告中华人民共和国中央人民政府成立》，但是照片中却没有朱德的身影。作为中央人民政府副主席、中国人民解放军总司令，朱德毫无疑问应该站在毛泽东身边，这又是怎么回事呢？原来由于天安门城楼的观礼台偏窄，空间有限，参加开国大典的人又多，在并不宽敞的天安门城楼观礼台上，想要拍摄一张完整的照片，无疑是一件难事。只有三名记者被批准登上天安门城楼拍摄，陈正青是其中的一员。为了寻找最佳拍摄角度，陈正青只能倚着城楼的汉白玉栏杆，尽量将身体后仰。但是专注拍摄的陈正青并没有意识到有坠落的危险，而站在毛泽东身边的朱德为了腾出空间，方便记者们拍摄，主动退后一步，当他发现陈正青时，急忙快步冲上前去，双手紧抱住陈正青双腿，帮助他完成了拍摄，却把自己留在了镜头之外。

这样的场景不止一个。据三名摄影记者之一的侯波回忆，她在开国大典上跟拍毛泽东，当看到毛泽东走到天安门城楼右边时，侯波想拍一个毛泽东侧身的镜头，但由于空间有限，她只能冒着危险将身体探出前廊边的矮墙，她一再往后撤身，但还是取不到满意的角度。正在这时，旁边有人抓住她的衣角说："你放心大胆地取景吧，我抓住你。"拍完后，侯波收回身体扭头一看，帮忙的人竟然是周恩来。过了一会儿，侯波又急忙换到另一个位置，陈云又主动伸过手来，抓住她的衣服说："我来帮你，赶快拍。"读了这个故事，我们领悟到了什么？

余　论

“凡人者莫不欲利而恶害。是故与天下同利者，天下持之；擅天下之利者，天下谋之。天下所谋，虽立必隳；天下所持，虽高不危。故曰：‘安高在乎同利’。”人都是趋利避害的，始终与天下人同利者，人民就拥护他；而专擅天下利益者，人民就反对他。人民反对的，其权势再大，也必将堕毁；人民拥护的，其地位虽高，也不会有危险。所以说“居高不危”的关键是“与民同利”。在世界百年未遇之大变局中，我党坚持全心全意为人民服务，领导人民坚持走中国特色社会主义道路，推进中国式现代化，为人民谋幸福，为民族谋复兴，为人类社会进步创造了新文明形态，为世界历史发展指明了正确的前进方向。

作为国家治理体系组成部分的机关事务工作，就必须与党的治国理政先进理念、与国家治理体系和治理能力现代化建设、与新时代提出的新任务、新要求相适应。永远不忘初心使命，始终不改政治本色，努力践行全心全意为人民服务宗旨，赓续红色传统，弘扬绿叶精神，在传承中创新，在创新中发展，为党和人民的事业提供重要保障，更好地服务党和国家的中心工作，更好地服务国家治理体系和治理能力现代化，为我党长期执政、不断实现人民对美好生活的向往、维护党和国家机关的崇高形象，发挥应有的作用。机关事务要紧随党和国家深化改革、加快开放、高质量发展全面推进的步伐，以深化改革为牵引、扩大开放为动力，确立新发展理念、探索新发展路径、制定新发展措施、构筑新发展格局。要坚持以资产管理为基础的集中统一管理体制，加强法治化、标准化、信息化建设，吸纳时代进步成果，发挥独有的制度优势，促进新质动能的形成，在更宽领域、更深层次、更高追求上有新作为，实现机关事务的高质量发展，保障机关运行顺畅。在不断深化改革、完善法治、健全机制的前提下，有几个方面的情况今后值得我们关注和研究。

一、规制完备

做什么事情都要有依据、有分寸、有标准。机关事务重心从后勤服务转向资产管理，并形成集中统一管理体制，是体制性的变革；加强机关事务法治化、标准化、信息化建设，是构建新型运行机制、实现并确保这一体制稳定持续运转的必要保证。如果说信息化是“工具性”“技术性”治理的体现，那么，以法治化、标准化为主要特征的规制治理，则是机关运行保障新质动能的重要构成。我们通常讲的政策、法规、制度、规章、标准等都是规制的主要内容。规制是从维护群体根本利益出发，通过对目的的清晰诠释、对结果的预先设定和对个体行为的必要规约，在充分保障个体正当利益的前提下，促进群体利益得到公平公正的维护及均衡持续的发展。美美与共，天下大同。这一点对机关事务管理有重要意义，也是党的十八大以来机关事务从观念到运作发生根本性转变并取得重要突破的动因。

机关事务管理行政相对人主要是各机关、事业单位法人，在缺乏标准或标准体系不健全的情况下，行政管理主体与行政相对人在处理相关事务，尤其是涉及“三资”配置时，非制度化、非标准化处置的情况总是存在的。虽然对行政审批项目有明确的标准设定和程序规定，但在处置其他非行政审批项目时，难免存有主观性选择。当然也应该鼓励一些制度性的探索尝试，而不是简单视之为“乱作为”(科技创新领域十分重视和提倡“非共识”创新，尤其是在原创性探索项目方面；对行政管理来讲，不能作试验性尝试，但可以通过头脑风暴汲取更多有利于行政管理体制机制健全完善的好点子和好主意)。从充分发挥机关事务管理效能看，统一性和规制性结合是重要基础之一。机关事务的运行应该有依据、有规定、有标准，尤其是涉及财政资金的，必须有完备的规制制约。在制度与标准面前，必须一视同仁，公平处之、公正相待。当然，规制完备并不是一次或几次就能完成的。它伴随机关事务实践不断积累和深化而逐渐健全完善。人们对客观世界的认识，不可能通过一次或几次实践就能做到“完备”。只有在一定的范围，对特定的对象，通过反复实践摸索与思维思索，才能了解事物、掌握规律，从而运用规律，进行相对完备的政策管理、制度管理、标准管理。相对真理筑梯而上，逐渐接近“完备”的绝对真理。这样的探索永无止境，永远在路上。

机关事务系统很早就提出“服务规范化、保障法治化、管理科学化”，并坚持、不断推进这项基础性工程，咬定青山不放松，机关事务法治化、制度化、标准化建设取得了很大成就。特别是近年来，在已经出台的一系列行政法规和党内法规的基础上，从法律层面积极探索机关运行保障立法，这对保障机关高效运行，推动节约型机关建设，实现机关事务管理根本转型，具有决定性意义。《上海市机关运行保障条例》颁布施行，是地方立法的重大突破，它对机关运行保障管理的基础性、根本性问题，如保障什么、谁来保障、怎么保障、如何监督等予以明确规定。在各地立法的推进下，国家立法应该为期不远。

规制的建设和运用有三个方面值得关注。第一，体系完备。规制体系的完备性体现在它的全覆盖特性上，包括机关事务的各类业务，特别是对上述主要业务的规制约束，而不只是某一类、某方面、某件事的“规矩”。各类业务规制建设达到的形式与内容的质量标准的一致性，是规制体系组成和完备的重要基础。第二，分类详备。对某一类业务规制建设来讲，还必须揭示此类事务的内在构成与外延扩展，掌握其逻辑关系与运动方式，确定范围、界定属性、厘定关系，从而在制定规制时，能实现最大管理绩效。一般以业务的法规政策、制度规定、实施细则为架构基础，依次分解细化，使之便于操作。第三，实施齐备。机关事务规制完备不仅是争取把职能范围的管办事项全部纳入政策、制度、标准的管理之中，更重要的是让这些规制落地，发挥作用。我们反对不合时宜、陈旧落后的条条框框，赞成并创设与时俱进、科学规范的条条框框，但繁复的条条框框的“增量”，与规定细则辨识、遵循简约化“减量”要求相悖，这就需要将法规、政策、制度、标准等规制要件要素以及权限、流程、数据等，以分类模块组合集成为机关事务数字管理系统，一并嵌入信息化管理平台，数智赋能，“一网通办”，实现规制化、信息化的统一。

在技术理性的保障下，能够克服任何因主观因素造成的“不理性”，确保资源配置公平、公正、节约、集约，保障机关稳定、高效、安全运行。这是规制转化为治理效能，由科技“保驾护航”，从而避免规制“放空”“遗落”的生动实践。规制要体系完备、分类详备、实施齐备，不能机械分割，要抓住要害，既要“一网打尽”，又要“分而治之”。如资产管理，可以分为行政机关资产与事业单位资产，经营性资产与非经营资产，有形资产与无形资产等。要管好每一类资产，首先要根据资产属性，制定管理、使用、处置办法，实施分类管理；同时要着眼整体，理顺不同类型资产间的关系和联系，在现行体制下，找到符合满足需求、合理合规、集约节约原则的资产管理、使用、处置效益最大化路径。每一个步骤的推进，都必须有确定的制度。还要注意一些特殊情况，如工会、供销社、工商联等，其资产的所有权与使用权是有相关规定的，机关事务主管部门不能简单地以集中统一管理为由调拨使用。规制既要集中统一，又要有所区别。规制落实也要实现全覆盖。从市级机关到区级机关再到乡镇机关，机关事务管理的范围、对象、内容基本一致，但是在落实机关事务法规、政策、制度、标准等方面存有差异，特别是在基层机关，涉及资产管理、办公用房管理、公务用车管理、公务接待管理等，需要进一步增强规制意识，确保规制落地，加强规制督查，这对防止管理缺位、失位，防范“蝇贪蚁腐”，促进机关事务整体健康发展，有重要作用。新时代机关事务要进一步加强规律探索、规制建设、规范管理，实现规制严密、管理科学、质量稳定的发展目标。

二、链式效应

随着我国改革开放不断深入发展和机关事务自身改革的不断推进，机关事务不再是一个封闭系统。随着机关运行保障社会化、市场化程度加大，机关事务与社会、市场的融合度也在加大、加深。职能职责的完善强化、治理理念的传承更新、办事流程的再建再造、管理平台的数智支撑，形成了机关事务工作领域不断扩展、工作内容不断深化、工作链接不断拓宽的新局面，使机关事务迅速成为具有活力的开放系统。一方面，随着工作领域的扩展、作业面加宽，增加了更多作业点的互联互通。

比如，实行资产集中统一管理后，原先不在机关事务管理部门直接保障范围的部分行政、事业单位，跟随资产交付管理同时纳入直接保障范围，资产集中统一管理带来的保障集中统一管理，改变了过去集中办公直接保障与分散办公间接保障的区别，应该说符合机关事务管理总体走向集中统一的趋势，但应对化解眼前成倍增加的工作量是现实问题，也是对今后体制完善涉及更多方面关系调整的预演。

再如，公物仓是机关事务管理行政事业单位资产富有成效的好平台。近年来不少地方公物仓功能进一步扩展，不仅是为机关运行保障调剂使用存量资产，而且为本地文化、养老、社区活动等设施建设和资源配置发挥“一盘棋”作用；有的地方为适应地方经济社会发展和公共服务需求，探索建设“现代公物仓”，将公物仓功能扩展到社会公益、慈善捐赠、应急保障等物质处置，扩展到乡村振兴、非遗文化、智慧城市等全新领域，其中乡村振兴任务，已成为机关事务担负的重要社会责任和义务。在全国扶贫帮困、帮扶致富大工程中，上海各级机关事务管理部门积极参与、踊跃投入，引进对口帮扶老、少、边地区农副产品，既帮助农牧民脱贫致富，又为机关工作人员提供安全、健康、原生态的产品。同时，机关事务工作呈链式延展趋势，通过点点相连、环环相扣，不断延展、辐射，并在适当节点与另一个或几个“场域”发生关系。例如，餐饮管理运用数字技术后，机关工作人员的菜品喜好、饮食习惯、消费层次可以作为食堂精准服务、减少浪费的重要依据；通过进一步了解营养、热量摄入的总体配比和个体差异情况，可以为机关总体健康管理作出评估；将这些数据与个人体检结果进行综合分析，对个人的健康管理十分有益；与市卫生健康部门提出的机关健康管理标准与要求产生了“场域”链接和互动。另外，由机关节能降耗到负责公共机构节能减排，由建筑节能技术改造到绿色建筑标准化建设、再到以人为核心的“绿色低碳、环境友好、健康适宜”的全新办公生态系统的再造；这与社会绿色低碳发展目标、与中国式现代化五个主要特征之一契合。“链式联接”与“节点场域”效应是机关事务更全面、深入融入市场经济活动、运用数字技术治理的新管理形态，且通过更直接地互动交流、互为影响，成为求新促变的主要推力。

机关能够从充分活跃、充沛资源的市场中获取更多、更好的资源，满足机关运行保障需求，同时市场也以不断出现的新理念、新潮流、新业态等“生活方式”通过链接和场域效应，反过来影响机关运行“保障模式”的调整和完善。比如，我们现在讲的引领经济新发展趋势的“新消费”。这是以新技术为支撑的一系列消费新形态、新模式、新场景和新服务。消费作为拉动经济发展的“三驾马车”之一，有着重要作用。我国已经从高速增长阶段进入高质量发展阶段，人民群众对生活好的追求也从“有没有”转向“好不好”，更多地体现了个性化和高品质的需求。

新消费顺应了这样的需求。从消费内容（体现个性化、多样化、高品质），消费形态（线上线下融合、智能消费模式、共享理念培育与场景创设等），消费模式（数字平台构筑与消费数智化、信息与知识分享、智慧生活解决方案等）几个主要方面来看，新消费拓展了我们传统的生活方式，通过数字技术，彻底改变了传统消费的时空观和价值观。新消费的出现，对产业、服务业的更新升级与品牌化建设；对生产过程以智能、绿色、效益为标志的更优化组织（包括通过共享消费方式，更好地节约集约使用资源，在生产、消费两端实现绿色低碳）；对以提供高品质产品为目标、改变以价格为主的竞争方式；对营建健康、公平、透明的消费环境，加快全国统一大市场建设等，具有多重积极效应。研究新消费的特点、借鉴新消费的运作，对拓宽机关事务管理视野、提升机关运行保障水平，具有积极促进作用。特别是新消费反映了消费主体的自主性、消费意愿的独特性和消费实现的技术性特点，在注重产品感知、场景体验、服务便利等方面，对进一步做实、做优、做强机关事务服务、保障、管理，起到了观念更新、实践创新的意义。

随着市场体系的不断发展完善和机关运行保障质量要求的不断提升，机关事务更深入地融入市场，不断适应现代科技进步带来的管理理念、管理方式的变革，是时势发展提出的必然要求。如何用好、管好市场“网络”与机关事务“链接”产生的延展效应与节点场域的互感效应，为机关运行保障提供强大动能，逐步形成机关事务管理新形态，是值得深入研究的。

三、集约发展

机关事务从传统管理向现代治理转变，是新时代、新形势、新任务的必然要求。治理体系与治理能力现代化，不仅要更新观念、确立新理念，而且要积极探索新的治理方式和途径，形成现代治理体制机制，融入国家治理、社会治理、市场治理新格局。从上海机关事务工作看，集约、融合、“一体化”发展是今后治理方式选择的主要方向。

首先，从自身看，建立“三位一体”的治理架构。以《上海机关运行保障条例》为指引，坚持机关事务集中统一管理的发展方向，从机构、职责、职能源头统一机关事务管理归口和权限归属，形成机关事务“一体服务、一体保障、一体管理”的“三位一体”治理架构。机管局“十四五”规划确定的这方面重点工作有：抓好法治制度建设，加强执法督查和执法检查，推动法规规定的全面有效实施和法律责任的全面有效落实；健全完善标准体系，提升标准发布层级，强化标准统一规约作用；强化“三资”集中统一管理，深化公物仓建设，构建资产全口径管理模式；形成市级机关行政事业单位房屋资产统一管理基本架构，建立市、区办公用房信息数据联动共享机制，探索绿色建筑全生命周期管理模式；推行综合行政执法用车集中管理和跨部门统筹调度使用；推行绿色办公生活方式，一体推进生活垃圾分类、制止餐饮浪费和塑料污染治理等工作；开展业务数据治理，打通和开放市、区两级机关事务管理业务系统，实现数字化建设共建、共享、共用。

其次，从组织看，完善“三体合一”治理机制。发挥机关事务管理、企业服务保障、社团协同配合联动作用。目前上海市区机关后勤服务保障可以说全部由市场主体承担，这是上海机关后勤社会化改革更彻底、更开放的表现。机关事务管理部门负责行政管理，企业具体从事一线服务保障，机关与企业实现“第一次握手”。随着管理服务协调推进，机关与企业间需要加强进一步沟通、理解和支持，不仅在政策、制度、标准研制与宣贯方面，需要充分表达和倾听意见与诉求，在遇到实际问题特别是一些共性问题时，需要及时了解情况、调研分析和快速处置，这就需要在机关与企业之间搭建一个平等交流、互联互通、共建共享的平台，机关事务协会就是这样的平台。协会可以发挥组织引领、参谋助手、先行先试的作用，使从事机关服务保障的企业进一步确立讲政治、顾大局、作奉献的观念，同时及时反映企业的合理诉求，为机关事务主管部门提供政策建议，做创新开拓、先行先试的“试验田”等。在这个平台上，机关与企业实现了“第二次握手”。机关、企业、协会协同发力、优势互补，共筑机关运行保障同心圆，已成为机关事务新治理体制的主要特征。

再次，从区域看，融入“长三角一体化”战略。随着全国统一大市场、大区域、大循环的迅速形成、广泛联动和深度融合，机制激活与创新、要素流动与集聚、绩效追逐与竞争等，为社会各方面发展带来了前所未有的巨大活力和深刻影响，同样也为机关事务资源集成优选、机关运行保障要素集约配置、区域整体发展实现节约、高效、优质目标创造了广阔空间和无限生机。自从“长三角一体化”上升为国家战略以来，各方面建设得到快速推进。如长三角智慧互联网平台（智慧大脑）建设已成为上海优化营商环境、提升城市软实力和核心竞争力的一项重要举措。依托长三角区域数据共享交换平台，智慧大脑打通数字“断头路”，联通苏浙沪两省一市的数据链路，汇聚数据资源，有力地支撑了社保、医保、公积金异地使用等区域一体化应用场景，智慧大脑还围绕规划管理、项目管理、生态环境、一网通办、公共信用、产业经济等六大重点领域，搭建了一体化应用场景，致力于让企业和市民办事更便捷、政府跨域协同治理更有效。机关事务管理部门同样要主动适应、积极融入这一发展趋势，围绕“勤俭办一切事业”的总要求，既要有总体布局，又要有具体抓手，通过区域机关事务工作、机关运行保障的政策共研、标准共制、资源共享、保障共治，细化一体化发展战略，构建区域联动创新机制。要抓住时机，勇于探索，在政府采购、公共机构节能、公务出行、现代公物仓创建等方面先行先试，积极合作，互鉴交融，逐步实现长三角区域机关事务高质量一体化发展。

四、数智赋能

我们已进入了数字时代，一个“人机物”相融合的万物智能互联世界正迅速到来。以人工智能、大数据、物联网、云计算等智能技术为代表的新科技革命，对人类社会生产、生活方式带来了深刻的影响。“数字技术＋人工智能”的“数智化”融合发展，包括正在不断亮相的，具有“认知、生成、专业知识、专业逻辑、合规性”构成特点的综合智能大模型呈现出的强大创造力、渗透力，对各领域基础再建、底座重塑、赋能发展，正在发生和将要发生根本性、革命性影响，对国家治理体系和治理能力现代化也将发挥越来越重要的作用，同样也使作为国家治理体系组成部分的机关事务工作面临更大的体系性、系统性和整体性挑战。

在看了2022年北京第29届冬奥会、2023年成都第31届世界大学生夏季运动会、杭州第19届亚运会等重大赛事上智能保障系统的惊艳表现后，我们真切感受到未来不是在敲门，而是正登堂入室了。那么，数字时代，机关事务的“数”“智”化将会是怎样的场景？我们将如何走向远方？在信息革命的历程中，尤其是面对新技术快速发展的近十年中，机关事务工作系统敏锐察觉、赶早动身、积极探路，充分运用数字科技，构筑了以机关事务数据库、数字管理平台、“一网通办”等为主要构成的信息化治理体系，实现了科学、高效管理，从思想认识到实践创新都取得了丰硕成果，为迈向更高阶段的数智化融合发展打下了坚实基础。同时，我们在推进进一步发展时，也要看清现实、看清自己，如做信息化建设总体规划时，要加强目标、功能、价值研究，想明白“要什么”“做什么”“建什么”；不能超越现实搞“中看不中用”的“宏大”系统，也不能脱离实际，幻想“把一切交给机器办”；认识到在系统集成方面，还存在信息孤岛、数据离散、模块不全等问题，数据管理缺乏区域整合和整体建模，尚未建立起大数据分析和资源共享机制；数字化应用场景不丰富，技术运用与治理水平不高，依托和融入“城市管理智慧大脑”建立机关运行保障控制、反馈和指数评价系统还有待加强等。在数字转型加快、“万物互联”的时代背景下，我们要敏锐察觉小河里翻腾的“北冥之鲲”将化为振起垂天之翼的“南飞之鹏”，深刻领悟数智化对治理理念、治理方式、治理效能带来的深刻影响，特别是要明白新科技蕴含的思维方式和研究范式的创新、创造与我们工作的联系。不能透彻了解这一点，数智化走不远、走不深。

信息产业的革命性变革，促进了科学研究新范式的诞生：数据科学。有专家认为数据科学是继实验、理论和模拟之后出现的全新研究范式，它融合了统计和计算思维，通过大数据、算法和算力，直接从数据中寻找相关关系，提取相关性或者预测性知识，进而产生一种基于相关性的科学思维模式。这一点与确定性思维方式不同，是通过大数据揭示的大量相关性关系，使人们在无法掌握确定信息，但掌握大量数据的条件下，对未来趋势可以作出一定预测，这对把握世界万物相联的总体性、除因果关系外相关关系的丰富性以及接近客观规律认识的真实性来说，具有实际价值。同时，我们也要防止对数智分析结果和生成内容盲目信赖，要始终坚持实践是检验真理的唯一标准。这为机关事务具体服务保障中存在的主客体之间的不确定关系的揭示和处理，打开了一扇窗，提供了重要的思考方向。发挥智能治理融合化、数据化、精准化、算法化(即不断完善智能决策系统，尝试将程序化的算法决策扩展到更多的决策活动中，从而提高决策质量特点，聚焦新时代机关事务的目标与任务，抓住契机，乘势而上，夯实数字基础设施和数据资源体系的"两大基础"(中共中央、国务院在《数字中国建设整体布局规划》[2023 年 2 月颁布]中提出的基础性建设任务)，建设机关事务数智化治理体系，助力治理体系与治理能力现代化跨越式发展。

在这个过程中，有两个趋势要关注。

一是打造"智能驾驶舱"。升级改造机关事务信息化管理平台，以数智技术进行底座更新、系统重构、流程再造、运行智控和末端通联，在实现"一屏观后勤、一网管事务、一键办业务"基本功能后，要着眼于数据治理与智能技术的深度融合，提升机关事务管理精准化水平，更好保障机关运行。如采用"物联＋数联＋智联"的方式，将能源管理、物联管理、建筑信息模型等数字化系统有效融合，构建精细、高效、智能的办公建筑运维管理体系；探索区块链等数字技术在公共机构节能管理中的应用，搭建"节能减排核查链"。再如，强化数字化能力建设，促进网络互联互通、数据按需共享、业务高效协同，不断提升数字化服务水平，推进线上线下融合，使机关事务管理以更精准与更友好方式，满足机关和工作人员的需求，增强获得感、愉悦感。特别是运用"数字孪生"技术构建虚拟仿真场景，创造一个"元宇宙中的机管局"，将国有资产、办公用房、公务用车、节能减排、服务保障，以及业务培训等实际运行管理场景，在虚拟世界复制再现，通过场景预设、流程预演、结果预判等，对工作决策、措施、方案等进行演习、试错、验证，从而确定合理路径、发现潜在风险、优化资源配置，让理想照进“现实”，实现对未来的主动安排。

二是正确应对“机器换人”挑战。这里讲的“机器换人”不是泛指包括了上述智能管理平台的数智化运用的所有场景，而是指人的实体岗位被人工智能机器所取代。应该说以人工智能为代表的数智化发展，在形成新质生产力、显著提升经济效益的同时，对生产关系变化也产生了重大影响。随着分析式 AI 向着生成式 AI 不断演变，尤其是生成式 AI 不但能完成传统的分析、判断工作，还能进一步学习并完成分析式 AI 无法从事的创造性工作。“机器换人”在不少领域和行业中正在发生或将更多地发生。人机分工与人机交互作为社会生产关系的新形态，在劳动形态转换、劳动场域重构、劳动价值创造等方面，不仅引起主体权益保障、技术伦理底线和未来风险防范等全局性、根本性思考，而且以“倒逼”的方式对劳动者主体提出了更高的要求，要求劳动者不断提升思维能力、知识水平、综合技能，将机器工具优势转化为人的全面发展的助推力，在更具创造性的劳动中实现自身价值。“机器换人”也会在机关事务场景中发生，有的正在发生。机关运行保障领域关涉具体服务行为，一些服务项目可以由机器“代工”，如保洁、消毒、餐饮等，今后更多、更复杂的工作也会由更聪明、更能干的机器来做。但有一条是机器永远不可能替代的，那就是机关事务人热诚、热心、热切服务的精神和工作态度所产生的“四季如春”的温度，任何时候都不会被淡化和湮没。我们在考虑提升机关事务数智化治理水平的同时，要保持清醒头脑，人工智能不可能完全替代人的劳动能力，也不可能“包揽”所有机关事务。机器只是工具，不能喧宾夺主，更不能本末倒置。让机器具有“类脑”智能，发挥机器的“聪明才智”，是为了更好地发挥团队的创造力，为了每个人的“全面自由地发展”。

机关事务人是永远值得信赖与依靠的。红色基因、优秀传统、历史使命铸就了这一支具有远大理想、坚韧意志、朴实作风、甘于奉献的高尚品质和伟大精神的光荣队伍。队伍中的每个人都有优点、有缺点，有个性、有脾气，也许并不完美，但是大家为着共同目标走到一起，齐心协力、砥砺前行、相扶相携、接续奋斗，就能实现完美目标、成就完美事业、创造完美世界。

当白玉兰在灿烂的春光里绽放的时候，虽然不见绿叶婆娑的身影，但绿叶并没有远去。为了白玉兰热烈而盛大的开放，绿叶早已赶在春的前头，把春的讯息告诉了白玉兰花儿。白玉兰知道，绿叶托起了她的梦，并为了她热烈而盛大的开放，将自己全部的生命气息化作了“无边光景一时新”的壮阔气象。这就是机关事务和机关事务人的写照。